建築地理学

新しい建築計画の試み

長澤　泰
伊藤俊介
岡本和彦

東京大学出版会

Architecture as a Geographic Environment
: New Directions in Facility Planning Research
Yasushi NAGASAWA, Shunsuke ITOH and Kazuhiko OKAMOTO
University of Tokyo Press, 2007
ISBN 978-4-13-061130-5

まえがき

本書の目的は、建築計画研究の意義をあらためて見直し、新しい時代に期待される建築計画の考え方を示すことにある。執筆に当っては、特にこれからの建築計画についての発想を豊かにすることを念頭に置いた。読者層としては主に大学院レベルの学生を中心にしているが、広く建築に興味を持つ一般の人々も読者として想定している。

建築計画に関する考え方の基本は、半世紀ほど前に誕生した。その後さまざまな分野における研究や設計の実践を通して、社会の中に建てられる建築の量的・質的水準の向上に大いに貢献してきた。また学問としても高い専門性が各方面で認められている。

しかし一方で近年の状況は、専門分野ごとに細分化された詳細な知識の蓄積にとどまり、分野間のコミュニケーションを欠く結果をもたらしている。また、現実の設計からも乖離して、理論的な議論に終始する側面も見受けられる。

本書の特徴は、このような状況の中にあって、新しい建築計画の考え方の全体像を把握しやすいように構成している点である。本書は、二部、五章から成る。第一部は理論編で、その第一章では、建築計画研究の発展経緯について概観している。そして、なぜ今後、本書の主題である地理的環境という見方が新しい建築計画学の持続と再生に必要なのかを解き明かすための背景を示している。第二章では、地理的環境の意味を読むことの意義と方法を丹念に解説している。第二部は実践編で、その第三章では、「施設」の意味を読み解く試みを行っている。そして第四章では、施設の意味を読むための二四のキーワードと実例を示している。そして第五章では、施設の展開と題して、施設計画の方向性を示している。

本書の内容は、平成九年度～一一年度の文部科学省科学研究基盤研究（A）『利用者の行動・認知を通してみた地理的環境としての建築・都市空間に関する研究』（研究代表者：長澤泰）（文64）の成果を基礎にしている。しかし、その研究報告書に盛られた内容にとどまらず、本書の著者三名によって議論を継続・発展させ、極めて新しい形にまとめなおしている。第一部―第一章は長澤泰、第一部―第二章は伊藤俊介、第二部―第三～五章は岡本和彦が執筆担当となったが、各章の構成や内容については終始、三名の討議を通して共通の理解のもとに進めた。

建築計画学は、住居をはじめとして各種建物ごとの計画の分野、建物規模・立地とか、寸法・構法計画や空間認知など、これらの建物に共通な事柄を扱う分野など広い範囲をその研究対象にしている。本書の執筆の基盤は、多くの先人が残したこれらの各分野の研究と実践を経て獲得した人類の知恵ともいうべき蓄積にある。本書では、それらの中で特に、病院・学校など社会の中で「施設」として位置づけられる各種の建物を主な題材として論を進めている。

本書は、建築計画に関する答えを教えない教科書であり、自分で考える教科書であり、今後の建築計画の手掛りを提示する教科書であり、そして既存の枠からはみだした建築計画学まんだらとも言うべき内容が入っている。しかし、ここでの議論が、未来の建築現象の全体像を洞察する場合に有効であることを期待したい。

本書の記述にあたっては多くの方々の調査研究成果、文献、図版、写真などを参照・引用・転載させていただいた。このことに対してまず厚く御礼申し上げたい。また、前記科学研究の著者以外の研究協力者（岡ゆかり、厳爽、曹文燕）に、そして研究の初期の段階で、当時の山下哲郎助手（現名古屋大学助教授）の協力を得ていることも記して、あらためて感謝したい。

さらに、最初の編修会議から既に数年を経ているが、その間われわれの遅々とした編修・執筆作業を忍耐強く見守り、時宜を得た適切なアドバイスをいただいた元東京大学出版会の長谷川一氏（前東京大学大学院文学系研究科助手、現明治学院大学准教授）に敬意を払い、また感謝申し上げる次第である。また、完成までさまざまにお世話になった東京大学出版会の高木宏氏にもお礼を申し上げたい。

最後に、本書の内容を通して、建築に必ずしも直接携わることのない人であっても、新しい建築計画の考え方に興味を持つことができることを願っている。

二〇〇七年三月

執筆者代表　長澤　泰

建築地理学——新しい建築計画の試み

目次

目次

まえがき

第一部 理論編　建築地理学への試み

第一章　建築計画学の系譜　3

一、計画研究には、いま何が求められているのか？　4

二、建築計画学の成立　7
　二―一 建築計画研究の萌芽　二―二 「型」の生成　二―三 吉武計画学の誕生　二―四 建築計画研究の体系化

三、縦糸の研究――各種建物別研究　15
　三―一 施設計画研究　三―二 学校計画　三―三 病院計画　三―四 図書館計画　三―五 都市集合住宅・農村住宅計画

四、横糸の研究――非各種建物別研究　20
　四―一 地域施設計画　四―二 規模計画　四―三 建築人間工学　四―四 建築空間計画　四―五 生活領域計画　四―六 生産供給計画　四―七 建築構法計画

五、新しい建築計画学への模索　29
　五―一 刊行物にみる建築計画への視点の変化　五―二 人間―環境系研究　五―三 計画研究は役立つか？　五―四 建築計画学は自然科学か？　五―五 計画研究の現状と問題

六、地理的環境の視点　50
六―一　一般化と個別化　六―二　一般病院地理学　六―三　精神病院地理学　六―四　学校地理学　六―五　高齢者施設地理学
六―六　都市空間地理学
七、「建築地理学」へ　68
第二章　建築地理学の考え方　87
一、建築計画学からこぼれたもの　87
一―一　機能主義的アプローチの限界　一―二　施設と利用者の自明視　一―三　利用者のニーズという考え方　一―四　建築の規範性
二、建築地理学の考え方　97
三、コンテクストの中で見えるもの　104
三―一　相互的・重層的に形成される意味　三―二　空間の「かくれたカリキュラム」　三―三　空間の規範と読み替え
三―四　文化と習慣による制約　三―五　役割行動とアイデンティティ
四、思考体系としての建物　115
四―一　ビルディングタイプ　四―二　ビルディングタイプの中の類型　四―三　空間の名前
四―四　環境を理解する手がかりとしての空間の「型」

目次

五、環境を理解する　127
五―一　わかりにくい機械　五―二　病院で迷う
六、空間の規範　134
六―一　役割行動の舞台　六―二「裏返しの建物」　六―三　オープンプランの規範
七、施設という世界　141
七―一　生活の切り分け　七―二　生活の囲い込み　七―三　施設の絶対化　七―四　脱施設化
八、施設に慣れる――環境が解釈される過程　152
八―一　グループホーム　八―二　病院　八―三　学校　八―四　スタッフの役割
九、まとめ　159
九―一　計画と利用のズレ――〈会話の木〉モデル　九―二　手がかりの計画　九―三　これからの建築計画学

第二部　実践編　施設の意味を読み解く

第三章　建築地理学的に見た施設とは何か　175
一、施設の歴史　175
一―一　施設の起源　一―二　施設という言葉　一―三　施設を構成する要素

目　次

二、施設にまつわる言説　179
三、施設の現在　184
四、人間、空間、時間から見た施設　188
四―一　施設の中の人間　四―二　施設という空間　四―三　施設を流れる時間
五、施設をめぐる諸問題　198
五―一　施設っぽさ　五―二　施設の目的化　五―三　施設の全施設化　五―四　施設の世界化

第四章　施設の意味を読むための24のキーワード　205

一、人間にまつわるキーワード――スタッフとインメイト、さらに人の態度や行動に表れる意味　206
二、空間にまつわるキーワード――空間やモノが持つ意味　215
三、時間にまつわるキーワード――時の経過が語る意味　225
四、人間と空間――空間によって変化する行動や振る舞い　227
五、空間と時間――時が経つにつれて空間はどう変化するか　238
六、時間と人間――時間とともに慣れる、あるいは適応できなくなる人間　239

目次

第五章　施設の展開　243

一、施設の解体　244
　一―一　モバイル　　一―二　プレハブ　　一―三　バーチャル
二、施設の複合　252
三、住宅の施設化　254
四、施設の住宅化　256
五、都市の変貌　257
六、都市への融合　259
七、施設とは何だったのか　260

あとがき
執筆者紹介
引用・参考文献
索引

第一部　理論編

建築地理学への試み

第一章　建築計画学の系譜

この第一章では、まず西山卯三と吉武泰水らにより創始され、発展を遂げた建築計画学とそれを支えてきた建築計画研究の今日までの系譜を社会的な枠組みのなかで詳細に見てみよう。

一般に住居は施設の対極にある。特に個人住宅は、通常その出資者、所有者である建築主の生活習慣や嗜好に応じて設計されることが許される面が存在するため、科学的合理性を追求する点において限界がある。一方、施設の計画に際しては、通常公的な資金を基盤としてあるいはある集団の意志によって設計が進められるため、合目的性とか説明可能性（アカウンタビリティ）が求められることになる。本書は主に施設計画からの観点で論ずるが、集合住宅は不特定多数の入居者を扱う点で科学的に処理できる可能性があり、個々の建築主を持った一般の独立住宅の計画・設計とは異なるので、当初からその研究対象となってきた。また、ケア付マンションは施設的な性格を帯びるといったように、今日では住居と施設の境界領域は曖昧で、施設の起源を住居に求める見方もあるため、本章では住居計画の発展経緯も含めて論ずる。さらに、建築計画だけでなく近年における建築学自体の発想の変化に言及して、そこから建築計画学の位置づけと沿革を概観する。最終的には現在に至る建築計画に関する問題点を抽出して今後の方向性について論ずることとしたい。

一、計画研究には、いま何が求められているのか？

西山卯三[1]は一九九四年に、吉武泰水[2]は二〇〇三年に他界し、既に建築計画学の創始者[3]の生存しない時代に入った。『建築設計計画研究拾遺』[4]の序文のなかで、吉武は建築計画学の創設期の状況について語っている[5]。つまり六〇年前に研究生活に入った時分には論文数も少なかったが、その二〇年後には建築学会の中でも一つの分野として独立し現在の隆盛を誇っていること、また今日の「環境工学」との分離のときに「建築計画」という名称が協議の末に決定したこと、当初から建築計画は建築設計と不可分の関係にあったことなどである。また、郭茂林[6]や澤村弘道[7]は建築計画学の誕生前夜の吉武の悩む様子とその後の活躍について記録している[8]。この発足の時代から、建築計画は、「建設の目的を明確にし、運営の準備をし、経済的裏づけをするなどの企てをはじめとして、建築物に対する諸要求・諸条件をさぐりながら、具体的な形としてまとめるための指針を、全体的に設定すること」（文45、八頁）と定義され、企画・設計・施工という流れのなかで、設計の条件把握ならびに基本設計段階で中心的な役割を果たすものとしての有効性が認められた。そして建築計画の考え方は各方面に驚くほどの拡がりをみせ、多大な影響を及ぼした。

一連の建築計画研究をまとめて一九七〇年から一九八〇年にかけて刊行された『建築計画学』（文126）に代表されるように、建築計画の考え方は「学」としての形態を確立するに及んだ。

建築計画の調査研究成果は、いわゆる建築計画における「型」として、モデルプランや標準設計あるいは行政の指針や法令といった形で社会制度の中に取り込まれた。このような発展の傾向は、建築計画に関与した多くの先達が好んで意図したわけでなく、逆に慎重な意見を常に述べていたが、結果的に、彼らは社会的に大きな役割と責任を担うことになった。特に日本が高度成長を謳歌していた頃には、現実の社会では集合住宅を初めとして、学校・病院・図書館といった繰り返し建てられる公共建築の設計において、建築計画的手法は重要な役割を果たし、全般的な建築の質の確保と向上に、極めて大きな貢献をしたことは疑いのない事実である。

一方でこれらの現象は、設計における自由な発想を阻害し、固定的なプランを普及させ、型どおりの設計過程を踏むことを助長し、その手順が常識化したという批判を生み、結果として建築計画自体が批判の対象ともなった。日本が高度成長期を経て、安定経済期になると、これまでのように反省なしに建物を新しく計画・設計・建設することが、日本社会にとって唯一の目標ではなくなった。さまざまな建物群で量的な充実が達成されつつあったからである。

このような状況の中で、建築計画研究は数理理論の応用や環境行動研究などの新しい方法と視点の導入を模索し始めた。これらの広範な分野は、それぞれ現在も拡大し進展の過程にある。

近年盛んになっている心理学・生理学的認知に関する研究からの視点で見ると、環境が個々人に与えるダイナミックな「意味」が人間行動に及ぼす影響は大きく、人間の行動や認知はその状況から逃れ得ないといわれている。建築の分野でも、機能的側面から人間と空間・環境のかかわり方を探求する研究が一九七〇年代から開始された。これまでの伝統的な使われ方研究、あるいはＰＯＥ（Post Occupancy Evaluation）研究に加えて、現在はこの分野では、経路探索研究（文131）、認知地図研究、行動場面研究など、さまざまなアプローチが試みられている。

これらはかなり成果を挙げているが、環境が与える影響を人間行動という出力として捉えたものが多く、近年環境心理学や認知科学で注目されている人間の内部に構築されるイメージや意味づけといった内的・心理的な環境と、出力としての「人間行動との相互浸透的な関係性」を未だ必ずしも十分には説明できていない。

このような状況にあって、人間は行動に際して、物理的環境から得られる状況認識だけでなく、内的に形成される状況認識をも総動員して行動の判断と実行をしていると考えられるが、このような「内部状況の蓄積がさらに新しい環境イメージを生成し、次の行動に反映させているのではないか」、換言すれば、「現実の環境と人間の意識上に再構築される環境との関係性の上に個々人にとっての「意味」のある環境が成立しているのではないか」、という仮説を立ててみた。

この仮説の検証を病院建築計画で試みたのが、病院地理学（Hospital Geography）と定義した一連の研究である（文65）。さらにそれを他の建物環境にも適用し一般性を追求して、建築地理学（Architectural Geography）と呼称した。これがまえがきに述べた文部科学省の科学研究、「地理的環境研究」（文64）である。この地理的環境の見方は環境の中に人間を位置づけて相対的に眺めるという視点の表現でもある。なお、一九四〇年に早稲田大学卒業論文として吉阪隆正が「北支蒙彊に於ける住居の地理的考察」を著しており、環境に対応した多様性を建築の本質として、その法則を探求する「地理建築学」という概念を提示しているが、本書での「建築地理学」とは異なる視点のものである。

社会における建築計画研究の役割は、依然として大きなものがあるが、計画研究の初期におけるような明確で統一的な目標を持ち得なくなった現代の計画研究は、一見すると混迷状態にあるといわれる。

この状態の脱却には、計画研究自体の視点をパラダイムシフトすることが不可欠である。これを実現する一つの方法として、これまで目前に存在する明確な目標への到達を優先して取組むため、計画研究者が取り敢えず棚上げにしてきた諸々の事柄を、今この段階で棚卸しをしてみることが必要ではないかと思われる。具体的には、これまで建築計画研究分野では不特定多数の利用者の視点を平均化して扱ってきたが、この間にあまり問題にされなかった個々人にとっての環境の持つ意味を、丹念に洗い出すことが現在求められているのである。その作業によって新たな計画研究の目標が得られると考えられる。

二、建築計画学の成立

二―一　建築計画研究の萌芽

建築計画学の萌芽以前の建築学の全体を見るために、古典的教科書ともいえる『建築計画』（文45）の中の歴史的展望の記述の原典になった日本建築学会『近代日本建築学発達史』（文94）を繙いてみよう[9]。

これは一九七二年に刊行されているが、表紙に続くグラビアの最初に登場する霞ヶ関ビルの写真が象徴するように、この時代は超高層ビルの完成を手放しで喜んでいるかのように見える[10]。全体は分科会ごと[11]にまとめられ、束ねられている。建築計画に関連した部分は九章に分かれ、一～七章は時代ごと[12]、八章はこれからの建築計画の動向、九章は建築計画に関する資料で学位論文等が紹介されている。

明治初期には、新しい西洋風生活様式とセットとなった建物としてJ・コンドルなど外国人技術者の指導により、洋風建築の導入がなされた。官公庁・工場・燈台・学校・病院・劇場・ホテルなど、その時代以前には日本に存在しなかったタイプの建築が出現した。

一八八七年に設立された造家学会（日本建築学会の前身）は、機関誌『建築雑誌』第一号を発刊し、渡辺譲[13]が『医院建築法』を紹介している[14]。

明治後期になると、建築計画学の芽生えが見られる。一八八九年下田菊太郎[15]は、『建築計画論』を建築雑誌に発表した。これは、計画学を正面から論じた最初の論文で、よい建築とは、①実用的[16]、②形容的[17]、③美術的[18]なものであると述べている。

大正・昭和初期になると、科学的方法論の発展が目立ってくる。客観的・科学的方法論に則した機能主義・合理主義の西洋建築の考え方が一般化したからである。日本では分離派が出現した。造形の問題を超えて建築の機能性や関連技術の理論的根拠から都市・住宅行政にまで視野を広げたのが日本分離派の運動である。

一九三二年から一〇年をかけて刊行された『高等建築学』全二六巻（文30）は、当時の建築学を集大成したもので、「計画原論」の巻では建物別の建築計画各論、家具・建具と人体寸法、間取りの決定論が掲載され、同時に室内環境を扱っている。これは今日では環境工学の分野で扱っている内容である。同潤会が一連の同潤会アパートを設計・建設したのもこの頃である。

昭和一〇年代になると、西山卯三の庶民住宅研究が開始され、今日までの建築計画学の出発点となった。大邸宅のみを扱っていた時代に庶民住宅を対象として、間取りと生活の対応に光をあてた（文97）。「これは画期的なことであり、建築学を建築家の直接の設計のための技術から、より広く社会に存在する建築の計画のための技術へと幅を広げようとするものであった。（文96、一六五頁）」

一—二「型」の生成

第二次世界大戦の後、近代的社会が構築される時代にあって、それに相応しい住宅ならびにその他の施設を短期間に大量に建設することが建築界に与えられた社会的な急務となった。住宅においては、家族形態や家族生活の変化に対応して、施設にあっては多様な社会的要望に応えるため、どのようなことをしなければならないかという問いに答えることを求められたのである。

鈴木成文[19]によれば、住宅建設の面では、戦後復興期（一九四五〜五五年）、高度成長期（一九五五〜七三年）、低成長反省期（一九七三年〜）に分かれて様相が異なり、計画上の問題や研究上の主題も変わったとしている[20]。戦後復興期においては、「戦争中の建設活動停止と戦災による多くの都市住宅の消失、そして建設産業の壊滅、こういった何もないところから戦後は出発した。学術面でも建築計画研究そのものがまだ形成されていなかったのである。公共施設はビルの建設も皆無であったから、ようやく大学に復帰した研究者たちは住宅の惨状に目をむけ、その実態報告を行った。そして、次第に各種の住宅調査、住み方調査へと発展していった。（文84、二頁）」

しかしこのような庶民住宅を対象にした住み方調査は、戦後に始まったわけではなく、一九三〇年代後半より西山卯三によって既に始められていた[21]。

高田光雄[22]によれば、西山研究室では「住宅計画」と「住宅供給」の研究を当初から行っており、「住宅計画」においては、「住み方調査」の方法論と「食寝分離」「隔離就寝」といった住宅計画の二原則を立てて、きわめて実践的性格の強い研究であったという。「また、西山はこのような実態調査研究だけでなく、庶民住宅の計画・建設のプロセスとその方法についても提案している。……これは庶民住宅というより広い層を対象とした住宅建設において、それまでの建築家の一品生産的な設計態度から脱して、量産の場合の居住者とのつながりの関係を明確に提示したものである。（文96、一六五頁）」

西山は一九四〇年に設立された住宅営団に入り、大量の規格設計住宅の立案に参画している。これは「型」計画として、標準化や基準に直結する性格を持っていたのである。[23]

集合住宅以外でも、例えば、学校建築計画をとって見れば、一八七二年に学制が敷かれた後、一八八六年の小学校令により学級の規模が定められ、一八九一年学校設備準則により生徒一人あたりの面積が規定され、そして一八九五年の有名な『学校建築図説明及び設計大要』のモデル図によって建物の全体配置の指導が強化されて、画一的な学校建築が全国津々浦々に建てられるようになった。三メートルに当時規定された教室の天井高が、現在まで存続している事実に見られるように、わが国には定型化を好む風潮があることも否めない。[24]

二―三　吉武計画学の誕生

一方、東京大学の吉武は、実態調査に基づく現状認識と問題把握を戦前から行ってきた西山の庶民住宅を対象とした実践的研究の影響を受け、当初庶民住宅の研究に取り組んだ。その後、研究対象を学校・保育園・病院・図書館など生活との関連が深く、数多く建設される建築へと拡大した。

一九五七年に刊行された平山嵩、前川國男編による『新刊　建築計画』（文104）の目次を見ると、Ⅰ編が原論（現在の環境工学）である。Ⅱ編は設計で、さまざまな建物の紹介がなされ、「第十三章　学校」を船越徹[42]が、「第十四

現象の調査・観察	例数は少くても，また調査項目は少くても正確であること
現象の記述	図示・表示等により調査資料をあらゆる角度から見る
現象の条件あるいは原因と考えられるものの列記	他のあらゆる知識を援用し憶測を大いに交えて問題点をさぐる
要因の分析と考察	要因や条件の間の因果関係を見出す
その整理と綜合	要求・機能に関する法則性の発見
残る問題点の整理	次の調査や研究への準備
他の事例について検討	国内，国外の例，他の調査結果等につき調査範囲を広げ同様な過程を繰り返す

図 1-1　建築の使われ方に関する調査研究の過程
出典　文 129

章　病院」を吉武泰水が執筆している。この時代には、まだ計画研究の成果は僅かであり、本の構成自体も戦前のものとあまり変化がないことがわかる[25]。

しかし、この時代から「経験と勘に頼る設計」から脱却すべく、利用者の立場から建築を見る視座をとって、「科学的な証拠に基づいた設計の条件作り」を目指して研究方法の科学化・客観化に向かっての活動[26]が開始されたのである。

ここでの調査研究に導入された手法が、「使われ方研究」と総称されるものである。調査の記述・考察の過程は、まず使われ方に関する現象の調査・観察を行い、その現象を記述し、現象の条件または原因と考えられるものを列記し、要因の分析と考察を行い、その整理と綜合の後、残る問題点の整理を行う。この一連の作業を、他の事例について検討を繰り返すといったものである。言い換えれば観察・考察を続ける専門家として研究を行うことを重要視したのである[27]。この考え方は既に一九五七年に刊行された『建築学大系』の建

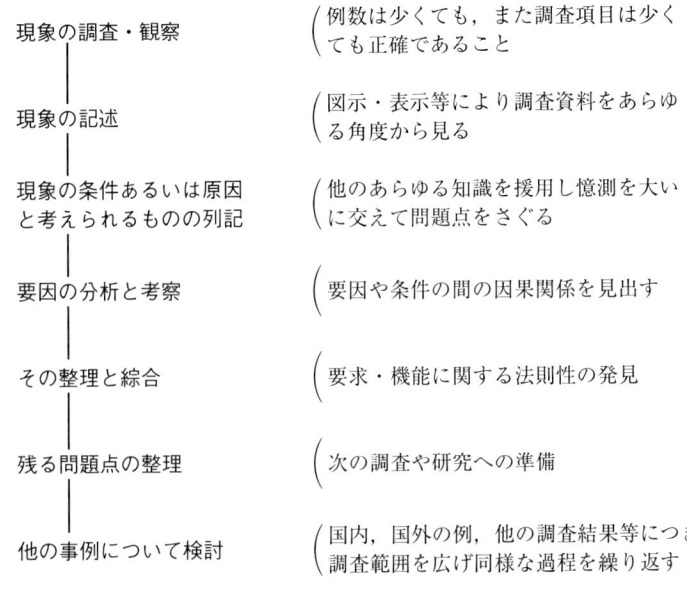

築計画・設計論（文22）のⅪ章（平面計画論）の中で執筆者の吉武自身が示している[28]（図1-1）。

また、建物利用者の分析、利用実態調査を基礎に、多数の事例をまず対象として調査した後に、平均的あるいは例外的な少数の事例を選んで精密な観察調査を行うことによって、利用者の潜在的要求に至るまでをも把握し、生活と空間との対応の法則性を探ることを目標に掲げた[29]。建築の具体的提案へとつなげるため、図式・ダイアグラム・モデル設計といった形で、法則性は表現された。「設計計画」という言葉もこの当時の日本建築学会計画部門の呼び名にもなっていた[30]。これらは研究室の第一世代の青木正夫[31]や浦良一[32]らにより定型的な手法として確立された。

一九四九年日本建築学会研究報告として発表された『建築計画序説』をみると、この初期の段階から、人間の意識―住意識（建築物に要求する機能）から始まり、生産・使用の過程を経る建築のライフサイクルと関係して計画を捉えている点が新鮮に感じる。また、技術学としての計画学・計画技術学に対して、科学としての計画学・計画科学との区別を明確に意識している。少し長いが次に要点を引用しておく。

「［はぢめに］我々が「建築とは如何なるものか」「建築計画とは如何なるものか」を考察する場合、その分析が完全になされた時始めて我々はその何たるかを完全に把握しうるものであるが、その考察の出発点に於て一応概念規定をしておかなければならない。本考察はそのためのものであって或わ抽象的一般的にすぐるかも知れない。しかしその具体的個別的なものは今後の研究をまたなければならない。尚これは吉武助教授のご協力を得た我々の卒業論文である。

［建築の基本過程］建築計画とは如何なるものであるか考える前に我々は「建築とは如何なるものか」とゆうことを考えておく必要がある。建築物は他の一般商品がそうであるようにそれが我々人間に使用されてはぢめて完全な建築物たりうるのである。しかし建築物はその生産過程があってはぢめて具体的なものとなりうるのである。ここで我々が建築とゆうものの全体的構造・建築の本質を捉えるために、我々は建築をその生産と使用の過程も含んだ全過程において把握しなければならぬ。即ち建築の過程は「こうゆうような空間が欲しい」とゆう人間の意識―住

意識（建築物に要求する機能）から出発して計画・施工の生産過程を経、さらに住意識の実現体としての建築物を経、更にその使用の過程（資本主義社会においてはこの間に分配・交換とゆうことが大きな問題となっている）を経て建築過程の一循環を終えるわけである。ここにおいて我々は建築の本質概念を「建築とは住意識の実現なり」と規定する。計画といい施工といい又建築物といい、それらはすべての本質の印象した一形態にすぎないのである。

／……中略……

［建築計画］……中略……計画なる行為は一つの実践でありそしてその計画施工の結果出来上がった建築物がその建築物で行われる人間実践の客観的法則性の現象したものである以上、その行為の場におけるすべての契機に含まれた客観的法則性に沿って行われるものである。しかしながら我々は常にその客観的法則性を全部認識してそれを意識的に適用することが出来ない。それ故にその計画はこの計画実践の場における法則性を認識し之を意識的に合目的々客観的に適用する技術の面と、無意識的に適用している技術的面との統一によって行われるといいうる。そしてたしかに現在の計画の段階に於ては計画は一般に個人のカンであるとかセンスであるとか主観的なもの技術化されないもの技術的なものが大きな部分を占めている。しかし技術の立場はこの個人的な技能を客観的な技術の中に解消していくところにある。そしてかくしてこれはヨリ合目的々な実践になる訳である。

［建築計画学］先に述べたように計画技術の向上には計画実践における客観的法則性の認識が必要となる。ここに実践における客観的法則性の認識として計画技術学が考えられる訳である。この計画実践における客観的法則性の認識である計画技術学こそが真に計画実践を発達せしめるのである。しかし建築物が価値であり使用価値である以上その生涯過程にある計画の客観的法則性も価値・使用価値の二面において把握されなければならない。一方この技術学としての計画学・計画技術学に対して科学としての計画学・計画科学が考えられる。計画技術学が実践における法則性の認識であるのに対し、計画科学は対象における即ち諸契機それ自身の法則性の認識である。この計画科学あってはじめて計画技術学が確立され従って技術の発展があるのであるが、この関係は一般の技術と科学との

関係と同じである。この様な観点から現在の建築諸学のたてなおしが必要ではないだろうか。（傍線：筆者）（文13）」

後述のごとく今日でも、計画学が科学か否かについては研究方法論に関連してしばしば論議される。しかし、この時代で既に議論の結論は出ているのである。

二―四　建築計画研究の体系化

一九五〇年から六五年までの吉武研究室の研究を集大成する企画が、一九六六年から開始された。作業は大学紛争の影響で伸びてしまったが、一九七七年に『建築計画学』の第一巻（文126）が完成した。[33] 全一二巻のうち、五巻までには外部からの建物利用者の動きを扱った地域計画的な研究を集め、残り七巻は建物の内部の生活と空間について扱った建築計画的な研究を収録している。

この作業は、建築計画研究の体系化を試みて「学」の確立を目指したといってよい。編集委員長、吉武の「出版にあたって」の冒頭には「この叢書は、住宅や学校、病院などの建築施設が、人々によって現実にどのように住まわれ、使われているかをしらべ、調査結果の分析と考察をとおして、それらの施設の計画のあり方を論じた研究をおもな内容としている。……[34]」、と述べている。建築計画が学問的に定着し確立した時期と見て良かろう。

吉武は、①『建築計画の研究』（文128）②『建築計画概論（上）―地域施設計画原論』[35]（文127）③『建築計画学への試み』（文125）の三巻を自己の主要著書として考えていた。[36] ①は計画学の基本的考え方を世に問うたものであり、②は後に述べるが、縦糸（各種建物別）の研究と横糸（非各種建物別）の研究を解説したものである。なお、この中で、小学校、公共図書館、中学校、外来患者通院圏、校地と校舎、長期療養施設の入院期間、所要設備個数、アパートの方位の項目を挙げて、研究と設計が関連をした好例としている(37)。そして、③は第一部に大学研究室での膨大な研究の一部、第二部に個人的に行われた研究、第三部に「建築」の枠を越えるような幅広いテーマへの取組みを紹介しているが、建築計画学という厳めしい内容を初学者にもわかりやすく紹介し、その扱う領域の広がりを示唆したものである(38)。

三、縦糸の研究——各種建物別研究

三—一　施設計画研究

吉武研究室の第一世代の研究者により、各種建物別の計画研究が精力的に行われた。例えば、一九五〇年代の初期に研究室の構成メンバーが関与した各種建物に関する建築計画的研究を挙げてみると、青木正夫(31)は学校・地域施設、浦良一(32)は農村・地域施設、鈴木成文(19)は集合住宅、伊藤誠(39)は病院、長倉康彦(40)は学校、筧和夫(41)は病院・地域施設、船越徹(42)は学校・病院、守屋秀夫(43)は図書館、太田利彦(44)は学校、栗原嘉一郎(45)は図書館・病院、荻原正三(46)は農村・地域施設、野村東太(47)は病院、柳澤忠(48)は地域施設・病院、吉田あこ(49)は児童施設・保育所といった具合である（文54）。

これらの人材の多くは、その後日本各地の大学に赴任し、そこを基地として建築計画の研究・教育を行い、優秀な若い研究者を育ててきた[50]。当時のそれら若手の研究者は現在第一線で活躍している。また、その間に吉武研究室の次の世代も活躍している。

吉武の直接の弟子ではないが、多かれ少なかれ計画研究的な考え方に影響され、それを研究の基盤とした他の大学の研究者も存在した。彼らはそれぞれ独自の研究を発展させ、計画研究の領域の拡大に貢献した[51]。

東京大学で吉武を引き継いだ鈴木成文の研究室もまた多くの逸材を世に出した[52]。このように吉武研究室を中心に公共施設の建築計画において「型」計画が発展したのである。そして、これらの、さまざまな分野の現地観察調査で得られた資料や分析結果は『建築設計資料集成』（文91）や『施設計画データ集』（文93）として出版されてきた。

次に、これら建物別研究に関する初期の例のみを見てみよう。

三―二　学校計画

学校建築の使われ方研究は、一九五五年ごろから本格的に開始された。

雪国でなくても、現在大半の学校で上下足の履き替えが行われている。履き替えの有無やその方式が、学校建築の内部床の汚れや校舎・運動場・昇降口、そして校門の位置関係に影響し、さらに児童の動線や活動と関わりがあることを解明した「上下足履き替え」に関する研究は有名である（文128）（図1―2）。

また、昇降口での生徒の履き替え動作を分析して、履き替え線の明確化と上下足箱・傘立て家具のデザイン上の要件を提案した研究も注目される[53]。

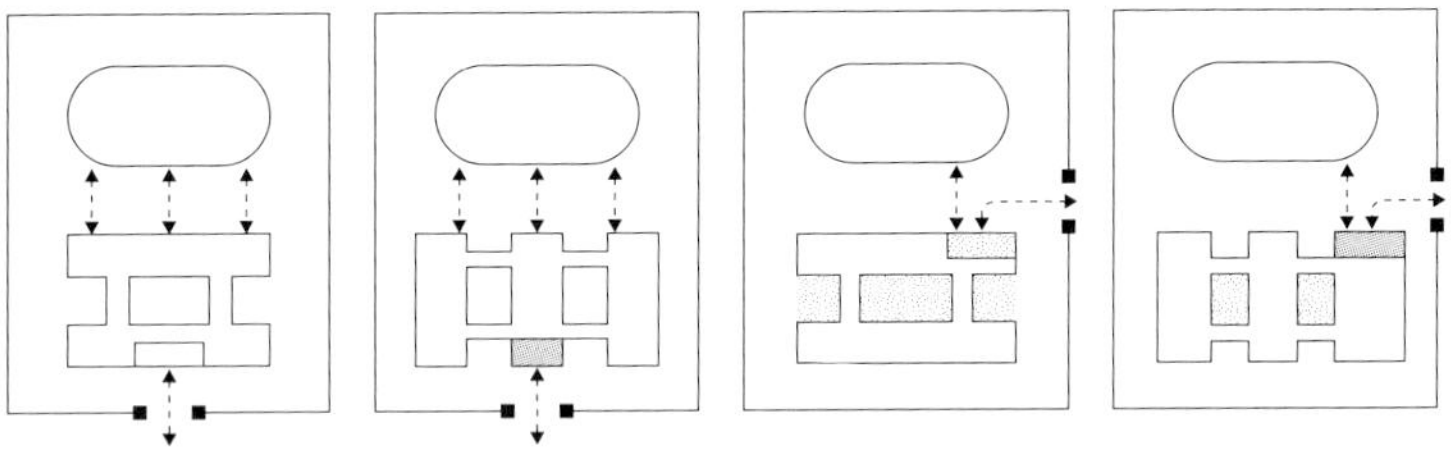

(1)　上足で運動場に出られる場合
（上足の領域である運動場を通らずに下足室に達するようにアプローチを設ける.）

(2)　上足で運動場に出られない場合
（下足室は運動場に面する位置とする。したがってアプローチを運動場と校舎との境に設ける.）

図 1-2　上下足の領域と校舎配置の関係
出典　日本建築学会編　『学校のブロックプラン』（彰国社，2006 年）

高学年児童の活発な動きに押されて、低学年児童が次第に校庭周辺に追いやられるといった休み時間における校庭の使われ方観察・計測結果の分析により、遊び場だけでなく児童の活動領域を明確にする「低高分離」の設計指針を生み出した研究も名高い[54]。

従来、運動場を南に置き、校舎を北に置く配置が一般化していた。幾つかの校地利用実態の実測により、さまざまな校舎配置の得失の検討を行い、校地面積と運動場面積の比率が校地面積の大小に拘わらず、小学校では半々、中学校では四五対五五とほぼ一定になることを発見した研究もよく知られている。

これらの諸知見をもとに新しい全体ブロックプランを提案し実現した例も現れた[55]。

三―三　病院計画

病院建築では、一九五一年に国立東京第一病院（現国立国際医療センター）と武蔵野赤十字病院で行われた日勤の病棟看護婦（師：筆者注）のタイムスタディーが使われ方調査の皮切りである。この結果、看護室（ナースステーション）と病室と処置室との間の往来が最も多いことを明らかにしている（文128、第4章）。また、看護単位の規模や種類の実態調査も実施された。

病院を管理する人々との協働の動きも見逃せない。戦後米国から導入された病院管理学と建築計画学との融和を図るため管理方式と平面計画とに関するさまざまな調査研究が始まった。そのひとつの例が（中央・病棟）調理や（中央・病棟）配膳の方式、すなわち病院の給食システムと平面計画との関係に関する調査・分析で、これは早い時期から行われている（文128、第6章）。

その後、伊藤誠らにより、既存事例の面積規模や配分の分析、看護単位の規模、各種の動線や物品の搬送などの調査にもとづいて、病院全体計画への提案が行われてきた。これらの研究活動は、社団法人日本病院建築協会（現日本医療福祉建築協会、一九五四年創立）など関連団体の設立につながる原動力となった。

三―四　図書館計画

図書館建築では、一九五〇年代から吉武研究室での公共図書館の機能のあり方に関する基礎的な研究にはじまり、今日まで利用形態の実態調査が行われてきた。

まず、全国の公共図書館の観察調査をもとにして、活動と平面構成の考察から一九五五年には「公共図書館の奉仕活動は多岐にわたっており、一般に地方の図書館では、移動図書館・貸出文庫・視聴覚活動等が盛んであり、それらのための事務室や集会室等が、面積的にもかなり高い比率を占めている場合がある」[56]ことが指摘されている。

また出納方式と平面計画との関係の分析などが行われ、館内での閲覧スペースと書庫との平面計画的関係は三つの代表的な出納システム、すなわち、自由開架式・安全開架式・閉架式と密接に関連することについても同じ頃発表されている[57]。

これら一連の研究は『建築計画学』（文126）の一一巻に地域施設・教育としてまとめて掲載されている。

三―五　都市集合住宅・農村住宅計画

鈴木（成文）研究室では、住宅の精密調査に基づいて公共集合住宅の計画上の発展に寄与する研究が行われた。その成果は住宅公団などの集合住宅計画に大きな影響を与えた[58]。

戦後六十年を経た今日、住居を巡る環境の変化は激しかったがこの経緯を記録した著作が発刊された（文39）。ここでは「五一C」[59]型の設計をテーマとして集合住宅研究に関するエピソードが的確にまとめられている。

なお、当時は都市住宅だけでなく農村住宅に対する研究も多く開始された。

「さらに、最近（一九六〇年代・筆者註）のように住まい方という過去あるいは現在の事実を調べるだけでなく、居住者の住宅に対する意見、住居観まで調査する段階になると、被調査者の協力を得て正しく答えてもらうことが絶対に必要になり、調査の企画において、単なる研究のための調査は許されなくなってくる。すなわちその調査は、被験者にどのような利益をもたらすかという見通しなしには調査は成立しにくい。例えば農村建築研究会の一部の人びと[60]は、農村調査にあたり農業を手伝いながら共に生活し、話し合って相互の理解を深め、自らの考え方を正す一方で、農村の人びとの意義《ママ》（識：筆者註）向上を期待することにより、初めて真によい農村建築が育つと考えたのである。（文129、三七三頁）」といったように、農村住宅研究を通して建築技術の農村への普及を意図したもので、使われ方研究の理論化に大きな貢献をした[61]。

四、横糸の研究——非各種建物別研究

各種建物別ではなく、さまざまな建築に共通した設計計画上の知見を得るための研究も一九五〇年代から始まっている。この背景として、社会環境が急激に変化する中で各建築物個々の空間とそこで行われる生活行為との対応を共通に把握する必要性があり、一方で量産化・工業化に対応した建築物の計画や設計に関する手法を開発する社会的な要請があったことが挙げられる。また、それらの研究に対して、例えば統計学や情報理論、行動科学といった分野からの支援、そしてコンピューター利用の一般化が実現しつつあったことも追い風になったと考えられる。先ず、地域施設計画と呼ばれる領域が挙げられるが、次に横糸研究の初期の例のみを見てみよう。

四—一　地域施設計画

高度成長期から大規模団地やニュータウンの住宅や公共施設の計画に必要な需要予測のために、住民の人口、家族型や年齢構成に関する変化・予測に関する研究が開始された[62]。

この研究領域は、公団住宅に限らず地域の利用者と施設との関係を各種建物ごとに見る研究を横断的に扱って、それら施設の規模と配置の問題を論ずるいわゆる地域施設計画研究として、一分野を形成することになった[63]。

この研究の背景には、ひとつには住宅や病院、図書館など生活に関連する建築的施設の使われ方調査の一環として施設側からと利用者側からの視点が存在することが挙げられる（文127、128）。

例えば、図書館計画に当たっては、利用者がどのような地域的範囲からどのような交通手段で利用しているのかを把握するために利用者の地域分布を知る必要があった[64]。

もう一つは住居地区計画、すなわち、C・A・ペリーの近隣住区理論など都市計画的観点から必要な施設をどのように地域に配置すべきかを求める必要性があった（文37）。

地域施設計画研究は、吉武泰水により、『建築計画概論（上）―地域施設計画原論―』（文127）として最初にまとめられた。この中で、地域の人口[65]の把握と将来推定の結果が、たとえば地域に供給すべき住宅の質と量、建設すべき学校のクラス数、上下水道の供給・処理容量、地域への投資と収入など地域の諸施設の計画条件になることを指摘している。特に①年齢構成、②家族構成、③世帯人員、④配偶関係、⑤出生率によって家族型[66]の分類が可能であり、転居率を含めてその地域の将来の変化によって、住宅の規模と型が影響を受けることを明らかにしている。

また、人口予測モデルとして、①マトリックス法[67]、②モンテカルロ法[68]、③統計値法[69]の三つの方法を解説している（文53）。さらに、施設の利用圏にもとづく配置の問題を公共図書館・病院などの施設について述べている。さらに、施設規模の計画について利用期間・利用間隔を、施設側と利用者（住民）側との調査によって全体的な利用様態を把握する必要性を説いている。最後に、各種の地域施設の配置モデルについて言及している。なお、病院の地域計画的研究の例として、総合病院外来部通院圏調査をとりあげている（文119、121、127、128）。

『建築計画学　1　地域施設　総論』（文126）には、同じ研究分野の一連の調査研究を詳細にまとめている。また、日本建築学会では図の事例を主体とした『建築設計資料集成』の設計データ面を補完するものとして、一九七七年以降、『施設計画データ集』が編集されている（文93）。

そして、この分野では特に「地域施設の計画過程に普遍的に存在する一連の要素を採り上げて、これをモデルという形で抽象化して体系化し、地域施設計画過程に共通な骨組みを提示する」（文37、三〇九頁）ために地域施設計画モデルの研究が行われてきた。たとえば①地域人口モデル[70]、②要求発生モデル[71]、③施設選択モデル[72]、④配置計画モデル[73]、⑤規模計画モデル[74]の五つが挙げられている。

谷村秀彦[75]らは、統計学や数理解析・処理技術の手法を建物相互間の配置計画にも導入して、利用実態の量的把握から規模論・確率論へと発展させてきているのである（文53）。当然ながら、急速なコンピュータの開発と普及が背景として存在する。

四―二　規模計画

規模計画には、第一過程として「どのくらいの人数を予定すべきかの問題」と、第二過程として「一人当たりの所要規模を求める問題」とがある（文128）。そして規模計画には便器の個数やベッド数を求める個数規模の計画と必要な面積などを求める空間規模の計画とがある。

吉武泰水の学位論文（文128）の大半は規模計画に関するものである。そのなかで、病院計画では外来部の患者の滞留状況を把握して待合スペースの算定を検討したり、手術件数の分析から手術室数を算定したり、便器・受付やエレベーターの個数算定する方法を論じている。

また、有名なアルファー（α）法とベーター（β）法を編み出した。アルファー法は「使用がそれを越えてあふれる人数の割合をある限度α以下に抑えるように個数（n）を決定する方法」であり、ベーター（β）法は「あふれて生じた〈待ち時間の全使用者に対する平均値／平均使用時間〉の値がβ以下になるように個数（n）を決定する方法」である（文128）。

後に、岡田光正[76]は、規模計画の三つの要点を指摘している（文36）。つまり、①人間的スケール[77]、②集中か分散か[78]、③需要の変動[79]である。また、適正規模の概念に関して、大きすぎると崩壊する例[80]を挙げて説明している。そして、規模の決定条件として、目的と制約を挙げ、目的条件には、①需要（人口・利用者・交通量など）、②利益（営利・客足など）、③情念（憧れ・シンボル・ステイタスなど）があり、制約条件には、①敷地（用途地域・形状・方位・近接道路など）、②法規（建蔽率・容積率・日影・道路規制など）、③予算（建物規模・敷地造成など）、④機能（舞台面積・病床規模など）、⑤管理（ホテル客室・独身寮室・看護単位・ケア単位など）、⑥技術（スパン・高さなど）、⑦安全（避難階段・誘導など）、⑧周辺（住民対策など）、⑨環境・エネルギー（騒音・省エネなど）があることを示している。また、規模の分布については、①対数正規分布モデル[81]、②段階構成モデル[82]、③エントロピーモデル[83]を挙げている。その他、利用圏の予測と距離、時間変動の予測、規模算定方法、面積規模算定方法、群集のための規模などに言及している。

四―三　建築人間工学

規模計画のひとつに空間規模に関する研究がある。高橋鷹志[84]は、建築は人間が使うものである以上、どのような空間寸法がさまざまな動作や活動に必要であるのかを知ることは必須のことであると述べている（文36、一一一頁）。

人間の体格を計測して静的な空間の寸法を求め、人間の動作を計測してさまざまな動作に必要な空間寸法を求める研究は、『建築人間工学』（文146）と呼ばれて、実験室での詳細な実験をもとにして各種の適正な空間寸法が求めらてきた。これらの成果は『建築設計資料集成』（文91）の単位空間の資料としてまとめられている。

コンピュータの技術的適用の可能性は、建築人間工学の動作分析を可能にし、駅における通勤客の流動や火災時の避難流動など群集流動分析[85]などを可能にしたのである。

四―四　建築空間計画

建築の空間そのものに対する研究も開始された。一九六〇年代の初期から建築空間の与える心理的影響や人間の反応（感じ方）[86]に関する研究が興味の対象となったのである。空間の持つ性質の分析を行う「空間論」の研究も開始された。

神社の参道の空間シークエンスや、街並みの見え方などを対象にした研究（文71、82）が始まり、その実験・解析には、ＳＤ法や多変量解析の手法が応用され、空間の数理系研究（文81、85、86）として発展を見た。

建築の寸法計画に端を発して、ものや空間の見え方から距離と人間の身体的・心理的な関係を分析（文49）した高橋鷹志[84]は、東京大学建築計画学教室の鈴木成文の跡を継いだが、当時から話題になり始めた建築環境心理学の分野で、空間の心理的研究を開始した。

これは後に人間―環境系研究として、心理学的研究を建築に適用するきっかけをつくり、人間環境学会（ＭＥＲＡ）の設立、発展に大きな役割を果たした。また一九八五年には日本建築学会の建築計画委員会（一九六三年設立）

内にも空間・研究小委員会が設立された。

四—五　生活領域計画

一九五〇年代後半からの高度成長期には、人口の急激な都市集中に対応するため、都市ならびにその周辺部では零細な賃貸アパートや低品質な建売住宅が大量に建設され劣悪な居住環境が出現した。このような状況の打開策のひとつが質のよい公営住宅の開発・供給を目的とした日本住宅公団の設立（一九五五年）である。住宅の量産・大規模団地建設、そしてニュータウン開発が進展したため、このような住宅地全体を扱うことが、住宅研究のひとつの課題になり、公団側も研究を委託して、その成果を計画・設計に反映させるといった状況が実現した。

住居の集合を計画するにあたっての、人間の集合・コミュニティの形成をどのように実現するかといったことが研究課題のひとつに挙げられた。団地の戸外空間の人々の行動、特にこどもの遊び行動の軌跡に関する研究は、住棟の配置計画などに意義のある貢献をした（文39、第五章、文45）。

一九六〇年代半ばから、このような研究は生活領域研究と総称され、団地を機能面だけでなく住民の心理面からとらえようとするテーマの研究が開始され、団地全体に対する人々の空間認知から住戸周辺のなわばり（文27）の問題まで、広範囲の研究が行われてきた。その後この領域は人間—環境系の研究にも引き継がれていくことになる（文71、82）。

近年、住宅・住宅地の変化に関する論文が多いが、住宅の設計で長い年月にわたる変化を見ることによって周辺状況の変化に耐える多様性や柔軟性を設計の中に活かす必要が出てきたことの証左である。

四―六 生産供給計画

一九七〇年代の一般家庭の生活における消費の伸びは顕著で、公的私的空間分離や居間の普及、さまざまな家具の増加といった住様式上の変化が見られた。このような状況で住様式に対する研究が盛んになり、その成果は住戸平面計画に影響を与える結果となった。

集合住宅の住戸計画では、そもそも面積がどの位確保できるかによって間取りの考え方が異なってくる。住宅規模獲得に対して計画研究はほとんど有効に機能していない。住戸の規模は生活的側面だけでなく、広く社会的問題や政策決定に関する日本的な体質をも反映するので、必ずしも研究と結びついたものにはなっていないというように住戸の広さや規模計画に対して、計画研究が無関心過ぎるという批判も現れた。

この高度成長期の終わりに近づくと、公共住宅の平面計画に対する硬直性が問題視され、計画研究に責任があるという批判が現れる。このような現象の発生は、設計や計画だけが問題ではなく、住宅の生産や供給の方式にも関連する。しかし批判は何故か計画研究に向けられたのである。

「吉武研究室の系統が、どちらかというと建築の具体的形態（特に平面）をつくるための基礎として建築計画研究をとらえたのに対して、より広い視点から、すなわち社会の中における建築のあり方、つくり方という面から建築計画をとらえたのは、西山研究室の系統の人々である。（文96、一六七頁）」

高田光雄[22]は、「住宅供給」の課題については、戦前から西山が、計画研究は設計・計画だけでなく社会的・政治的・経済的問題も解決すべきだと主張しており、広く「住宅問題」として研究を行ってきた経緯が京都大学にはあると述べている。戦後は「住宅階層論」として展開して、有名な「型」の典型となった（文26、一八頁）。その後は計画と供給の再統合が必要であるといった見直しが行われている。

京都大学で西山研究室を受け継いだ巽和夫[87]は、「建築生産の基礎的研究」（文51）をまとめ、ハウジング論・ハウジングシステム論を展開した。「総合性」と「実践性」に関する側面を生活―生産軸と家庭・住戸―コミュニティ軸とに設定して、問題を整理しようと試みたのである。公共化住宅システムや二段階供給方式、立体街区、そして地域のまちづくりへと研究の発展を見せている（文47）。

「ハウジング」という言葉は一九七〇年代から巽研究室での中心となる表現で、住宅計画には供給課程を加えるべきであるという主張が含まれていた[88]。この時代には「ハウジング」という言葉についての論争がひとしきり現れる。鈴木成文らはハウジングという言葉は、従来の「住宅供給」や「住宅政策」とどこが違うのか？　といった問題提起をしている[89]。

これらの例は、別の見方をすれば、一九八〇年代終わりには、建築計画のあるひとつの専門分野の中で、各方面の研究者間で本質的な議論ができるようにまで、研究者が増えたことを示している。

東京大学生産技術研究所の池辺陽[90]は、戦後、最小限住宅の提案[91]を行って注目を浴びたが、その後プレハブなど工業化製品の供給と計画・設計の関係についての研究を開始した。

研究室は原廣司[92]により受け継がれ、記号論や設計論の研究も行われるようになった。吉武研究室でも「設計方法」の研究（文10）が開始される。

このように平面計画など建築を利用するという方面への興味と同時に建築を作る方面への研究的興味が起こった時代といえよう。

四―七　建築構法計画

一九五〇年代より新しい研究分野として、内田祥哉[93]とその研究室により、構法計画の系統的な研究が開始された。初期の研究は、一九五五年のモデュールに関する研究に代表される。内田の最終講義をまとめた著作（文6）の章構成をみれば、建材技術の導入「ビルディングエレメント」、先端技術へのあこがれ「カーテンウォールのファッション性」、技術導入と開発の苦い経験「組積造」、部品化の流れ「プレハブ単位」、建築の新陳代謝を見出して「システムズビルディング」となっており、この分野の研究の流れが一望できる。この分野は現在、構造・材料の分野と計画・設計の分野の境界領域として、異なる専門分野を繋ぐ重要な役割を担っている。

いずれにしても、一九四五年から一九七五年にかけて、計画研究は、少なからず実際の設計・計画と密接に関連していたといえよう。この背景には大量の住宅やその他の建築物を供給するという明らかな社会的要請があり、研究の目標が明確であったことが挙げられる。

しかし、一九七五年ころには、全国の住居戸数は充足の域に達し、研究も転換期を迎える。住宅建設は公共投資から民間市場へと移行し始めた。住居研究も住宅の質の問題、文化的側面、居住現象への興味などテーマの広がりを見せ、余裕がでてきたことが読み取れる。また、各種建築計画の研究においても多様な拡がりと知識の蓄積がみられた。

しかし、一方で研究分野が細分化して分野相互の交流に齟齬が生じ、調査研究が現状把握に過ぎず、人間や建築の展望や全体像の追求に乏しいという批判を受け、反省の時期に入ることになる。

五、新しい建築計画学への模索

五―一　刊行物にみる建築計画への視点の変化

建築計画研究の問題意識や中心となる考え方は、当然ながら時代が経過するに連れて変化する。ここでは先ず、建築全般を扱った刊行物を通して、計画研究が始まる前後から今日までを見てみよう。

1　一九四〇年代初期『建築設計資料集成』―一九七二年完成版

建築学に関する総体の知識の蓄積状況を示す出版物に、日本建築学会編『建築設計資料集成』がある。この出版物のそもそもの発端は、「読むよりも見ただけで用を便ずる何者かが欲しい」という建築設計実務者からの要望に即応して、図を主体とした資料集の編纂をはじめたものである。当初、建築学会の会誌『建築雑誌』の各号に掲載されたが、一九三七年に委員会(94)が組織され、刊行物として一九四二年に第一集、戦争による中断を挟んだものの、一九七二年の五集まで発刊され完結を見ている。

初版の序（文91）を見ると、海外の事例の翻訳や焼き直しでなくわが国独自のものを刊行するといった意気込みが読み取れる。

戦後一九四九年発足の続刊委員会[95]（文91）（一九四九年発足、一九七二年完結）の作業の中では、学問研究の成果を設計の実際へ橋渡しする役割や設計の基準化の要望が強調されるという認識がなされていた。計画研究はまだ初期の段階であったが、各種建築の縦糸研究の成果が早くも取り入れられている。

2　一九五〇年代初期　『建築学大系』

同様の書籍のひとつに、第二次世界大戦後に発刊された『建築学大系』（文23）がある。その編集委員会[96]による刊行の言葉（一九五四年六月）は、その時代における研究の状況を語っており、興味深い。

戦争により空白の時期を持った建築学の研究は、立ち直ってはいるが未だ十分ではないと述べてから、「いうまでもなく、建築学におけるわれわれの研究の目的は、人々に、より幸福な、そしてより健康的な生活環境を与えんがために必要な技術的手段と、それに適応した建築計画の方法を発展させることにある。」と述べている。ここには「人々にある環境を与える」という意識が歴然として見られる一方、建築計画の「方法の発展」を目的としていることが注目される。

さらに、当時の二つの新しい発展段階として一つは「建築の工業化」そして、もう一つは「建築を人間の生活する容器とする考え方から、さらに容器で生活する人間の立場への反省、言い換えれば建築における人間的側面の考察を深くしていること」という記述がある。

生活の容器という生活行為の機能的側面の解決だけでなく、生活する人間自体への注目は、特記すべきである。

3　一九七〇年代初期　『近代日本建築学発達史』

前述の日本建築学会編集の『近代日本建築学発達史』（文94）は、一九七二年に刊行されたが、その八章、建築計画の註を見ると以下のような趣旨が記されている。

この分野は二〇年間に急速に発展しており、学としての体系化が望ましいが、未解決の問題も多い。超技術社会と情報化時代に向かう時期にあって、これまでの科学に見られる普遍的学問体系の確立を建築計画に期待するよりも、社会的生活環境の創造を目標にすべきである。普遍的学問体系の確立への期待よりも、実社会の環境への関与を強調していることに注目したい。

また、研究としては、建物系別の縦系研究と規模計画など横断的な横糸研究とを比較して、学校・病院・モデュール・農村・図書館・共同住宅・住宅等の計画に関してはかなりの蓄積があり、社会福祉・ホテル・公民館などは蓄積の途上にあり、店舗・保健所・博物館・美術館・庁舎・自動車施設などは今後の蓄積が期待される分野であるという評価を示している。

4　一九七〇年代後期『建築設計資料集成』——一九八三年完成版

『建築設計資料集成』の抜本的全面改訂版(97)（文92）の序には、戦後の続刊委員会の作業の中で、「学問研究の成果を設計の実際へ橋渡しする役割や設計の基準化の要望が強調された時期もあった」が、本集成は「設計の思考過程での伴侶の書」としたと記されている。つまり、一九五〇年代から七〇年代にかけては、学術的研究の解説とか設計基準についての議論が、少なからず存在したと推測することができる。

目次構成は、当然機能を中心にすえた近代建築の発生と関連がある。(98)次表はこの刊行物（文92）で分類された各種建築名称であるが、それぞれが果たす主要な施設(99)「機能」を名称として持っていることがわかる。

表　建物分類名

『建築設計資料集成』（一九七八年——一九八三年、全一一巻）

第六巻　建築―生活　住居・福祉・教育・医療
第七巻　建築―文化　図書・展示・芸能・集会・余暇・宿泊
第八巻　建築―産業　業務・商業・農業・工業・流通・交通

序[100]では、これまで連綿と続いた各種建築別の編集方針を改めて、異なった種類の建物間に共通した部分を「単位空間」として分けたことが強調されている。これも、建物種類別の設計が独立して来たことや学問領域間が乖離して来たことに対する反省のひとつであって、各種建物に共通して空間の特性を見出す試みの発露と見ることができよう。

5　一九八〇年代初期『建築学便覧』

一九八〇年出版の日本建築学会編　二編　『建築学便覧Ⅰ』第二版（文96）建築計画の部分には東京大学における講座制の形成過程とその中での建築計画講座の位置づけが記述されている[101]。

「建築学が……（中略）……新しい技術としてあるいは科学としての発達の道を歩み始めたのである。……（中略）……しかし反面、建築をまとめる総合の術としての計画あるいは設計というものが、大学教育の中でも技術の中でもしだいに忘れていったきらいがある。諸分野の技術を総合してこそ初めて一個の建築の計画になるはずであるが、こういった建築計画の内容が確立されないまま、ばらばらに分解された諸分野のみが発達し、このよせ集めが建築学であるかのように錯覚されてしまった。（文96、一六五頁）」

また、この目次を見ると、全三八章のうち、一―一一章が、①建築計画の基礎となるもの、一二―一五章が、②地域施設計画に関連するもの、一六―三八章が、③建築計画の各論的なもので構成されている。①のなかには、建築計画概論、敷地計画概論、規模計画、建築人間工学、建築形態計画論、色彩計画、構法計画、設計方法論、安全計画、コスト計画、モデュラー・コーディネーションがあり、②のなかには、地域施設計画、地域人口の構造と人口計画、住宅地施設計画、農村地域施設計画、③のなかには、住居、教育施設、医療保健施設、社会福祉施設、遊び場・スポーツ施設、オーディトリアム、図書館、購買施設、官公庁施設、情報通信施設、展示施設、宿泊施設、交通施設、事務施設、生産施設、農村施設、生活サービス施設、供給処理施設、葬祭施設、宗教施設、数奇屋建築、造園がある。

それぞれのページ数を比べてみると、

①が一三九頁（一六一―三〇〇頁）：一八％
②が五一頁（三〇一―三五二頁）：一〇％
③が五二四頁（三五三―八七七頁）：七二％

である。これを見ても各種建物に関する記載が目立ち、この分野のこれまでの情報蓄積の膨大さがわかる。別の側面から見れば、時代がその情報を必要としていたということであろう。

6　一九八〇年代初期『新建築学大系』

時代が降って、『建築学大系』の継承版である『新建築学大系』（彰国社）が編修された。編集委員会[102]の刊行の言葉（一九八一年七月）を見ると、まずこの間の変化について、前『建築学大系』発刊から四半世紀のうちに建築界のめざましい発展と周辺状況の変化、特に「単に技術・産業の発達が建築を変容させただけにとどまらず、われわれの生活や環境が総体として激変した」と述べている。

生活環境の総体的激変ではなく、生活や環境の総体的激変という表現に興味を惹かれる。つまり、単に環境に対する見方ではなく、生活という人間の営みとそれに空間を提供する環境とに注目していることを表していると考えられる。

『建築学大系』で触れていた建築における人間的側面への注目という姿勢の発展型とも考えられる。しかし、依然として「生活」と「空間」の二項対立の構図が根強く残っている表現である。また構成や内容の新しい意図として、第一に情報の氾濫のなかで基礎的・概説的叙述を重点にしたこと、第二に専門分化した学問領域で到達した地点を長期的展望のなかで明示することと記されている。換言すれば、この時代に情報化時代と学問の専門分化とそれらの間での協力・交流における疎通が問題としてすでに意識されていたことが推測できる。

7　一九九〇年代後期『建築設計資料集成総合編』—二〇〇一年完成版

『建築設計資料集成』—一九八二年完成版刊行の一七年後、新たな委員会[103]の下に、時代を反映した編集が開始された。この編集では、序にあるように、「肥大化した情報を安定した耐用年数の長い基礎的情報に圧縮した」総合編（文72）とそれを補完して拡張・変更しやすい拡張編とに分離している。この拡張編は、居住・福祉・医療・集会・市民サービス・教育・図書・展示・芸能・余暇・宿泊・業務・商業・生産・交通に分冊されている。

総合編の全体構成（二〇〇一年五月）を示した中に、「建築は都市を容器（構築空間）を介した人びとの行動を支援する場として認識し、その総体を構築環境と呼ぶことにした」と述べている。これは一九七〇年代から始まった環境行動研究（人間—環境系研究）の視点に基づくものであり、その背景には、「構造・材料」・「環境・設備」・「計画・設計」に細分化された技術・知識の再統合の必要性、また固定化した「建築種別（ビルディングタイプ）」と容器との対応の崩壊、言い換えれば、機能—空間の一対一対応の崩壊に伴って、異種用途の場が同居したり、転用が一般化したりすることに対して建築界における知識の体系化が必要になったことを認識できる[104]。

五―二　人間―環境系研究

一九七〇年代になると、環境心理学の影響が建築計画の分野に出現する。その最も象徴的な出来事が人間環境学会、ＭＥＲＡ（Men-Environment Research Association）の設立である。

一九五〇年代には、既に米国で心理学者のオズモンド（H. Osmond）やソマー（R. Sommer）の研究をもとに、この分野の研究が開始された。一九六四年にユタ大学を中心にＥＤＲＡ（Environment Design Research Association）が設立された（文116）。

その後、このような背景のもとに、日本学術振興会と米国のＮＳＣ（National Science Foundation）のイッテルソン（W.H. Ittelson）、ワップナー（S. Wapner）やベクテル（R. Bechtel）等との共同で「人間と環境の相互作用に関する日米セミナー」が開催された。これを発端にして、望月衛、吉武泰水、萩野源一を世話人代表として、環境デザインと人間行動をめぐる学際的活動を目的に掲げて、一九八二年八月一九日にＭＥＲＡが設立された[105]。

この分野における[106]「建築決定論と相互浸透論」の議論の中に、今までの建築計画学の考え方からの脱皮を図ろうとする意図が読み取れる。

建築決定論とは、建築設計・計画において意識的・無意識的に存在する「人工もしくは自然の要素によって[107]構成される構築形態が、社会的行動の変化を導くだろうという信念」（文33、三四頁）に基づく主張である。舟橋國男は、以下のように語る（文26）。

日照のない状態や超過密状態を解消して、生活環境を改善することにより人々の行動を変えうる、あるいは間取りの工夫で人びとの交流を活性化できる、といった事例が物語るように、これまでの建築計画研究者の主張が「機能的」な建築を作ることによって、人々の行動を統御し生活の進歩を図ることができるという発想に立って、時にはその成果を誇示する態度が見られた[108]。また、多くの設計者や住宅業者が「素朴機能主義」の生活者を納得させた結果、設計者の意図どおりに使われず、居住者の夢も実現せず、設計の失敗に対して生活者の泣き寝入りに至るケースが多々あることを指摘し、人間の能動性や創造性、自由という価値から周辺環境を変えたい、あるいは変えるという「決定論」的見方、あるいは建築至上主義に対して疑念と警告を表している。このような考え方からすると、住宅を設計することは、難問となる。つまり、現実には人間をも教育するといった不遜なことをしていることになり、矢の飛び方を知るために飛んでいる矢をつかんで見るような矛盾を生む。このように舟橋は語る。

環境決定論に対して相互浸透論（Transactionalizm）は、哲学・心理学の分野で論議された科学の目標、あるいは研究方法に関する世界観であり、一九七四年にイッテルソンほかがその著書の中でこの言葉を使い、日本語は高橋鷹志[84]が命名したものである（文109）。人間―環境系研究においては、適用可能な普遍的原理の解明には関心を持つが、むしろそれよりは個別・特定な事象の解釈を重視するという立場をとり、このことを人間と空間をセットとしたパターンとして理解しようとしている点に特徴がある[109]。

研究手法としては、個別対象に応じて折衷的な方法を取ることになる。従って、設計がそうであるように、研究結果は個別・特殊解となる。しかし、それらに共通したものを見つけるのは容易ではないが、不可能であると断定もしないし有意義なことであると考えている（文26）。このような状況における観察者・研究者は、調査・研究の中である位置を占める個人となるために、現象への関与は避けられない。このことは、研究者が社会とのかかわりから逃げられない一面をもつことを示唆している。特殊解の積み上げが、正当な道筋であり、特殊解の正誤を判定することは意味がなく、単に相対的な適否のみを考察し得るのである。船橋によれば、人間・環境研究は人間が、個性豊かになるために行う働きかけを阻害せず、時間の経過と主に変化に耐えうる「無の建築」を目指している（文26）。

相互浸透論[110]は、活かされるとすれば人間―環境系の理解を深め、住宅造りにおける意味を変えることである。「人間が今個々に斯くのごとく在るのは、まさにそのように在らしめている環境を意味する。」（文26、三八頁）という舟橋の見解に凝縮される。

五―三　計画研究は役立つか？

使われ方研究の主流は、日常の建物の使われ方を調べて、設計（解の決定）のための機能的指針を得るという建物を「造るために役立つ研究」を前提としていた。従って、計画研究が役に立つか、立たないかといった論議は論外であったのである。しかし、ある頃から役に立つ研究・役に立たない研究についての論義が発生する。一般に、学問や研究の発達段階を見ると初期の段階では、実践に役立つことが多い。ところが大学の研究室が確立すると純粋科学指向になりがちになる。計画系の学問研究も同じ経緯を辿ってきた。

西山卯三は、あなたの研究は役立たないといわれた時、設計だけでなく社会制度なども対象にしていると反論している。つまり研究は役立つことが前提で、それだけでなくその広がりを論じたのである。そして総合的なハウジング論へと研究を拡大させた（文26）。

今日の研究は設計に役立つことを考えない。この論議の発端のひとつに海外研究がある。[111]例えば、アジアの住居研究は日本において戦前から藤島亥次郎や今和次郎らによる踏査記録・報告から始まっている。歴史を振り返っても、二〇世紀のはじめまでに、多くの西欧諸国は彼らにとっての未開の地域やかつての植民地でさまざまな調査を行っている。これらの目的としては植民地支配のための資料収集という政治的な側面と単なる個人的興味といった側面とが考えられる。

建築計画の分野では、一九七〇年代から国内のみならず海外のフィールド調査が実施され、今日まで発展を見せている[112]。最近では日本が経済的余裕を持ったこともあって、海外渡航が比較的容易になり、ますますこの分野の調査研究が盛んになった[113]。特に住宅の計画設計の伝統継承が過去から脈々としている集落に関する調査に基づいた研究が盛んである。日本国の開発途上国援助のための調査の場合は、若干政治的側面はあるかもしれないが、他の多くは学問的・個人的な興味で行われている。

「何故海外の集落研究をするのか」といった研究目的の問いかけに対して、これまで表明された回答は、「住居集落の構成原理の解明」、「優れた建築を生み出す魔法のプロセスの解明」（稲垣栄三）、「集落モデルの探求」（原廣司）、「エスノアーキテクチャーの存在の確認」（大田邦夫）、「住居の近代化のプロセス、現代住居の変容の解明」（鈴木成文）などが挙げられており、日本の住文化の特性を海外から見て相対化・客観化する目的を掲げている（文26）。

東京大学生産技術研究所時代に原廣司は、世界各地の集落を巡って、その建築的構成から空間形成の原理を探ろうとしてきた。研究室を受け継いだ藤井明[115]も、集落の形態から空間構成原理を数理的に解くための現地調査を行っている。そこでの基本的調査手法は、従来の「使われ方」調査のように、その集落の生活と空間の対応を記述するのではなく、形態のみを主に記録して、数多くのデータの中から数理的な解析で構成の原理を発見しようとするものである。海外調査でのコミュニケーションの困難さと調査期間（時間）の制限から、生み出された手法であるともいえよう。言い換えれば、これまでの使われ方調査の手法を適用しようにもできなかったのである。このような研究の成立根拠は、エスノアーキテクチャーというものが存在することを確信し、その姿を捉えることである。

従来は実務と学術は良好な関係にあり、実務側の要請に学問的に応えた。一九八〇年代後半から経済社会が変化し実務からの要望が変貌を遂げる。社会からの要請はあまりなくなり、知的好奇心・自己満足・イデオロギー的研究が多くなる。研究結果の総合化の手法や評価の手法を研究すべきところが、調査の分析が主体となり、総合化を目指す研究が少なくなる。

建築計画研究分野は、この二つの傾向を内に秘めて、別々の研究グループとなって、一九九〇年代には研究の主力は次世代へと移っていった。第一グループは「知的好奇心」で役立たない研究、趣味的研究という批判を浴び（文26）、第二グループは役立つが「独善的」のレッテルを貼られて、総合性に対する謙虚さを失っていく。以上の「役立たない研究」と「独善的研究」の二極分化が見られるようになった。しかし、研究者は特定の研究グループに属していることで安住の地を得ていることも確かである。この間のバランスをとることが重要なのである。

知的好奇心を満足させるためには、「研究は面白ければいい」とか、「科学研究は有益性を問われない[116]」といった発言も現れるようになった[117]。

一方で青木義次[118]は「役立つ役立たないという実践的研究からの視点は研究の視野を塞いではいまいか」という発言をしている（文26）。「実践的な建築計画学においては、純粋な知的好奇心を満足させることは抑圧されたきた。従って、建築計画にはわくわくした謎がない」というのである。彼の表現を借りれば、「なぜ血は止まるの？　と聞く子供に、止まらないと死んでしまうからよ、と止血手段を目的で説明する母親に似ている。」これを建築の話に言い直してみると、例えば「なぜおうちが建つの？と聞く子供に、建たないと寝るところに困るからよ、と建設手段を目的で説明する母親に似ている。」というところか。「住宅とは何かについては何も説明しなくてもよいが、それをどのように建てるかの技術については教えきれないほどたくさん存在するのである[119]。」

構法計画専門の松村秀一[120]は、絶対的に住宅が供給不足であった昔は住宅を建てること自体は議論の余地がない目的であったが、現在は何を建てるべきか、建てざるべきかが問題であるという（文26）。従って「役に立つ」ことを目的にしてしまうと研究目的の「思考停止」につながる。役に立つ研究は……と研究テーマの流行を追いつづけるようなことは、研究者自身が自己の研究に対してチェック機能を働かせることになるので疲れるという[121]。松村本人は、住宅の研究の場以外に、今後は地域へ拡がる方向と部品家具への方向と二つのレベルを扱いたい、なくても困らない研究ですから自由に、と落ち着く[122]。

海外での調査の実際においては、日本の建築学、特に建築計画学の意義を問われる。すなわち、例えば現地の居住環境を向上させる「生活改善的立場」なのか、興味対象の単なる資料を集める「好事家的採集的立場」なのかを問われ、何のための調査研究かをより明確に求められることになる。研究は誰のため？という基本的な問いかけが必要である。

これはかつて農村研究で実際の農村に研究者が入り込んだときにも問われた質問である。その時は一緒に生活し議論しながら農村の生活環境の改善に「役立つ」研究がなされた。青木正夫は以前から、これに関連した論議は「建築計画学は輸出できるか」と問われることだと言い換えている。また、住居調査研究は、人類学・民俗学・地理学などにおける調査研究との類似点や相違点を問われ、その有効性、調査研究のアカウンタビリティを明確にすることが求められるのである。

しかしながら、このような論争が起こったこと自体が、各大学や研究機関で建築計画の研究に携わる研究者が増加し、研究の人的資源に余裕ができた証拠でもある。

五―四　建築計画学は自然科学か？

建築計画の研究分野では、一九八〇年代から九〇年代にかけて、調査研究方法に関する議論が姦しくなった。これは日本建築学会を中心に学術総会の研究協議会のテーマとして、研究方法に関するものが相次いでとりあげられ、また一連の出版物（文69、71、75、76、79、81、82、85、88、90）となったことでもわかる。

これらの研究の傾向は、一九七三年のオイルショックを境に日本経済は厳しさを加え、大規模開発の抑制、予算の削減など低成長・反省期を迎えたという時代背景にも拠っており、研究面でも高度成長期には目先の目的のみを追っていた状況をこの時点で立ち止まって見直す良い機会となったことがある。

小林秀樹は「地域性・地方性・伝統性・個別性が重要視され始めたのも、この時期の特徴である。新築住宅平面型の地方的な把握に始って、都市化度の影響の分析、時代的発展系譜の位置づけ、階層性の分析、人々の意識の把握など、狙いと方法は多様である。実施面でも各県の公営住宅がそれぞれ形態的特色を出そうと努力を払っている。（文26）」と述べている。このように住宅では低層集合住宅への関心が高まる。つまり大規模な画一的な高層住宅でなく、小規模で低層の個性ある住宅への方向転換が行われた[123]。研究のテーマも低層住宅の接地性や領域性、そして多様性などが取り上げられた。これは中層・高層の住宅に対する見直しにもつながることになる。

研究方法論議が活発化するもうひとつの理由は、従来の研究の方法論では対応できない研究対象が出現したからである。言い換えれば、これまでの各種建物別の縦糸の研究や横断的な横糸の研究が、かなりやり尽くされてきており、新たな研究対象を求めた動きが生じているとも考えられる。

現実の世界で発生するさまざまな複雑な現象の関係を、数理論で解明する手法が他分野で開発されたが、それを建築計画研究に応用できないかという試みが現れた。例えば、多変量解析は、八〇年代の初期の段階で建築空間自体に対する研究（文86）に導入された。人間の空間知覚・感じ方といった直接計測や観察が困難な調査対象について、どのようなことが影響を及ぼしているのかを「科学的」に探る有力な方法としてその成果が期待された[124]。

青木義次[118]は、このように一九七〇年代から採用され始めた数理的手法の計画研究への導入に対して、大量のデータを科学的に用いた分析の研究結果が、常識的過ぎることを批判している。つまり、得られた結果はこのように大袈裟なことをしなくても直感的にわかっていることであり、そもそも純粋無垢な客観性を保障する手続きなど存在しないにもかかわらず、存在することを単純に信じて歴史的にずいぶん誤ったことをやってきたので、基本的に「科学的客観的手続きは信じない」という。そしてむしろ、この様な科学的手続きは、現状の中で新しい考え方を見つけることによって、既存理論を打破することに用いるべきであると主張している（文26）。

建築計画学は、「科学」か「論」かという論議はいつの時代にも存在した。非科学的研究を科学的にという主張に対して建築は現状をうまく説明できるストーリー、「論」を持つべきであるという主張がある。一般的に数量化など科学的手続きを重視し過ぎると論が薄くなる。前者は目的の問題であり、後者は手法の問題で本来は別のものと考えた方がよい[125]。

社会科学の分野でも、建築計画学分野と同様の科学と技術との論議が見られる。政治学の内山融[126]は、政治学が「サイエンス＝科学」であることに確信をもっていない。「科学的方法」とは、それほど当然視してよいものなのだろうかと問いかけている。それは政治を理解する上でどこまで有効なのだろうかとも考える（文9）。

そのために先ず科学論からなされた自然科学に対する批判を参照する。まず、「事実がアプリオリに（認識に先行して）存在しており、厳密な「科学的方法」によって、その事実についての純粋な知識が得られる。つまり事実を正確に認識することができる。そのような事実をありのままに抽象化して記述する理論の構築が可能である。」自然科学で一般的な「仮説―検証」型の研究手法はこの「　」内の事実観や理論観の反映であるが、これには客観的事実の正確な認識が可能であるということが前提となっている。

これに対して、トマス・クーンの批判がある（文58）。つまり、「パラダイム（ある科学者集団にとって模範となる理論体系）が変換すると、新しいパラダイムに基づいて得られた事実についての知識は、それ以前のものとまったく異なる。パラダイムは問題の設定や仮説の構築、データ収集等を方向付ける機能を果たすが、事実のベースとなるデータは至極曖昧なものであり、そこからどのような側面を取り出すかはパラダイムに左右される。すなわち、事実とはパラダイムを離れて存在するものではない。（文9）」

またP・K・ファイヤアーベントの批判も存在する（文106）。彼は、「理論が事実から引き出されることはありえないのであり、むしろ理論とはどのような事実が存在するかを決める存在論なのだ。客観的事実の正確な認識が可能であるという前提は神話に過ぎない」（文9）と主張する。

このように、自然科学ではない政治学への自然科学的方法の導入において、建築計画学における自然科学的手法の導入に類似したことが起こっている。内山は実証主義的政治研究の意義を決して否定してはいない。むしろ、それは政治現象について新たな理解を与えてくれる場合も多く、豊穣な成果をもたらす可能性があると考える。この点は青木の主張に沿っている。その一方で、「科学的方法」を自明のものとして受け入れることには、抵抗があるのも確かであるという。特に、実証主義的政治学が方法論的厳密性や検証可能性といった「科学」の要請する規準に拘束されるあまり、その分析方法と対象がそうした規準に適したものに限定されてしまうことに懸念を覚えている。これは、建築計画の場合に置き換えてみると、例えば、論文の形式を取りやすいために数量化の分析に適するような研究対象が、その研究の意義を論ずることなく採用されるといった現象に相当する。

この段階に至って内山は、両者の立場を止揚する「解釈学としての政治学」を提唱する。事実認識はパラダイムによるのであるから、あるパラダイムに基づいて解釈が行われることにより、一定の事実認識がなされる。パラダイム変換が起こると、新たなパラダイムに基づいた再解釈が行われ、新たな事実が認識される。このように事実の認識という行為自体が解釈なのであり、解釈を通じてのみ事実が現出すると主張する。

「科学」への批判は、「科学的方法」[127]が知識の正当化のための方法のひとつに過ぎず、他の方法もあることを示すことに意義があるという門内輝行の主張にも通じる。門内によれば、「驚くべき事実の発見があった場合、説明できる仮説を立てて検証する。この場合、直接観察できないものを仮説することが重要である。例えば、内陸に魚の化石が発見された場合、その地域が昔は海であったという仮設を立てる。この仮説が、うまくいかなければ別の仮説を立てて検証する。（文26、三一頁）」といった方法である。

従来の使われ方研究に対する大きな批判、つまり今まで存在しなかったような建物はどのように調査して計画上のデータを出したらよいのか？「未知の建物を構想するプログラミングはどのような研究から生み出されるのか？それとも研究は無力なのか？」という問いかけも存在する。門内はこれに対して、米国の記号学者パース（Peirce, C.S.）の提唱する仮説推論を引用する。①帰納（Induction）、②演繹（Deduction）、③仮説推論（Abduction）とすれば、新しい総合的知識は②と③から得られ、特に創造的なものは③であると主張する（文26）。

前述の内山の両者の立場を止揚する「解釈学としての政治学」は、門内の思考に通じるものがある。また、吉川弘之は、『一般設計学』のなかで、建築設計について述べているが、建築設計とは、例えば住居に対するユーザーの要求Cは、AからCになるようなAを考えることであると達観している（文118）。これこそまさに仮説推論である。

無名の製作者・設計者によって作られる楽器、家具といったものや町屋、集落といった建造物は長年の環境への適合の進化を経て残ったものであるが、現代の設計は、できたものがどのような影響を社会にもたらしているかといったフィードバック回路がないといわれる（文26）。この点でユーザー参加の意味は大きい。

「計画基礎分野は、空間・景観、境界・領域、知覚・認知、行動・経路など新たな研究対象の地平を切り開くこと」（文26、三一頁）が期待されているのである。しかし、研究方法の開発については、現状では伸び悩んでおり、数理論の応用も現在のところもう一歩の感が否めない（文50）。

「いわゆる西欧中心の「近代」とは、この「科学革命」の結果生じたものである。この知的革命の特徴を簡単に定式化すれば、ギリシャにおける「哲学革命」の総決算として、二千年もの間西方文化圏を支配してきたアリストテレス世界観を一挙に破壊し、これに代えるにデカルトの「機械論」的世界観を以てし、単に合理的体系的だけでなく同時に実証的実験的な「科学的方法」というものをつくり出し、ギリシャの数学的合理主義の遺産を近代の「実験的方法」と結びつけ、そこに単なる自然の「観照」ではなく自然の「支配」をめざす「力としての知」を実現したものである。このことは科学と技術を必然的に結びつけ、やがて「産業革命」を遂行することにより近代の工業文明をつくり上げるに至った。しかし現在は、この十七世紀以来の近代科学技術文明がゆくところまでゆきついて

第一章　建築計画学の系譜

凡例:
- □ 始原科学（Archaic Science）　都市革命によって発生　△発祥地
- ▨ 古典科学（Classic Science）　哲学革命によって発生　○発祥地
- ▨ 近代科学（Modern Science）　科学革命によって発生　◎発祥地
- → 文明の主な影響先

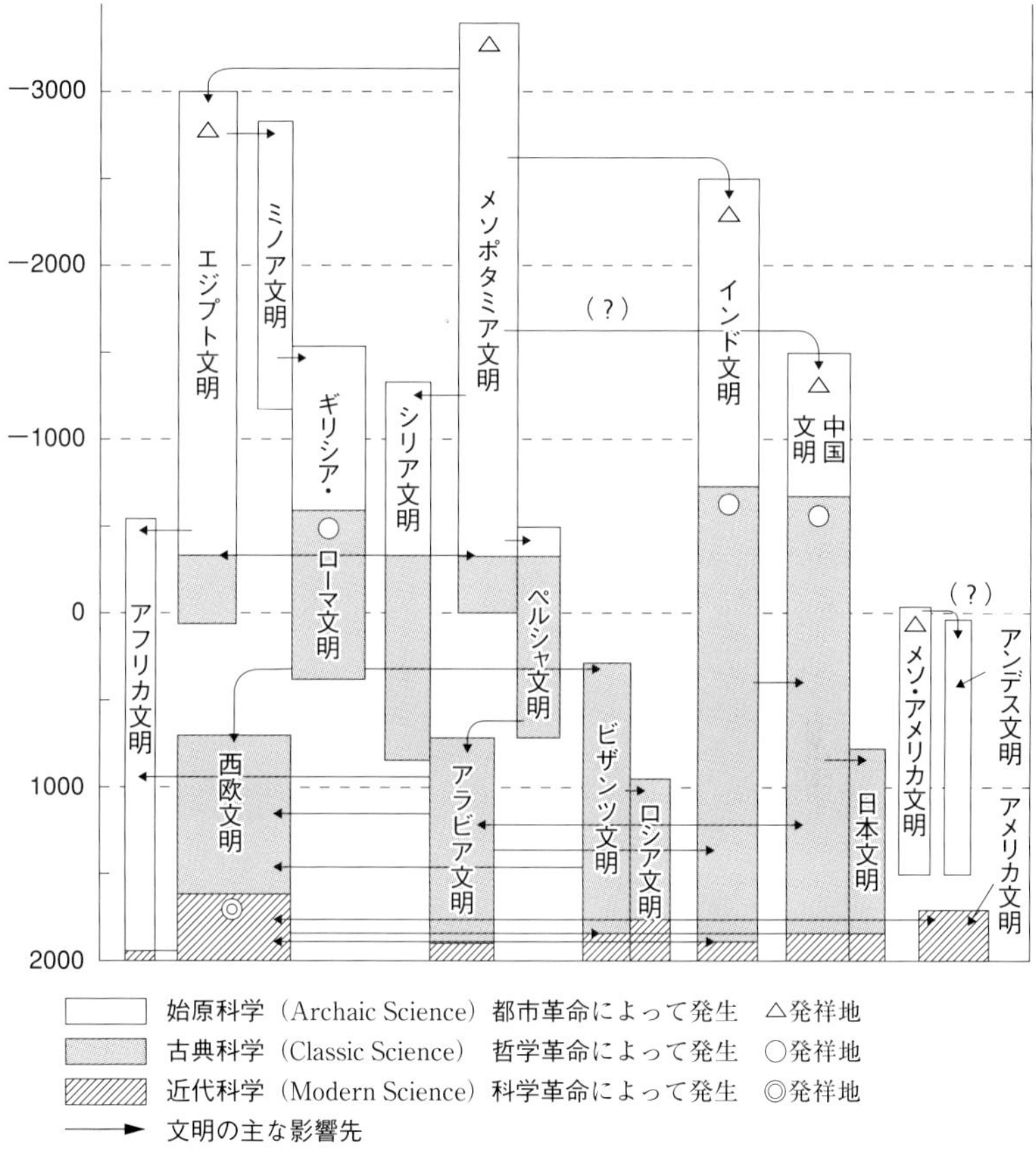

1. 人類革命（Anthropological Revolution）200万年前頃
   サルから人間への変換．言語の形成，家族の成立，道具の製作に象徴される．
2. 農業革命（Agricultural Revolution）1万年前頃
   食糧の能動的確保．狩猟・採集から農耕・牧畜に象徴される．
3. 都市革命（Urban Revolution）紀元前3.5世紀—紀元前1.5世紀
   余剰生産物依存の都市市民の発生．王族，書記階級，武士階級，商人階級の形成に象徴される．
4. 哲学革命（Philosophical Revolution）紀元前6世紀—紀元前4世紀
   ギリシャ・インド・中国での哲学の発生．合理的な理論値に象徴される．
5. 科学革命（Scientific Revolution）17世紀
   アリスオテレス的世界観からデカルト「機械論」的世界観へ．自然の「観照」ではなく自然の「支配」を目指す「力としての知」に象徴．

図1-3　人類文化の進展における変革期
出典：文2, 245—251頁

一つの限界に達し、人間はさらにもう一つの新しい文明への突破口を求めてそれを模索しつつある、第六の変革期にさしかかっていると言えよう。（文2、二四九—二五〇頁）」（図1—3）

計画学は自然科学か？　についてまとめてみると、科学は純粋な知的好奇心、「このことはどうなっているのか？」を探求するものであり、技術は手段、「このことはどのようにすればよいか？」を探求するものである。この二つの異なることを混同して論議されることがしばしば起こる（文26、二六頁）ので、常にこの二つの相違を判別しながら議論を進めることが必要である。

ちなみに栗原嘉一郎[45]は建築計画学を「半科学」と称している。また「研究者が数理統計学やシステム工学などの分野で続々と開発されてくる各種分析手法の新しい魅力ないし魔力にとりつかれてデータ処理等を高度化して操作的に扱えば扱うほど、その結論によって影響を受けるべきプランナーや一般の人々は下される結論に反応し参加する余地をせばめられ或いは全く奪いとられることになるであろうことに留意したい。」と述べている（文20、一二頁）。

ここで一九五〇年代における計画研究の初期に青木正夫、浦良一らにより提示された次のような科学と技術の論議をあらためて参照したい。

> この技術学としての計画学・計画技術学に対して科学としての計画学・計画科学が考えられる。計画技術学が実践における法則性の認識であるのに対し、計画科学は対象における即ち諸契機それ自身の法則性の認識である。この計画科学あってはぢめて計画技術学が確立され従って技術の発展があるのであるが、この関係は一般の技術と科学との関係と同じである。

五―五　計画研究の現状と問題

建築計画の分野の現状を見る方法のひとつとして、日本建築学会の大会の論文発表数の増減を見てみると、一九八〇年代から九〇年代にかけて、約二倍の発表数になり、またその間の総数も八〇〇〇編に達しようとしている[128]。この数は個々の発表件数なので、必ずしも一つ一つがまとまった研究であるわけではないが、概要を把握することはできる。建築計画研究の分野が全国の大学に広がり、かつ世代交代による研究者層の飛躍的増大により論文数の急増を呼んだと思われる。

研究の全体的傾向として挙げられることをまとめると以下のようになる[129]。

①研究の対象を見ると、住宅計画・施設計画・その他でほぼ三分の一ずつを占める[130]。

②調査分析方法を見ると、基礎統計的集計・分析が支配的である[131]。

③研究テーマをみると、社会の制度の動向や生活の変化に伴う要請に敏感である[132]。

④観察調査、実験・実測に新しい道具や方法が応用されている[133]。

⑤時間ファクターを入れた研究が増加している[134]。

これらを眺めると、住宅と施設に関する研究は依然として大きな割合を占めており、現実世界を観察記述、法則性を発見する姿勢をとる建築計画研究の古典的な「使われ方研究」が根強い力を依然として持っていることがわかる。しかし一方で半世紀前に考案された方法が今でも使われていることに驚きを感じ、疑問を持つ人もあろう。

一方、新たな分野に発展が見られ、計画基礎分野が研究対象を拡大していることも挙げられる。また、海外の居住環境や集落の形態などをフィールドにした異文化圏の研究が増加している。また、最近では地球環境に対する関心も強くなった。建築資源の有効活用、いわゆるストックの維持管理・持続性（サスティナビリティ）などに対する研究が新たな展開を見せている。この現象の背景には、日本国内五千万戸のうち空き家率が一割に達し、これから新しく建てることに必ずしも全面的な支持が得られない状況が存在する。

計画分野のひとつ、構法計画では、高度成長期にはプレハブ化の研究が盛んに行われたが、この時期になると、プレハブメーカーの研究所が活動を軌道に乗せたこともあって、大学では上記のストックの改修（リノベーション）や転用（コンバージョン）のほか、伝統構法などに関心が集まっている（文26）。

多変量解析が一九八〇年代に調査結果の分析に多く導入されたが、あまり効果が見られず、その後人工知能・記号論などを扱う研究は少ないこともあってか、モデル・理論的アプローチに対して、記述的アプローチが依然として大勢を占めている。この現象を、今後の発展の方向付けとして期待するという見方もある。

計画学への従来からよく言われている批判を集めてみると、先ず次の二点が挙げられる。

①設計の内容や進め方に固定化をもたらしたこと。

②施設計画に密着した社会的制度の硬直化を招いたこと。

これらは、プログラムや制度を空間的に翻訳するという側面を計画研究が特徴のひとつとしていることが原因である。また、一般性・法則性を重視して「こう使われるべき」空間・平面として、規範的・図式的な成果のまとめ方をしてきたことからの必然的な結果でもある。

このような定型的な施設計画への反省から「生活の場」を強調するようになったが、これでも未だ平均的な「生活の場」から抜け切れていない。これは「型」の生成と崩壊を繰り返しながら引き継がれている。これは建築計画が権威主義的になっているという批判にもつながってくる（文31）。次に、

③平面計画を重視しすぎること。

計画研究の当初の対象は「生活」と「空間」との関係を観察してその整合性を目指すと言ったものの、この「生活」は実際のところ毎日の生活行為で平面計画（間取り）に代表される動線計画であることが多かったことが原因であろう。

竹下輝和[135]は建築計画学に次の三つのレベルを設定している。

レベル一は、要求―機能

レベル二は、行為―空間

レベル三は、人間―環境

「人間―環境レベルの連関関係をベースにして社会システムの問題として取り組む」レベル三から「要求―機能のより本質的な連関関係を人間主体主義の立場から取り組む」レベル一までの範囲の中で、建築計画学はレベル二「行為―空間を合目的的に合法則的に扱う使われ方研究を意味する」と竹下はいう[136]。そして、

④国際性が欠如していること。

日本建築学会の二一世紀計画系教育のあり方を検討する委員会において海外の「建築計画教育」について調べてみたが、まず「建築計画」の英訳語が存在しないことに気付いた。Architectural Design とか City/Urban Planning は建築系の大学のカリキュラムやコース名として使われているが、例えば Architectural Planning は見当たらない。いろいろ調べた結果、日本の建築計画教育に当たるものは、具体的な設計課題に取り組む途中で、課題に応じて講義されている状況がわかった。

国際的に計画研究を見ると日本で行われているような内容の研究はあまり行われていない。逆に中国や韓国では日本で建築教育を受けた留学生が帰国してそれなりにその内容を伝えている様子が見られる。それ以外の国での普及度は低い。建築計画研究の成果を国際語である英語にして海外に発信することを等閑にしてきた結果であろう。

幸いなことに日本建築学会では中国と韓国の学会と共同して数年前から英文による論文集、JAABE（Journal of

Asian Architecture and Building Sciences）の発行を開始したが、今後一層の発展を期待したい。

ここで、よく考えてみると、日本で国際性が必要とされなかったのは当然であった。国内の建設需要があり、それに対する計画的知識・ノウハウが得られれば目的は達したのであり、海外においては建築の設計者が、個々のプロジェクトに応じて収集し活用してきた計画的知識・ノウハウは、例えば、心理学や社会学、そして歴史学の分野で研究・論議され、蓄積されてきたことを上手く活用してきたのである。その意味では日本において建築学の一つの学問分野として、「建築計画」が成立したことは、国際的に注目すべきことである。今後、「建築計画」がより広い領域で学問として確立するためにも国際的な場での論議が必要である。

六、地理的環境の視点

六―一　一般化と個別化

ここまで縷々見てきたように、建築計画（学・研究）の確立した時代背景には、圧倒的な建築の量的不足があり、最低限の文化的生活を実現するためにはまず「量」の確保が第一で、限られた資源と人材、建設期間の中で効率よく物事を進めなければならないという状況が存在した。

無駄を省き、科学的・合理的な法則・理論をもとに建築物を計画・設計することは、誰にとっても疑いの無い、明白な概念・方針であったのである。結果として標準設計とか建築の「型」が作られて、建築の関係者が必ずしも深い知識を蓄えていたり、幅広い経験を持たなくても、ある一定の水準を保った建築を完成し得たのである。このための建築計画・施設計画研究では、建物の利用者を患者・高齢者・学童といったカテゴリーに分類してサービスを効果的に提供するための施設——ビルディング・タイプ——を計画してきた[137]（文1）。

また、「一般的」「平均的」な利用者にとって良いと思われるサービスを考えて、建築空間（平面）といった形を作ってきた。この背景には環境を人間という主体に対する客観的対象物として捉え、かつ人間を個別性の側面よりは共通性の側面から捉えるという視点、パラダイムを形成してきた。しかし、建築計画研究では、当初から、「不特定多数」の要請の名の下に個人の要求が退けられないように注意することがしばしばいわれてきた（文119）。換言すれば、常に多数者への配慮と一方で「個」の生存を無視しないことが肝要で、そのためには建築や設備といった物理的環境（ハード）だけでなく、スタッフや運営といった人間的環境（ソフト）を視野に入れなければならないのである（文95）。

研究成果の一般化は、平均的な利用者像を対象にしたため、全員に最良でもないが最悪でもない解決策を提供する結果となった。個人住宅では、その建築主ならびに家族の考え方に応じて設計をすればよいが、集合住宅の研究では、不特定多数の見えない居住者（利用者）に対する解決策を用意しなければならないため、当然ながら平均的家庭像を描いて計画・設計が進められた。

このような時代が移り、ある程度の「量」が確保できた頃から、建築計画研究の対象・視点に変化が見られた。従来に比べ格段に豊かになった生活の中で、建築空間の「質」の確保へと方針が転換される。住居ならびに居住環境の質を論じるためには、個々の居住者の要望に応ずる必要がある。一般化の対極としての対応の個別化である。このような状況では、解決策が利用者にどのような「価値」があり「意味」があるかを論ずる必要がある。

このような問題への模索の中で、計画研究者は「空間」といった漠然とした対象へ興味を持ち、発達し始めたコンピュータによる数理分析手法に注目し、環境心理や人間の知覚の問題を探りはじめたのである。

特に、環境と人間との関係を探っていくと、人間行動は環境の側から一義的に決定されるものではなく、相互浸透的な関係を持つという考え方が、今までの人間を共通性の側面から捉えるというパラダイムを個別性の側面よりとらえるという方向に転換することになった。つまり、環境が個人個人に与えるダイナミックな「意味」が人間行動に及ぼす影響は顕著で、意味そのものがそもそも個人個人のパーソナリティや経験・記憶に根ざしたものであることを考えると、人間の内部に構築される環境のイメージや意味づけといった内的・心理的な環境と外部の物理的環境との相互の関係性を捉える必要があるのである。

このことを具体例で示すと、身体的・生理的共通性を持つとはいえ、同じ患者・高齢者・学童であっても、パーソナリティや経験・記憶は異なり、また、「患者としての役割行動」や「施設の模範高齢者的生活」、「学校での優等生的行動」といった社会的・文化的に規定された意味づけ、役割、そしてその場や状況に応じて振舞う、演ずることが判ったのである。従って、従来の機械的な行動観察では実態を誤認する恐れがある。利用者や居住者にとって「良い」環境を創造するには標準化してなるべく多くの人にそこそこ合わせるのではなく、個人個人の個別性と施設という特異な環境や組織の文脈の両面から、その人間行動や心理を理解する必要があるということになる。

これに加えて、前例のない新しい構築環境の計画を考える時には、使われ方研究に代表される「既存の建築現象から抽出した法則性を未来の建築に適用していく」方法論自体に現代の問題点が潜むと指摘されている(文26)。つまり、研究の目的が、具体的・明確で研究成果の適用が直接的に可能であるような安定した時代には問題がなかったが、現代のような価値観が必ずしも均一でなく、著しい変化が予想される時代には従来の方法論はもはや妥当ではないというわけである。

計画学分野の専門分化・細分化の側面から見ると、縦糸の研究で特に専門性が高くなっており、細分化も甚だしい。しかし一方で、ある建物種別について専門的に研究を進めてみると、問題の存在とその解決方法がどの建物でも類似していることに、ある段階から気づくことがある。

建築計画には消費社会のコンテクストがないという批判に対しては、前述のように各種建物別研究は社会の要請に対して敏感であり、この点で現代の高齢化・情報化・国際化に対しても相応の対応を始めているといえよう。ただし、その開始が事実上やや遅れたことは否定できないし、未だコンテクストを十分に読み込んでもいない。

六―二　一般病院地理学

英国の病院建築家、ジョン・ウィークス（J. Weeks）は病院の形態を探る手立てとして、病院の地理学（Geography of Hospitals）と称して、集落に模した病院建築を提案した（文8）。そして、病院建築は、空間の持つ機能的複雑さ、関わる人間の多様さなどの特性のために、単体の建築物としてとらえるのではなく、集落や都市としてとらえたほうがよいと主張した。

病院建築計画に関しては研究が進み、機能性の高い大病院も建設されるようになったが、依然として患者にとって病院建築は病気になったから仕方なく訪問・滞在する施設（箱）である。一般の建築設計では、機能的な面を解くだけでなく、利用者がそこに行きたい・居たいと思う空間の創造を目指している。病院の場合も身体を治療をする工場といったイメージではなく、街中や野山を楽しく歩いたり、泊まったりするようなイメージの空間を創出する必要がある。

そのために、患者や他の利用者の心理や意識の側面から空間構成を考えるアプローチから、ジョン・ウィークスの提案にヒントを得て病院を地理的な環境と位置づけた研究を、新たに病院地理学（Hospital Geography）と定義して研究を開始した。一九八〇年代末のことである。この研究では、複雑な病院空間を単にその機能的な形態だけを追求するのではなく、あらためて利用者の心理を含めた視点から探求することを意図したのである。言い換えれば「場所」の諸属性を対象とする地理学の諸概念・研究手法等を踏まえ、病院建築計画を再考しようとしたのである（文65）。

地理学は「諸学の母」といわれる。ここから天文学・地質学・人類学・民俗学などが生まれた。しかし、地理学も現在では「時代遅れ」との誹りをうけているという。地理学は「空間」を扱う学問である。歴史学は「時間」を扱う学問である。その他は類縁性を求める系統科学である。そこには「ところ変わればもの変わる」といったことを探求する地誌学と系統地理学がある。

二〇世紀初頭、地理学は「空間の科学」として定式化を試みたことが、「計量革命」という言葉で記録されている。地理学の分野で行なわれた議論と、建築計画学の発展過程での諸議論との間に共通点が見られるのは興味深い。

病院地理学の研究（文65）では、まず外来や診療部門を患者が訪れる時に、「迷い」が発生する構造に着目した。そして、外来患者が抱いている病院の空間とその空間の利用手続きについて、患者が持つ認知イメージ「スクリプト（予想する出来事のシナリオ）」を抽出することを試みた。第三者に外来診療手順を説明するという方法や受付窓口における患者からの問い合わせ、そして職員が院内で遭遇した道案内経験を通して、問い合わせを受けた内容やその場所などを記録するという方法をとった。

これらの分析結果から「迷い」が、第一に室名や部門名に関する患者側と病院側との認識の「ズレ」に起因することがわかった。患者は自分が受ける検査やX線撮影室を、自分のための個別作業が行なわれる場所と考えているのに対し、病院側は多数の患者をさばくための部門と考えている。あらためて観察してみると、病院側ではこうした「ズレ」を無視して専門的な呼称を案内表示などに用いている例が多く見られた。

また、外来患者の「迷い」の要因を空間の「定位性」に求め、これを患者の意識上で捉えるために行なったヒアリングの結果と実際に迷った場所との関係を図にしてその発生要因を分析した。建築空間の特性を客観的に記述する方法のひとつとして、「見通せる」という観点でのスペース・シンタックスによる指標（文105）がある。

この方法を用いて診療部門の建築空間を記述してみた。これらの分析から、診療部門の奥に入っていくに従って、自分の居場所を入口からの経路（順路）で認識する患者が多くなり、職員に場所案内を乞う頻度も多くなることがわかった。さらに、屋外に面した通路や吹き抜けのある空間では患者が自分の居る位置を建物全体との関係でとらえていること、そして見通す軸線のステップが増す毎に奥へ入る感じとなることも判明した。

また、入院患者の意識している病室の領域構造を把握するために、特に個（プライバシー）の領域として重要なベッド周り空間に着目した。患者のとっている姿勢やベッド周りの（キュービクル）カーテンの開閉状態の観察調査を行ったところ、他者からの視線を遮断する目的で設置されたカーテンが、実際には看護管理上、[138]患者は自由に開閉できない心理的状態にあることがわかった。つまり、患者のカーテンによるボディプライバシーの保護は病院職員の裁量で決められており、カーテンが開かれた状況では、同室の患者達は、相互に保つ距離、視線の向き、暗黙の約束事といった社会的・対人的な側面での対応によって補完しようとしていることが判明した。

一方、患者は個々に孤立してしまう状態を怖れる結果、常に視線を通路など共用スペースの方に向けていることも少なくないこともわかった。

入院患者の意識上にある院内の領域構造を捉えるために、入院後の領域の拡大や確定に関するインタビュー調査を行なった。結果として、患者自身の位置の識別については、そこにある物品の物理的特徴、人の存在の有無・活動といったことから識別する例が多いのに対して、空間自体から識別する例は少ないこと、部屋番号といった順番によって把握する傾向が強いことがわかった。

病気で入院しているという自覚から、実際にはかなり広い行動範囲になっているにもかかわらず本人は行動を控えていると意識していることもわかった。[139] また、病棟を離れた場所で他の入院患者を含めての人間関係が発生する基盤は、お互いに患者という共通意識と他人という匿名性であることも判明した。

病院の物理的環境や管理システムと患者の意識との間に存在する「ズレ」が、患者が多くの病院を非人間的で冷たい印象を持つ建物であると考える原因の一つであることが結論づけられる。この「ズレ」の大きさを示すことは出来なかったが、その性格や方向が微妙に異なるものの、ほぼすべての調査で、「ズレ」の存在が発見できたことは特記すべきであろう。

一つの研究テーマについて、異なる手法・側面からの多様な調査を集中的に仕掛けることで初めて、問題の広さと深さが浮かび上がってきたのである。これは、精神病院地理学の研究で、公共空間での患者の行動やコミュニケーションの変化に関するマップ調査、追跡調査、アンケート調査を用いて分析した際にも現れている。この場合には、調査対象の公共空間では患者が椅子に座っていることが多いため、マップ調査で得られた平面図のデータをデータベースソフトに入力して、時間や場所ごとの集計を容易にする新しい手法を開拓した。

また、望ましい状況と現実との乖離を一般化したことは、次のような研究の視点を提供した。例えば今回の調査分析で明らかになった「患者は病院から与えられた管理された情報をもとに自らの観察と体験で得た管理されない情報を加えて判断し行動を決定する」といったことは、学校においても「患者」を「児童」に、「病院」を「学校」に置き換えてみると、学校における児童の行動においても、類似の行動が出現している。この場合の「管理された情報」は、例えば教育プログラムであり、教師からの注意や場所の使い方に関する指示ということになる。つまり、学校においても「管理された情報」が利用者に十分に伝わると同時に「管理されない情報」をも利用者自らが得やすい環境であることが望ましいということが予想できるのである。

病院におけるこの考察結果を具体化するとすれば、例えば外来部門において案内のサインの表示が患者の抱くイメージに合うようにすることと同時に、患者の持つ病院建築空間の認識に合せて、訪問先の部門の位置を決めたり、各部門の見通しの良い空間を創ることが考えられる。

六―三　精神病院地理学

新築移転した新旧の精神病院を舞台にして実施された同様の調査分析（文64）では、まず今後の精神病院が現在以上に治療に専念できるものとして変貌し、周辺の社会施設や地域社会の中で、連携を確立する方向にあることを前提として踏まえている。

まず、精神医療環境は、患者が喪失した社会性、言い換えれば他者との適切なコミュニケーションをとり戻す場であることを発見し認識した。公共空間の中での患者の行動やコミュニケーションに関する観察調査により、喫煙など同じ目的で集まった集団でもその中でコミュニケーションが発生する頻度は少なく、発生した場合でも短時間で崩壊する例が見られた。このことは患者が他者とコミュニケーションを図るのに、多くのエネルギーを消耗していることを示唆している。

マップ調査により、移転後広くなった公共空間に患者が多く出て来ていることが数字的に裏付けられた。しかし、スタッフは、むしろ移転前より患者は出て来ていない印象を持っている。これは移転前後で面積あたりの患者の人数が変わらない、つまり多く出るようになったが公共空間の面積も広くなったのでかえって閑散としている状況に思えたり、症状が落ち着いてしまって動きまわる患者が減っていることからではないかと解釈できる。

一方、追跡調査では、無言で次々と患者のグループを渡り歩く患者がいたり、あてもなく彷徨しながら偶発的コミュニケーションを得ている患者の例も記録されている。このことはコミュニケーションに対する潜在的欲求が存在し、患者・スタッフの積極的な働きかけにより実現していることを示している。

アンケート調査からは、公共空間に出る理由が移転後は多様化したこと、公共空間の適切な性格付けによりこのことが実現したこと、そして理由の中には他の患者とのコミュニケーションを避けるために病室より人は多いが広々とした公共空間を用いている例も見られた。

庭の持つ意味についての観察調査では、主に運動に用いている様子が記録された。同時にアンケート調査では、運動以外に多くの患者が少人数のお喋りに用いたり、院内の対人関係から逃れて一人になるための場所として利用していることがわかった。また、庭でやりたいことを尋ねると、花火やキャンプファイアーを挙げる患者が多数で、このようなイベントによって日常性から逃避できる空間として庭を認識している側面もあることが感じられた。

廊下空間についても、新旧の施設を比較することによって、廊下幅の持つ意味を知ることができた。保護室についても、患者を閉じ込める閉鎖空間としてとらえるのが普通であるが、患者にとっては、「自分ひとりの開放感」を得たいために、自主的に利用を希望する例があるなど新しい視点が得られた。

全体的には、患者の治療、すなわち「他者とのコミュニケーションを回復」するためには、物理的環境だけでなく、社会的・人的環境も必要であることを再認識した。具体的には公共的空間でのスタッフ、外来者、他の患者それぞれに異なるコミュニケーションの機会を持つことが重要であり、それに即した物理的環境を考える必要がある。

六―四　学校地理学

学校を舞台にして、同様の多角的調査分析が実施された（文64）。

まず、精神病患者とある意味では同じく、小学校における対人関係の形成は、学習の重要な位置を占めていることを認識した。児童の集まりの形成とアクティビティについての半年にわたる学年別の観察調査によって、「なかよしグループ」の中で形成される児童の社会構造を探った。つまりグループによる集まりの傾向や交流の広がりを分析し、孤立グループや付き合いが広いキーパーソン、ほとんど一人でいる児童などを学校における社会構造の中で識別し、オープン（公共）スペースの使われ方を分析した。

オープンスペースを他学年と共有した場合、人口密度が上昇すると、孤立グループとキーパーソンは依然としてオープンスペースを拠り所にしているが、他の生徒はオープンスペースよりはむしろ教室内に留まることになることを発見した。換言すれば、社会的交流の内容は半年を通じてさほどの変化がなかったにもかかわらず、場所の使用では人口密度が高まると変化が生じたのである。これは、空間行動は利用者のグループ的な変化がなくても、密度によって居場所に変化が起こることを意味している。一般に学校では、児童がクラス・学年単位で共通のプログラムに従って、限定された空間を利用するといった状況にある。その中で、どのように自己を「定位」するかを分析し、ある学年での児童間の人間的交流と個別の居場所の選択に着目して、社会的な場としての教室・オープンスペースの状況を分析した。

これらは、教育の場としての学校が、単に教育カリキュラムの消化を行う場ではなく、児童がさまざまな人間関係を体験し、豊かな社会を築くことができるような構築環境を計画することの必要性を示唆している。

　機能的名称である「教育施設」という呼称にしても、「学校は教育を行うところだけではない。教育を行うのは学校だけではない。」といえることを例証している。これを敷衍すれば、「病院は医療を行うところだけではない。医療を行うのは病院だけではない。」といえることになる。つまり、計画研究が機能探求の一辺倒になることを戒めているのである。

　小学校児童の構築環境との関わりは、抽象的には取り出せない、より正確には取り出しても意味がないこともわかった。つまり調査対象の学校での児童の行動は、その空間の文脈の中で生起し、意味をもつのである。これは抽象的でなく具体的な記述が計画ならびに設計段階では重要であることを示唆している。例を挙げれば、「小学校の廊下では児童は走り回るものである」という記述よりは、「この学校の廊下のこの部分では授業終了後に走り回る児童の姿が多く見られた」という記述の方が、計画・設計上では多くの示唆を含んでいるのである。また、児童、教師・プログラム、構築環境の三者の関係を、インタラクション理論（Kirkeby）を参考にして、「人—人」、「人—建築」、「人—空間」として、そのはたらきを整理した。

　第一に、アクティビティや居場所を発生させ、「定位」を支える機能的・生態的働きがある。例としては、オープンスペースが一斉授業以外の活動を可能にしていることである。広い空間を適当に分節することとか、適当なスケールを持たせることが望ましいと従来言われたことは、実際に「アルコーブで数人の児童が落ち着いて勉強している」ことを実現できているからである。

　第二に、社会的関係を身体的・空間的次元で「枠組む」働きがある。前述の機能的・生態的働きは、ある場所で発生するアクティビティを直接支えるものであるのに対して、これは場面がどのように構築環境の中で位置付けられるかを示すものである。例えば、社会的交流には直接会話する、一緒に何かを行なう、同じ場面に居合わせる、距離を保って顔を合せる、といったさまざまな場面が考えられるが、構築環境に影響されやすいのは後二者である。

「アルコーブで数人の児童が落ち着いて勉強している」という例では、完全に部屋の状態の中で児童が勉強するときには扉を開けない限り彼らへの社会的交流は実現しない。アルコーブの設定ならば、距離を保って顔を合せることも可能で、大変遠くからでもそのアルコーブを見ることができれば、「見る」「見られる」関係が成立する。下級生が本を読んでいるのを見たり、自分の弟がそこに入っていることがわかる。一方アルコーブにいる児童も、上級生や自分の兄が見ていることを感じとることができる。

第三は、アイデンティティや価値を象徴するものとしての働きがある。例としては、開放性のある空間を持った学校が教育の開放性を象徴したり、片側教室南面型の後者が伝統的な教育方法を象徴するといったものである。前者の場合には空間だけでなく、児童が思い思いの場所で活動している光景（空間の使われる状況）が開放性の強い象徴となる。

「機能的・生態的」働きが、最も環境からの影響を受けやすい。学校の例ではないが精神病院の病室で、畳の部屋とベッドの部屋との患者の過ごし方の差をアンケート調査と観察調査とで分析した結果、ベッド病室が機能的で処置に向いているのに対し、畳病室は同室者やスタッフとのコミュニケーションに向いているという回答が患者ならびにスタッフの双方から得られた。特に、畳病室は「連帯感を感じる」という表現が出現している。観察調査でも女性の病室においてコミュニケーションのための集合・離散が頻繁に認められた。また、ベッド病室でもベッド上に座ることにより、畳部屋のような使用が見られた。

男性患者からは、すぐに横になれるとか、布団の収納を毎回しなくて良いという理由でベッド病室を支持する声が多く、この点については性別により違いが見られた。

結論的には、ベッド病室は治療・看護上、畳病室は療養上の利点が大きいといえる。現在では畳病室は衛生的観点から、計画を控える方針になっているが、コミュニケーションの回復が精神病治療の目的ならば、畳病室的設えの再考も考えられよう。

「枠組む」働きは、機能的・生態的働きより人間の意識や個別の性格に依存する面が強い。つまり、環境から直接影響される面は少なく、環境の中に埋め込まれた要素の関係が人間の働きによって出現し、「枠組む」働きが現れるといった様相を示す。精神病の公共空間で見られた特異な例、「鏡の持つ空間的上位性」といった現象がこれに相当する。ホールに設置された姿見に一人の患者が向かって座っており、鏡を通してほかの人々の活動を観察していたのである。自分が見ていることを他の人には気づかせずに、活動を見るために鏡を利用している。調査員が何となく視線を感じて気づいたくらいであるから、マジックミラーを通した観察のような完全な一方通行の観察ではない。このように枠組みは地域や利用者によって違うのである。

「象徴的」はたらきは、最も人間に依存し、社会的・文化的文脈と強い関係にある。精神病院の場合、鉄格子のない病棟、開放的保護室といったものが精神医療の開放性を象徴する。患者もこの象徴を感じ取ることになる。

以上の三つのレベルを学校地理学にあてはめてみよう。これらの三つの要素は相互に絡み合って利用者に働きかけることになる。

調査対象となった小学校の場合には、さまざまな仕掛けを持った構築環境が「枠組む」はたらきを利用者（児童）の意識や行動に深い意味を感じさせる。マスコミでも新しいタイプの学校として取り上げられる、取材の記者や職員室の前に張り出された新聞記事を見ることによって、自分たちの学校が注目を浴びていることだけでなく、その中の当事者としての意識が芽生えていくのである。自己のアイデンティティの形成に校舎の構築環境が大きな影響を与え、学校という文脈の中での「象徴的」働きが強く見られた例である。

児童、教師・プログラム、学内環境の三者の関係は、病院では、患者、医師・医療サービス、院内環境となり、高齢者施設では、居住者、介護スタッフ・管理方式、施設環境ということに相当する。

六―五　高齢者施設地理学

高齢者施設地理学（文64）では、入居者がグループホームという新しい環境に「なじむ」過程をとらえた。認知症の度合に応じて、入居者の空間利用状況の観察から「共用空間拠点型」と「居室拠点型」とに分けられることがわかった。症状があまり激しくない場合には、入居時間の経過とともに居室の利用頻度が増加し、居室を中心とした生活展開になった。共用空間の利用についても、スタッフによる誘導によるものから自発的なものに変化が見られた。「居室拠点型」の入居者は明確な意図と目的をもって、共用空間を利用・滞在し、場所の定位も確実になっていく。一方、「共用空間拠点型」は場面に応じて共用空間全体に利用場所が広がっていくという現象が観察された。

入居の初期段階では、スタッフによる共用空間の利用に関する誘導が有効であり、入居者の施設の構築空間への「なじみ」が、ある段階に到達すると、誘導のもつ意味が変化する。

入居者の症状のレベルによって、また個人個人の生活の文脈によって、空間の利用と生活構成の仕方が異なることがわかった。共用空間ならびに居室は生活の空間としていずれも重要であり、多様な生活活動を展開できるように、さまざまな空間の選択が可能な計画が必要であることを指摘できた。

介護の視点から見ると、入居者が必要とする介護は極めて個別的である。また、日常生活のさまざまな場面での介護と社会的交流を含めた心理的介護も重要である。特に、自立性の高い入居者の場合には尚更である。また、入居者がある程度なじんだ状況からは、過剰な誘導や介護はかえって逆効果であり、自立性を損ねることになる。

「なじむ」過程は、環境からの影響だけでなく、入居者のはたらきかけ、そしてスタッフの物理的・心理的サポートの三者が相互に交じり合って、安定した生活の状態を実現していく過程でもあると解釈できる。一般に、期間の経過につれて、入居者自身の環境への働きかけの能力が増加し、スタッフの誘導・介護の必要性の度合が減少していく。入居から二年半に及ぶ継続的な観察調査により、安定的な生活環境への定着によって、認知症の症状の緩和や安定が確認されている。これは調査対象施設の構築空間とスタッフとの包括的なケア環境に対する優れた評価につながる証左であると考えられる。

加齢に伴って、このグループホームから特別養護老人ホームへの移行を余儀なくされた高齢者の追跡調査を行うことによって、「共用空間拠点型」と「居室拠点型」との居住者の新たな環境移行の状態を見ることができた。「居室拠点型」の居住者は、特別老人ホームでも個室を与えられたものの、グループホームで使い慣れた家具の持込が認められなかったため、居室での滞在時間が減少し、「居室拠点型」の生活が継続できない状況に陥った。一方、「共用空間拠点型」の居住者も、大規模な特別老人ホームの広い施設内の移動に時間がかかり、介護スタッフの手間をかけさせないように気を遣う結果となり、車椅子の生活となってしまっている。

このように、高齢者の環境移行は個々人の状況のみならず、置かれた生活環境、スタッフの介護の提供の程度によって変化することが実証されたわけで、精神病院・学校等と同様な三つの要素との関係が確認できた。

精神病院の調査では、面積が増加した「新病院への移転に伴って自分の好きな場所が見つかったか」という患者へのアンケート質問に対して、新病院で設計された誰もいない静かな場所が、必ずしも一人になりたいときに選択されず、騒がしかった旧病院のほうが「落ち着く」という回答が得られた。一人になるためには誰もいない静かな所はさして重要ではなく、騒がしくても何かに没頭できることが重要であることの示唆である。移転の前後でのスタッフへの質問では、「引き籠る患者が多くなった」とか、逆に「活発に出てくるようになった」という印象の回答に二分されたが、前者の回答は居室環境が向上したためとも考えられるし、公共空間が広くなったため閑散とした印象を持つ結果となったというように理由はそれぞれ考えられるが、病状が悪化したという回答はなかったため、患者の落ち着きが増したと解釈すべきであろう。

学校の場合には、高齢者施設の「なじみ」の過程と同様に、開校当初から児童が体得した観察や体験の断片が一つの系としてのまとまりをもって周辺環境が理解されるようになったという過程が見られた。

学習時間や休み時間において、児童は状況に応じて居場所を選び、行動パターンを形成するが、反復行動により場所に社会的意味が付与され、他の児童自体もその環境構成要素のひとつになっている。例えば、教室での一斉授業に慣れていた児童は、オープンスペースでの授業形態での行動の仕方がわからずに、戸惑っていたが、反復経験により振舞い方を身に付け、居場所の設定や構築環境の操作を積極的に行うようになっている。つまり自分の定位行為は生得的ではなく、行動の反復によって振舞い方を知るのである。後から集団に加わる転入生の「なじみ」行動を見ると、最初は周辺的な場所からオープンスペースの様子をうかがい、次第に同じような環境の転校生とグループを形成したり、周辺に居場所を見つけるという同化の過程を踏んでいる。

この過程は、「児童の四年生から五年生への経時的な変化、空間体験と対になった個別体験、具体的事象による認識から、プログラムや機能によって説明される集合的な体験、一般的意味による認識への変化」と読み取ることができる。児童による周辺の構築環境への働きかけと場所の使い方が固定化する例に見られるように環境側の変化とが相互に絡み合っている。

六―六 都市空間地理学

都市空間地理学（文64）では、高齢者による都市空間の徒歩利用が多い地域として中国の天津市を調査対象にして、住居近辺の地域空間を高齢者にとっての日常的・生活的・余暇的・社会的な構築環境としてとらえ、観察・ヒアリング調査を実施した。高齢者と都市環境とのかかわりの形成要因には、物理的環境と文化・伝統の背景以外に、社会とのコミュニケーションへの希求があり、この面での都市空間のあり方を考えるべきであるという問題意識を得ることができた。

まず、一日の時間経過とともに展開される生活の流れを、「private 領域」、「semi-private 領域」、「semi-public 領域」、「public 領域」にわたるマクロな空間領域との関係でとらえた。実際の高齢者の行動観察により、彼らの前記四領域との関わりは「private 領域」→「semi-private 領域」→「semi-public 領域」→「public 領域」というように整然と順序だったものではなく、個人の多様な行動様式に対応して、さまざまな構築空間の提供が必要であるという示唆が得られた。

室内の構築環境については、平面形態と介護方式の異なる二施設の調査に際して、施設内の四領域の利用者の滞在の度合を見た。両施設とも「semi-public 領域」での滞在が多く、「semi-private 領域」の滞在は予想外に低かったが、逆にこの領域ではスタッフとのコミュニケーションが多く観察された。

外出行動は、社会的交流や健康増進といった理由によって行われ、その行動圏は五〇〇メートルから一〇〇〇メートルに集中している。つまり、この行動は日常生活における余暇的行動と考えられる。

さらに、窓際・ベランダ・屋上テラス・「老年公寓」[140]の庭など、外部と接触する建物の屋外空間の観察を行った結果、これらの空間が行動力の低下した高齢者にとって、社会的交流をするために重要な役割を果たしていることがわかった。しかし、現実にはそれらの場所を高齢者が利用することには物理的に障害がある状況が見られた。また、行動能力と居住形態の不適合による都市空間とのかかわりの相違、「老年公寓」の立地の差異による地域社会や家族との関係、外出行動の相違が存在することが判明した。

また、高齢者の住む集合住宅周辺の屋外空間の利用の状況をビデオ撮影により収集し、「行動場面」の解析を行った。滞在的行動と余暇的行動に分類される屋外での生活行動としては、「公共の中での一人」、「交流目的の集まり」、「他者との居合わせ」、「趣味目的の集まり」、「家族を伴っての利用」、「家事行為を含む利用」、「一時的滞在」といった多様な「居方」が挙げられるが、これによって社会的関係が居場所の形成に及ぼす役割について論じることができた。

そして、「社会生活と人間関係」、「構築環境の質」、「目的地への近接性」、「都市空間に対する認識」、「住居のもつ意味」といった項目で高齢者の都市空間利用の意味を探っている。

七、「建築地理学」へ

一般病院、精神病院、学校、高齢者施設といった代表的な施設や都市集合住宅とその周辺都市環境におけるフィールド毎の地理的環境に関する研究の総括を前節で行った。

文部科学省科学研究基盤研究（A）『利用者の行動・認知を通してみた地理的環境としての建築・都市空間に関する研究』では、結果的に都市的環境を含めて、これらは「建築地理学」とも呼べるものではないかと結論づけた。

さらに、この段階では、各種建物別のいわゆる「縦糸」の研究を個々に深く追求していくと、同じような問題点に対して共通の問題意識や解決方法がわかるのではないかということを期待していた。実際、六節で述べた如く、病院での問題が学校でも類似の問題として存在し、その解決の方法が別の建物でも応用できる例も現れた。また、これらの各種建築の計画を横断的にみた、建築規模計画・建築人間工学・建築安全計画などいわゆる「横糸」の研究は独立の建築計画の分野として十分に成立するものであり、新しいテーマを見つけることが必要であるとも考えていた。

ところが、それ以降、今回の筆者間のさまざまな議論の中で、この「縦糸」の研究は「横糸」の研究を前提として成立しており、反対に「横糸」の研究は「縦糸」の研究を前提として実は成立していることに気づいた。そこで、この「縦糸」の研究ならびに「横糸」の研究から一歩退いて、双方を包括的に見る「縦糸」でもない「横糸」でもない研究の視点として、建築地理学を位置づけるという発想にいたったのである。

いいかえれば、縦糸あるいは横糸をより深く分析し考察をするために掘り続けて行ったら、底を掘り抜いて新しい世界に入ってしまったといった感がある。

これは、「これからの計画学は、人間環境系への展開の路線上として、都市への拡大がある一方で、再び建築そのものへ回帰してゆく必要も指摘しておかなければならない。前者は学融合の可能性を示し、後者は建築設計の従属学でない計画の新たな展開を予感させる。（文3）」と伊藤毅が指摘しているように、建築計画学は本来の「計画論的段階にステップアップ」することを意味しているのである。

ここで、現在までの建築地理学の立場や考え方をまとめてみると、次のようになる。

①規範的・規範性、すなわちプログラムや制度の空間的翻訳の側面を強調する従来の建築計画学への疑問。
②図式的に「こう使われるべき」的空間・平面計画からの脱皮。
③一般性・法則性・平面計画重視の見直し。
④「作るために役立つ研究」に固執しない態度。
⑤現実（使われ方）から規範（ハコ）へという図式の見直し。
⑥分析的・要素還元型からの脱却。
⑦不特定多数＝群集へに対する一般化から個別化へ。
⑧「一般」対「特殊」、「集団」対「個別」等々の二項対立からの脱却。
⑨矛盾の発見から多様性の仕組みの解明へのシフト。
⑩利用者・居住者の生活の全体像の把握を指向。[141]
⑪文脈の側面を重視する視点。

⑫利用者の行為レベルでの「要求」の拾い上げや政治・仕組みの代弁ではなく、利用者の何を代弁するのかを考察する態度。
⑬多様性を計画するという矛盾の解決への挑戦。
⑭完璧に計画しない態度、すなわち利用者の構築環境へのかかわり、環境の改変能力への期待（文26）。

このような脱皮を実現するには、「まえがき」でも述べたように、これまで建築計画学の研究者が、ある水準の質を保ちつつも量的な充足を実現するという目前にある明瞭な目標の達成を優先しなければない状況で、気にはなるがひとまず棚上げにせざるを得なかった事柄を、丹念に棚卸しをして、あらためて考えてみることが有効であることを発見したのである。

棚上げにしていた問題とは例えば、集合住宅計画では居住者が「住みやすい住環境」だけでなく「住み心地のよい住環境」のあり方の探求、施設計画では利用者の「使いやすい施設環境」だけでなく、「使い心地[142]のよい施設環境[143]」のあり方を求めていくことであると考える。[144]実は、このことは吉武泰水が一九五〇年代に立原道造の卒業論文の内容に関連して指摘している問題提起なのである。

このような背景と意図を持って行った調査分析結果は、より広範な枠組みの中で捉え直すことができる。つまり、利用者・居住者の行動と心理を、それらの構築環境全体の中に位置づけられた行為・心理として分析考察し、意味を読み解くことである。

従って、地理的環境を捉える方法としては、以下のような項目が挙げられる。

①個別性・差異を軽視したマジョリティを対象にするのではなく、マイノリティを対象にする。
②場面・状況の把握。
③個別性の例示・拾い上げ作業。
④実地調査・観察の再構成。

⑤利用者・管理者の相互関係の意味の考察。
⑥ある環境における多様な利用者行動の全体像の把握。
⑦ステレオタイプ活用の可能性探求。
⑧多様性の根源の解明。
⑨「分析する」から「読み解く」への移行作業。

吉武泰水は、建築計画の調査分析の段階を、観察・考察・省察・洞察という語で簡潔に言い切っている。また、門内輝行は、「驚くべき事実を観察により発見するみずみずしい感性」と「断片的・部分的な情報から全体性を推測する鋭い洞察力」（文26、三三頁）が、建築計画の研究者には必要であると述べている。これらを合せると、今後、建築地理学ではさまざまな側面からの観察で得た断片的・部分的情報から全体性を考察・省察し、推論して、鋭い洞察をすることが求められているといえよう。

この後の章では、ここに盛り込まれた内容を通して、これまで利用者・居住者のニーズに「機能」で対応していた施設の建築計画に対して「環境」で対応するための手がかりを提供することを試みている。

註

（1） 一九三三年京都帝国大学建築学科卒、一九六一年京都大学教授、一九七四年同大学退職、京都大学名誉教授、一九九四年没。

（2） 一九三九年東京帝国大学建築学科卒、一九五九年東京大学建築学科教授、一九七三年筑波大学副学長、一九七八年九州芸術工科大学学長、一九八九年神戸芸術工科大学学長、一九九八年同大学退任、二〇〇三年没。

（3） 「むかし、「西に西山（卯三／京大）、東に吉武（泰水／東大）」と言われた一時期があった。戦後間もないころだったから、もう半世紀も前のことになる。実際それほど「計画学派」の台頭は目立ったのである。……それだけに、新制大学が続々と誕生し、整備されていく中で、「意匠」の講座が消滅し、設計教育はすべて「計画」の名のもとに行なわれることに、僕は違和感と危惧とをつよく覚えたのである。……」（文112、あとがき）

（4）　吉武泰水の絶筆。主要著書から落ちこぼれているが、気を入れて書いたいくつかの文書を拾いあげたもの。吉武逝去後の二〇〇五年に二〇部ほどの自費出版（文119、120）、なお、『建築設計計画研究拾遺—簡易版』が吉武泰水先生を偲ぶ会により刊行（文121、122）。

（5）「建築学界における建築計画の分野は、今日論文の発表数から見てもかなりの比重を占めていますが、私が研究生活に入った六〇年前にはわずかに西山先生の研究があるだけの極めて寥々たるものでした。それが四〇年前には独立した一分野として認められ、発展を続けて今日の隆盛を見るに至っているわけです。その二〇年の間には戦中、戦後の一〇年に近いブランクがあったことを考えると、西山先生の研究にひと波おくれてスタートした私たちの建築計画の発展への寄与も決して小さくはなかったと思います。……現在の「建築計画」という呼称は、この分野が建築学会内で独立し「環境工学」と正式に分離したときに、両者の話し合いの結果決まったもので、わたしも当方の代表としてその場に立ち会いました。それ迄は後者が建築衛生、計画原論あるいは時に建築計画とも呼ばれており、前者は設計計画又は建築計画と呼ばれていました。前歴を知る私には「設計計画」というほうが馴染みが深く、実際にも当時は設計、特に試作的あるいは研究的設計をかなり扱っていたのです。そこで、設計計画の研究という意味で「設計計画研究」としたわけですが、これを、「設計、計画、研究」と読まれても差支えはないと考えています。（文119、序文）」

（6）　一九四〇年台北工専建築科卒、一九四三年東京帝国大学建築学科研究生、一九四六年同大学建築学科助手（岸田研究室）、一九六二年三井不動産建築顧問、一九六四年ＫＭＧ建築事務所設立、代表。

（7）　一九四五年東京帝国大学建築学科卒、土浦亀城建築事務所を経て清水建設、一九九〇年同社専務取締役退職及び退社。

（8）「大蔵省から東大に移られ、岸田先生の「建築意匠」に対して新しい考え方としての「建築計画」を始めるべく苦心されていた。計画を「学」としてなりたたせるためにはどうしたらよいか、かなり長期間苦慮し悩んでおられたように私には感じられた。時々構造の武藤清先生がお部屋で吉武先生を叱咤激励されていた光景が今でも思い浮かぶが、なぜ岸田先生でなく武藤先生にご相談されていたのか、当時の私としてはよく判らなかった。（郭茂林　文123、二頁）」「（第二次世界大戦・筆者註）当時、（吉武・筆者註）先生は建築に計画学なるものが果たして成立するものであるか大いに悩んで居られ、屢々高山英華先生（当時の都市計画担当教授・筆者註）の部屋を訪ねられては長時間話し込んでおられたのを覚えている。しかし、その後のご活躍は見事で吉武計画学なるものを樹立されたのはご高承の通りである。（澤村弘道　文123、一四頁）」

（9）吉武は建築計画研究の流れを示すものとしては、この『近代日本建築学発達史』7編　建築計画7章（文94）と『建築計画学の足跡』—東京大学建築計画研究室 1942—1988（文54）を挙げている。

（10）当時の日本建築学会長加藤六美は、「序」のなかで、明治一四年に設立された日本建築学会の八〇周年記念事業の一環として、「近代建築の学術・技術・芸術の発達に関する資料を調査収集し……後世への学術的記録として刊行」と謳っている。また、オリンピックと万博の後、霞ヶ関ビルがわが国最初の超高層ビルとして一八七三年から一八八四年まで工部大学校があった現文部科学省が建っている虎ノ門の敷地に建設されたことに言及しており、写真に見る日本建築学発達史というグラビア写真の最初に霞ヶ関ビルの外観写真が掲載されている。

（11）構造・材料・施工・建築経済・防災・都市計画・建築計画・環境工学・建築論・建築史学史・建築教育・職能の一二分科会。

（12）明治初期・明治中期・明治後期・大正期・昭和初期・昭和戦中期・戦後。

（13）一八八〇年工部大学校造家学科卒、工部省営繕局技手、一八八六年妻木、河合と共にドイツに留学、一八九一年清水組技師長、一八九四年海軍省海軍技師、一九〇四年建築学会会長、一九〇八年海軍経理学校教官兼務、一九三〇年没。

（14）「欧州各国ニアル一般医院ノ構造法及其衛生上ニ関スル要点」を部門構成・所要室・病室梁間・天井高・内装材、便器個数などについて記述している。

（15）一八八三年工部大学校入学、一八八九年退学、文部省営繕課、渡米、ニューヨークのページ・ブラウン事務所、鋼法建築を学ぶ、米国婦人と結婚、帰化、米国建築家資格獲得、一八九八年帰国、設計事務所設立、一九〇一年下田築造合資会社設立、一九〇九年上海に移住、一九一八年渡米、一九三一年没。

（16）体裁、便利および安全のための室の配置と材料・構造の選択を重視。

（17）住宅（中廊下住宅）・学校（北廊下南面室学校）・病院などは衛生的。寺院・官公庁などは品格。工場・市場などは便利を主とするなど、その建物の主目的を明確にすること。

（18）実用上の意味がなくても、内外に適当な装置・装飾を施して、建築に品位・光彩を与えること。

（19）一九五〇年東京大学建築学科卒、一九七四年東京大学建築学科教授、一九八九年神戸芸術工科大学環境デザイン学科教授、一九九八年同大学学長、二〇〇二年同大学退職。

（20）（文84）I章、鈴木成文　集合住宅研究の歩み　一—五頁を参照。なお、執筆者は、I鈴木成文　集合住宅研究の歩み、Ⅱ初見学　住様式研究と住戸計画、Ⅲ森保洋之　住戸まわり生活研究と計画、Ⅳ小柳津醇一　領域研究と集合の計画、Ⅴ杉山茂一　密度研究と集合の計画、Ⅵ野口瑠美子　集団観とコミュニティ計画理念、Ⅶ畑聡一　海外居住研究の方法と展開、Ⅷ小林秀樹　計画研究の方法と理念、Ⅸ　服部岑生　集合住宅計画研究の展望である。

(21)『しかしこの住み方調査は、実は戦後に始まったわけではない。一九三〇年代後半より西山卯三によって独自に始められた庶民住宅の研究がその出発である。一九四二年発表の食寝分離論を中心とする一連の研究は、戦後の研究者にはすでに一つの古典となっていた。その影響は計りしれない。建築計画学の原点を求めるとすれば西山の住居研究をあげるべきであろう。』（文84、二頁）

(22)　京都大学建築学科卒、同大学助手・助教授を経て同大学建築学専攻教授。

(23)（文26）「住宅研究における『総合性』をめぐって」（一六―二〇頁）、（文84）Ⅷ章、小林秀樹　計画研究の方法と理念（一七六頁）、（文96）等を参照。

(24)「洋風建築模倣に始まった建築発達史の中にあって、学校建築のように全国あらゆる地方に建てられる公共施設については、政府の指導統制によって定型化・画一化の道を歩むといった、日本特有の発達の仕方をしているのが興味深い。（文96、一六三頁）」

(25)　目次は、Ⅰ編原論、第1章　建築と気象、第2章　採光と照明、第3章　建築音響、Ⅱ編設計、第1章　総論、第2章　住宅、第3章　アパート・寄宿舎、第4章　商店、第5章　百貨店、第6章　事務所、第7章　銀行、第8章　レストラン・飲食店、第9章　ホテル、第10章　劇場、第11章　娯楽施設、第12章　公民館・図書館・美術館、第13章　学校、第14章　病院、第15章　工場・倉庫、第16章　自動車車庫、第17章　運動施設である（文104）。

(26)　読売新聞二〇〇三年六月二二日の記事による。

(27)（文96、二六―二八頁）。

(28)（文129、三七二―三七四頁）。

(29)　小林秀樹はこれを以下のように解釈している。設計、特に平面計画のよりどころを指向。建物の使用価値の増大を図る目的（学校・病院・図書館など・筆者註）。繰り返し建設される建物を対象。利用者の顕在的・潜在的要求を探るため建物の使われ方を全体との関係を保ちつつ把握。少数精密調査を実施。分析は、現象の客観的記述、因果関係の考察、そして要求機能に対する法則性の発見（文84、一七六頁）。

(30)「計画の目標時点を、変化の予測可能な比較的近い将来に置き、設計行為を通してその実現を図ろうとしたものと見てよい。吉武が好んで用いた「設計計画」という名称にもこの様なニュアンスが表われている。（文96、一六五―一六六頁）」

(31) 一九四八年東京帝国大学建築学科卒、一九七〇年九州大学建築学科教授、一九八八年同大学退職、九州産業大学教授、一九九八年同大学退任。

(32) 一九四八年東京大学建築学科卒、一九六五年明治大学教授、一九九六年同大学退任。

(33) 吉武泰水・浦良一・鈴木成文・伊藤誠の四人で編集を行っている。

(34) また同時に西山や英国の研究に言及している（文126、序）。

(35) なお、『建築計画概論　中』は室内環境計画　小木曽定彰、『建築計画概論　下』は都市計画・建築史　高山英華・大田博太郎を予定。

(36) （文119、120、121、122）の序文を参照。

(37) また、設計計画研究の内容に直接関連するものとして、①『建築計画ノート　上・下』（文130）と、②『建築計画学』全12巻（文126）を挙げている。

(38) この本（文125）の序にもあるように、これは著者にとって建築計画の研究に関する三番目の著作で、東京大学教授、筑波大学副学長、九州芸術工科大学学長、神戸芸術工科大学学長という経歴の中で、九州時代に上梓されたものである。三部構成で、第一部が東京大学時代の研究、第二部が筑波から九州までの間の論考、第三部が九州時代に少し落ち着いて新たなテーマに取組んだ研究を扱っている。……この本は著者の置かれた研究環境に呼応して、第一部で大学研究室での膨大な研究の一部、第二部では個人的に行れた研究、第三部では「建築」の枠を越えるような幅広いテーマへの取組みを紹介しているが、全体を読んでみると、研究というものは、本来個人の深い思索に基づくべきものであるという当然のことを改めて教示しているように感じる。元来、この学問は当初から学校・病院・図書館・集合住宅といった公共性の高い建物種別ごとに、利用者の行動分析などを中心にした調査・研究が行われ、同時に適切な個数や面積を策定する規模計画、利用圏や施設配置を対象にした地域施設計画など、各種建物に共通な横断的テーマを扱ってきたが、その後利用者の心理や意識、建築観や空間の意味などへの興味の変化・進展がみられる。この本の構成はこのようなわが国の建築計画学の発展の方向をその時代ごとに如実に示唆していることがわかる。その研究手法を見ても、実態観察調査や統計的数量分析などに始まり、ついには文学書を対象にした分析、夢の中の建築空間の解析、中国の四合院の考察など著者の変幻自在で柔軟な思考が表現されており、学問の楽しさを教えてくれるのである。その後、神戸時代には夢の研究をまとめた『夢の場所・夢の建築』（文124）が刊行された。そして二〇〇五年『建築設計計画研究拾遺』という題の著作（文119、文120）、同―簡易版（文121、文122）をほぼ完成させ、これが絶筆となった（文63）。

(39) 一九五三年東京大学（旧制）建築学科卒、一九五八年同大学大学院終了、一九六九年千葉大学教授、一九九三年同大学退官、足利工業大学教授、一九九九年同大学退任。

(40) 一九五三年東京大学建築学科卒、一九五七年同大学（旧制）大学院中途退学、東京都立大学建築学科助手、一九七三年同大学建築学科教授、一九九三年同大学退官、共立女子大学教授、二〇〇一年同大学退任。

(41) 一九五二年東京大学建築学科卒、一九五六年同大学大学院博士課程修了、同大学助手、その後東北大学教授、東北学院大学教授。

(42) 一九五三年東京大学（新制）建築学科卒、一九五八年同大学大学院博士課程修了、同大学助手、一九七〇年ＡＲＣＯＭ創設・代表、一九七六年東京電機大学建築学科教授、二〇〇一年同大学退任。

(43) 一九五三年東京大学（新制）建築学科卒、同大学大学院博士課程修了、芦原義信建築設計研究所入所、一九九六年千葉大学教授、その後昭和音楽大学学長、二〇〇〇年没。

(44) 一九五四年北海道大学建築工学科卒、一九五六年東京大学大学院修士課程修了、一九五九年清水建設入社、一九八二年清水建設研究所所長、一九九〇年同社常務取締役技術研究所所長、一九九四年同社退社、一九九五年ポリテクニックコンサルタンツ社長、一九九八年同社退社。

(45) 一九五四年東京大学建築学科卒、一九五九年同大学大学院博士課程修了、一九七〇年大阪市立大学建築学科教授、一九七四年筑波大学芸術学系教授、一九九五年同大学退官、工学院大学教授、栗原研究室設立、一九九九年同大学退任。

(46) 一九五四年東京大学建築学科卒、一九五六年同大学大学院修士課程修了、九州大学助手、一九七四年工学院大学建築学科教授、一九九九年同大学退任。

(47) 一九五五年東京大学建築学科卒、一九六一年同大学大学院博士課程修了、一九七〇年年横浜国立大学教授、一九九四年同大学学長、一九九七年同大学退官、二〇〇一年ものつくり大学学長。

(48) 一九五七年東京大学建築学科卒、一九五九年同大学大学院修了、久米設計入社、一九七五年名古屋大学建築学科教授、一九七六年建築計画連合創設、一九九四年名古屋大学退官、一九九六年名古屋市立大学教授、学部長、二〇〇一年同大学退官。

(49) 一九五六年京都大学建築学科卒、一九六一年東京大学大学院博士課程修了、芦原義信建築設計研究所入所、一九六三年内藤建築設計事務所部長、一九八六年筑波技術短期大学建築工学科教授、一九七七年同大学退官、実践女子大学生活環境学科教授、二〇〇二年同大学退任。

(50) 例えば、土肥博至（元筑波大学、神戸芸術工科大学）、下山真司（元筑波大学）、曽田忠宏（愛知工業大学）、谷村秀彦（元筑波大学、北九州市立大学）、中祐一郎（元三重大学）、小滝一正（元横浜国立大学）、真鍋信太郎（元東京工芸大学）、長澤悟（元日本大学、東洋大学）、植松貞夫（筑波大学）など。

(51) 初期の何人かの例を挙げれば、谷口汎邦（元東京工業大学）、岡田光正（元大阪大学）、近江榮・佐藤平・小谷喬之助（元日本大学）など。

(52) 初期の何人かの例を挙げれば、服部岑生（元千葉大学）、杉山茂一（大阪市立大学）、布野修司（元京都大学、滋賀県立大学）、初見学（東京理科大学）、小林秀樹（千葉大学）、友田博通（昭和女子大学）、在塚礼子（元埼玉大学）、林章（元名古屋工業大学）など。

(53) 一足・二足・三足制といった履き替え方式の相違によって建築のあり方が影響を受けることを如実に示した（文60、一〇頁）。

(54) 非参与観察調査の典型的事例となっている（文60、一二頁）。

(55) 都立小平西高校（文60、一一頁）。

(56) （文20）公共図書館の奉仕活動を参照。

(57) （文20）図書館における出納システムを参照。

(58) 「住み方調査と公営住宅標準設計が結びついたのはまったくの偶然であるが、歴史のながれからみればこれは必然であろう。調査研究から得られた生活の法則性を実際のプランに適用した「５１Ｃ型」標準設計は、当時の一つの成果といえる。そしてそれは単に法則性の適用だけでなく、もの（プラン）による人（生活）への働きかけ、生活変化の予測、計画的提案の投げかけという、理念に基づいた実践を、一種の賭として行っているところが、今日（一九八九年・筆者註）から見ると興味深い（文84、二頁）」

(59) 「「五一C」とは太平洋戦争の終結後間もない一九五一年度の鉄筋コンクリート造公営住宅標準設計の一つの型の名称で、全国的に数多く建てられ、その後の公共住宅のモデルとなったものです。公営住宅とは国庫から建設費の補助が出て地方自治体が建設・経営する低家賃の公的な賃貸住宅で、県営住宅や市営住宅などの類いです。（文39、九頁）」

(60) 浦良一、荻原正三、持田照夫などが関与している。

(61) 「戦前から今和次郎・竹内芳太郎を中心とした農村住宅研究の流れがあったが、戦後は農地改革による農村そのものの激変を背景にして、……生活分析に基づいて生活と空間の対応の構造を捉え、これを農家の住宅改善に……青木正夫らを中心にした計画学の理論化は、農村住宅研究を基礎に組み立てたものであった。（文96、一六六頁）」

(62) 家族型の研究には、分類、世帯人数、年齢構成、有業率、変化率とそのモデル、などさまざまな展開があり、住宅計画ではさらに転出率、住宅型、社会的階層といったものとの関係等、多様な展開を見せた（文126）。

(63) 生活関連の建築的施設の規模・配置・機能・管理運営・設置体系などについて計画立案する過程全般を、建築計画の分野では地域施設計画と呼ぶ（文37、三頁）。また、日本建築学会の中には、地域施設小委員会が設立され、当初から浦良一・筧和夫・柳澤忠・松本啓俊・谷村秀彦、谷口汎邦等が関与した。

(64)「いい建築をつくるためには単体の設計がいいばかりでなく、それが地域の住民に使いやすいところに建っていなければいけない。そのためには地域住民にどのように使われているかを知って、そこから、設置計画に必要な利用と距離（利用圏）、利用頻度（需要量）を求めようとしました。（文136、三頁）」

(65) ある一定の空間における人間の集団と定義。

(66) 家族型は核家族と傍系とがあるが、一般に核家族に注目して、単純家族・欠損家族・単身家族・複合家族とに分けている。

(67) 家族型変動モデルに適用。

(68) 出生・成長・死亡・婚姻・転出・転入などの変動要因を用いて経年変化を求める。コンピュータを使用する必要がある。

(69) 建設後の経年変化を実際に調査して将来予測を一般化する方法。

(70) 地域施設利用の発生量は人口に依存し、しかも多くの場合性別年齢別構成に依存する。そこで、地域人口の性別年齢別構成と分布（地域人口モデル）を予測する必要がある（文37、三一二頁）。

(71) 要求発生モデルは、ある特定の人口集団から、施設利用の要求がどれほどの頻度で発生してくるかを記述するもので、発生頻度の平均値だけでなくその変動の程度を知ることも重要である（文37、三一二頁）。

(72) 施設選択モデルは、発生した利用要求が、どの施設を選択するかを記述するモデルで、最も近い施設を択一的に選択する場合もあるし、もっと確率的に選択する場合もある（文37、三一二頁）。

(73) 配置計画モデルは、①地域人口モデル、②要求発生モデル、③施設選択モデルによって予測される通りに利用者が動くと、どこに施設を配置すればよいかを決定するモデルである。施設の立地点が決まると施設選択モデルによってその施設の圏域が決まる（文37、三一二頁）。

(74) 規模計画モデルは、変動する需要に対して、どれほどの施設規模を与えればよいかを求めるモデルである（文37、三一二頁）。

(75) 一九六一年東京大学建築学科卒、一九六三年同大学大学院修士課程修了、一九六八年マニトバ大学建築学部講師、一九七五年ポリテクニックコンサルタンツ専務、一九八二年筑波大学社会工学系教授、二〇〇二年同大学退任、北九州市立大学大学院教授。

(76) 一九五二年京都大学工学部建築学科卒、京都工芸繊維大学助教授、大阪大学教授、大阪工業大学教授。

(77) 規模の利益・不利益とか、政治・宗教・経済上の要素からの影響、巨大王朝・巨大神殿・超超高層・巨大ホールといった用語を利用する可否について述べている。

(78) 集中の利益・不利益ならびに利用圏との関係を述べている。

(79) 長期（年）の例では、ニュータウンの児童数・産科・小児科・幼稚園・小学校の需要の変動、中期（月・週）の例では、季節・平日・週末、遊園地・観光地の利用者数の変動、短期（時刻）では、午前・午後・夜間での外来・救急の患者数の変動が挙げられる。

(80) 出雲大社（一〇三一年転倒）上古 九六メートル・中古 四八メートル・近世 四メートル、バベルの塔、旧約聖書（崩壊）、ヘロドトス（BC9）が記述したバビロニアにある九〇メートル×九〇メートル×九〇メートルの塔、ゴシック教会の天井高はパリ 三二メートル、シャルトル 三六・五メートル、ランス 三八メートル、アミアン 四二・五メートル、ボーヴェ 四八メートル（一二七二年崩壊）といった規模の不適切さにより崩壊した例を挙げている。

(81) シンメトリーの山型が普通の需要発生の状況であるが、人間の感覚は小さい量に細かく大きな量に大まかなので感覚尺度は等差的でなく等比的になる。

(82) 病院・百貨店のように利用圏が広く大規模な施設と診療所・小売店のように利用圏が狭く小規模な施設、そしてその中間の施設といった段階性がある。

(83) 情報理論では、規模・密度・損失関数をみると、たとえば住宅規模が小さいと不満が大きい。しかし少し大きくなれば不満はなくなる。住宅規模が大きいと不満が少ないが、少し大きくなっても不満の状況は同じであるといった関係がある。

(84) 一九六一年東京大学建築学科卒、同大学大学院修士課程（池辺研究室）、博士課程（吉武研究室）修了、一九六八年名古屋工業大学助教授、その後東京大学教授、新潟大学教授を経て、二〇〇二年日本大学総合科学研究所教授、二〇〇三年早稲田大学人間科学部特任教授。

(85) 初期には人体の群れを液体の流動に類似させた分析が行われたが、その後、シミュレーション分析などが導入された。

(86) 吉武は学位論文（文128）の「前書き」の中でこれまでの建築計画研究に比較して、建築空間の研究を新しい研究テーマであるとして、船越徹、広部達也、香山壽夫、下山真司、曽田忠弘を研究室の中での担当者として挙げている。

(87) 京都大学工学部建築学科卒、同大学院修士課程修了、同大学助手、建設省建築研究所研究員、京都大学博士課程修了、同大学工学部助教授、同教授、福山大学教授、巽和夫建築研究所代表。

(88) 開発途上国の住宅開発には供給過程を必要とするという英国のジョン・ターナーの主張、社会的文脈のなかでとらえるべきであるという一八八五年英国の「労働者階級のハウジングに関する王立委員会」での主張の影響を受けているという（文26、一七頁）。

(89) 高田によれば、これは京都大学の西山研究室と東京大学の吉武研究室の研究に内在する違いであるとしている（文26、一七頁）。

(90) 一九四二年東京帝国大学建築学科卒、一九四九年東京大学第二工学部助教授、一九六〇年ＩＭＧ（国際モデュールグループ）メンバー、一九六五年環境と建築を結ぶ会（ＤＮＩＡＳ）設立、一九六八年身障者のための施設研究組織（ＴＥＳＴＥＭ）設立、一九七九年没。

(91) 池辺陽は、一九五〇年「立体最小限住宅」によって、戦後の住宅近代化推進に向けての新たな試みを展開する。また設計方法にシステム理論を取り入れ、デザインプロセスの方法論確立を目指した。

(92) 一九五九年東京大学工学部建築学科卒、一九六四年同大学院修士課程修了、東洋大学工学部助教授、一九六九年東京大学生産技術研究所助教授、一九八二年同大学教授、一九九七年同大学退官、アトリエファイにて設計活動。

(93) 一九四七年東京帝国大学建築学科卒、一九五六年東京大学建築学科助教授、一九七〇年同大学教授、一九八六年明治大学建築学科教授、一九九七年金沢美術工芸大学教授。

(94) 委員長・中村傳治、幹事・藤田金一郎。

(95) 委員長・藤田金一郎、幹事・酒井勉。

(96) 顧問・内田祥三、監修・伊藤茂、田辺泰、武藤清、編集委員・市川清志、梅村魁、大田博太郎、小木曽定彰、亀井勇、武基雄、蛭田捨太郎、吉坂隆正、吉武泰水。

(97) 一九七八年五月、委員長・藤田金一郎、副委員長・内田祥哉。

(98) 西欧では産業革命後から一九世紀にかけて、日本では一七世紀の江戸時代に多数の公的施設が発生している。これらの施設は社会の複雑化・技術的発展に伴って、昔は住宅の中で行われていた生活の活動の一部を補完する場として成長・独立して誕生したものと考えられている。

(99) 病院・学校・百貨店・老人ホームにそれぞれ代表される医療施設・教育施設・商業施設・福祉施設などさまざまな「施設」は元来その名称が体現するように、施（ほどこし）設（据え付ける）すなわちお上が何かを与えるために収容するといった意味合いの強い建築物である（高橋鷹志）。

(100) 単位空間Ⅰには、人体寸法・動作特性・知覚・人の集合・動作空間・便所・浴室・洗面・化粧室・洗濯室・調理室・食堂・寝室、単位空間Ⅱには、事務・集会・会議・教室・閲覧・アトリエ・スタジオ・客席・舞台・展示・病室・診療・リハビリテーション・実験・検査、単位空間Ⅲには、出入口・カウンター・廊下・階段・居間・ラウンジ・収納・駐車・情報処理・設備機械・飼育・栽培・スポーツが収録されている。

(101) 「明治一〇年に設立された工部大学校造家学科は東京大学建築学科の前身であるが、当初は三講座を持ったものの、その内容は未分化であった。しかし、明治三八年の時点では、その三講座は、建築一般構造・建築計画・建築史の三分野にほぼ定立されていた。……「建築計画」は、技術というよりも知識であり、当時の新しい西欧風建築を解説するものであった。……塚本・伊東・関野らが相次いで停年退官した大正末期、佐野も停年を待たずに辞めた。一人残った内田祥三が主任教授になり、……当時次第に興りつつあった各学問分野に即応して五つの講座を再編し、……すなわち、建築一般構造・建築計画・建築史・鉄骨およびコンクリート構造に加えて、建築衛生を新設して五講座とし、東洋建築の講座は廃した。さらに後に建築材料と都市計画が合体した建築防火の講座を新設し、こうして今日における専門分化の基礎が、この昭和初期の時代にほぼ敷かれたのである。（文96、一六四、一六五頁）」

(102) 顧問・大田博太郎、編集委員・内田祥哉、稲垣栄三、尾島俊雄、川上秀光、鈴木成文、巽和夫、谷資信。

(103) 委員長・高橋鷹志。

(104) この中に居住（施設）という項目がある。個人住宅が特定の人々に合うように設計できるのに対して、施設は不特定多数を対象に環境を設定せざるを得ない点が大きく異なる。その点で科学的「計画」に向いているとも言える。

(105) 二〇〇四年現在、会員数二三八名。

(106) 「決定論」も「浸透論」も人間―環境系の考え方のひとつである。

(107) 一九六四年大阪大学卒、一九七五年大阪大学助教授、一九九二年同大学教授、二〇〇四年退任、二〇〇二年人間環境学会会長。

(108) 小林秀樹は「私に住宅を設計させれば三日で夫婦を離婚させることもできる。」と語る建築家のエピソードを挙げている（文26、七頁）また、この二つの論の間をとって「相互作用論」を主張。

(109) 環境に対する利用者の能動的な働きかけ（物理的・機能的のみならず意味づけや再解釈を含む）の側面が強調される。この環境への働きかけは自分自身への変化をも意味する。普段の創発的働きかけであるから、時間的要因・変化過程の側面が主題化される。人間と環境の一体性から、いずれも個別性・固有性を持ちこれらに通底する普遍的な法則性を探求し、予測・制御しようとする面も否定はしないが、むしろ個々の事象の記述・理解が強調される（文26）。

(110) 主唱者の一人アーウィン・アルトマンは相互作用論（Interactionalism）との差を強調している。つまり人間と環境は分離不可能で互いの定義も意味も依存しあっているため一元的に捉えるべきであるとしている。また、そのあらゆる事象は時間とともに変化するが、変化はシステムが本来的・本質的に持つ特質で、目的論的な理想状態に関連せず、創発的で目的もフレキシブルであると主張している。また、デーヴィッド・カンターは、人間が社会を含んだ環境を変えてしまう可能性のある今日、人間が暗黙の環境モデルをもちそのイメージを実現しようとする時この行動の目的は何か？と問い掛けている。

(111)　（文26、四三―四八頁）、海外居住研究の展開による。

(112)　日本建築学会では一九八八年に『住居・集落研究の方法と課題：異文化の理解をめぐって』（文90）という研究協議会が開催され、一九八八年には『住居・集落研究の方法と課題に：討論：異文化研究のプロブレマティーク』（文88）が開催されている。

(113)　アジアからの留学生が来ているにもかかわらず一九九〇年代初期はには低調であったが、一九九五年にはアジア都市建築研究会のアジア都市住宅モデルの討議やアジア建築交流国際シンポジウム等が開催されるようになっている（文26）。

(114)　言葉も通じない場所での観察調査といった調査方法についても、未知の集落を駆け抜けて何がわかるのかとか、現地の居住者に対する「調査の暴力」に配慮しているのかといった批判が出ている。

(115)　一九七一年東京大学卒、一九七七年同大学博士課程修了、一九九六年同大学生産技術研究所教授。

(116)　「「科学研究は有益性を問われない」ことを盾にして研究課題の設定は自由であると主張したくなる所であるが、お門違いの場合もある。（文102、一八〇頁）」

(117)　集合住宅計画研究史（文84）の服部岑生によるⅧ章を参照。

(118)　一九七〇年東京工業大学卒、東京工業大学教授。

(119)　青木義次は、認知症高齢者施設をバリアフリーにすると徘徊しやすくなるためにスタッフが高齢者を抑制用に紐につながざるを得なくなり、高齢者の尊厳性の削除につながることに気がつかないとか、住宅は住むための手段、人生は死のための手段といった議論にならないために、目的を手段と混同する議論の枠組みからの脱却を提案している（文26、二四―二八頁）。

(120)　一九八〇年東京大学建築学科卒、一九八五年同大学助手、一九九〇年同大学建築学科助教授、二〇〇六年同大学教授。

(121)　松村秀一は、流行に身をゆだねると疲れる、知的好奇心に身をゆだねる、分野の枠内に安住するとだめになる、「住宅」からも自由でありたい、という。

(122)　知的・流行に疲れたときは異なる時代の事象に目を向ける、山に行くと同じ、でも山からいずれは帰る、専門分野の集団は〈思考停止〉集団、でも居心地抜群、住宅から自由、建築計画では機能的に計画された〈タテモノ〉からはずれていく人々に興味があり、場という見方にも興味がある（文26、九―一二頁）。

(123) 科学の発展は研究者集団のパラダイム転換によってなされるという科学論に影響された建築家集団がパラダイムを持っていても、ある時から住宅メーカーが社会における考え方の主導権を握ればパラダイム転換が発生する（文26、五二頁）。

(124) 青木義次は次のように言う。オットー・ワグナーが、一八九五年に「現代建築宣言」を発表したが、これは、①目的を正確に捉え、②これを正確に満足させ、③材料の合理的選択を行い、④簡単で経済的構造といった条件のもとできわめて自然に成立する形態を出現させた。神殿や教会建築は目的など論議しなかったので、①は前衛的で新しい（人間中心主義）②—④は機械論的機能主義（合理主義）で、この両者が絶妙に同居している。生活の場とかコミュニティ、動線、使いやすい空間を扱う建築計画学でも同じではないか。「使われ方研究」においても同じで、人間中心の生活の場での矛盾発見を行い、改善提案を行う合理性を指向する。吉武の発案したアルファー法は、①人間にとっての使いやすさと、②合理的算定を考えたものである（文26、二四—二八頁）。

(125) ①あるパラダイムのなかで認識できる事実は、対象の一側面に過ぎないこと。事実に正確に対応しているかどうかのみで理論の妥当性を問うべきではない。むしろ、その理論はどのような事実の存在を示しうるかを問うべき。②経験理論に内在する価値、固有の人生観や政治観に自覚的であること。③方法論的厳密性や検証可能性といった「科学」の規準も無視すべきではないこと。このような基準を無視した分析は正当性を疑う。このような方法によって生み出された成果には敬意を払うべき。しかし、常にこれらの規準は相対的で、絶対視すると分析方法と対象の限定や価値の忘却といった危険があることを指摘している（文26、二四—二八頁）。

(126) 東京大学大学院総合文化研究科助教授、政治学。

(127) 一九七三年京都大学工学部建築学科卒、一九七五年東京大学建築学専攻修士課程修了、一九七七年同大学博士課程中退、東京大学助手を経て一九八九年早稲田大学助教授、一九七七年同大学教授、その後京都大学教授。

(128) 門内は、日本建築学会大会の建築計画部門の発表論文数は一九八六年の三八一編に対して、一九九九年には七四九編となり、一四年間に一・九七倍の伸びを見せていること、そして総数も七五七〇編に達する数であることを報告している（文26、三〇—三一頁）。

(129) （文26、三〇—三一頁）を参考にして加筆集成した。

(130) 住居・住宅地（計30％）、各種建物・地域施設（計34％）の研究が中心で、これだけで全体の約60％を常に占めていること。その他は、設計方法（6％）、構法計画（8％）、人間工学（9％）、計画基礎（13％）である。

(131) アンケート（32％）・ヒアリング（21％）・観察（32％）が多く、これだけで85％を占めており、基礎統計的集計・分析が支配的であること。その他の実験・測定（14％）、多変量解析（8％）、理論・モデル化（6％）、シミュレーシヨン（2％）の割合は多くない。

(132) 近頃の話題である高齢化に対しては福祉施設・高齢者施設や高齢者の生理・心理研究など、防災については阪神・淡路大震災の影響か震災の研究が急に増え、時期とともに減衰する傾向がある。地球問題についてもライフサイクルや建て替え問題が扱われている。

(133) ビデオ・カメラ、アイマーク・レコーダ、コンピュータ仮想現実（ヴァーチャル・リアリティ）など科学工学技術の発達を反映した研究が高齢者・こども・障害者への研究に応用される例も多くなっている。

(134) 建物の長寿命化・保存再生・建て替え・更新のテーマや環境移行など時間の経過による変化に注目が集まっている。

(135) 九州大学大学建築学科卒、青木正夫研究室、同大学助手、助教授を経て同大学教授。

(136) 行為と空間の対応関係を分析することは、「人間の行動や行為と、それが展開される場所である建築空間との間に存在する対応関係を、科学的な生活実態調査によって分析し、建築空間を計画する際に有効な知見（技術方式）としてまとめるもの」（文26）である。

(137) 竹下の主張で面白いのは、「計画学の創成期の画期的論文を検証すると、空間側の設定がシャープで、建築設計で選択されうる建築計画型方式（技術方式）が鮮明であるのに対して、人間側の設定が非常に淡白』（文26）といっていることである。これが計画学の共通の特徴で、西山の食寝分離論、吉武・青木の履き替え論がそれに当たる例であるという。

(138) プライバシーには、身体が他人から見られて困るというボディ・プライバシーと話を聞かれて困るというソーシャル・プライバシーがある。

(139) 患者役割行動の一例である。

(140) 中国での老人ホームの一般呼称。

(141) バリアフリーや高断熱高気密の研究など安全や省エネルギーといった視点にのみに注目しすぎる例が全体像を把握していない研究として挙げられている（文26）。

(142) 一九一四年生、高等学校時代より詩人として活躍。一九三八年東京帝国大学建築学科卒業、石井建築事務所入社、建築設計と詩作を両立、一九四〇年二四歳で没。

(143) 立原道造卒業論文「方法論」（昭和一一年一二月一八日）。「まず、私たちによって、「住みよい」という言葉であらはされる建築体験と「住み心地がよい」という言葉であらはされる建築体験とが区別され得ることを、わづかの反省によって、容易に見出すのである。」そしてこの間には「美」の有無が存在するとしている。

（144）「そんなある日、手がけている設計をめぐって立原道造の卒論の中の「住みよさ」と「住み心地よさ」とは別物であると彼の論旨をめぐって先生とお話ししたことがあった。「住みよさ（使い勝手のよさ）」よりも全生命的に建築からうける情感（感動）「住み心地のよさ」こそ、建築にとって重要な問題だとするのが道造の説であったと記憶する。話はここから発展して、計画学の可能性と限界、果たすべき役割に及んだ。そして「住み心地よい建築」を踏まえての計画はいかにあるべきか？　この時先生からいただいたこの宿題に満足におこたえ出来ぬまま、それから更に数十年、糸の切れた凧さながらに歳月は流れた。（大坪昭　文123、二一頁）」

第二章　建築地理学の考え方

一、建築計画学からこぼれたもの

　これまでの建築計画学に各種建物の計画論は大きな比重を占めてきた。各種公共施設や集合住宅の量的整備と質の確保が主な目標とされ、特に量的拡充が第一に必要とされた間は、建築計画研究が建物の量産のための一般的な計画・設計条件の分析や設計技術の開発に主眼を置いたのは当然ともいえる。研究成果は計画指針やそれを実際に適用した標準設計やモデルケースという形に実を結び、それらを範とする建物が全国に建てられていった[1]。今日では各種建物の定型化・画一化は批判的に指摘されることが多いが、当時の時代背景を考えれば一定の水準の確保や、経済性、設計作業の合理性の観点から定型化は有効だったといえよう。

　このときの基本的なアプローチは、機能主義的に人間と環境の関係を捉えるというものだった。機能主義的アプローチでは、その建物で行われる活動上の要求と物理的環境の直接の対応関係に注目し、環境によってニーズを満たすことを考える[2]。ここでは空間内で起きる外形的な人間の営みを一般化し、建物を平面計画という抽象化されたモデルに還元することが行われる。人間と環境は二項対立的な要素とみなされることから、建物が使われている状況に問題があるときには、利用者がうまく使わないか設計に問題があるか、どちらか一方に起因するとされがちである。また、不特定多数の利用者を対象とし、研究体系としても科学的・客観的であろうとすることから一般性と抽象化が追求され、利用者の個別性と多様性は平均的利用者像を想定する上ではむしろ捨象されるべき要素だった。

一定の質を確保した建物を多数計画・設計するという目的にてらせば、各種建物の計画論は既に成熟しているといえる。しかし、建築を「計画する」という行為を技術体系として扱ってきたゆえに見落とされてきたものもある。つまり、物質的存在としての建物そのものとそこで起こる目に見える現象に注目して、環境と利用者との関係を精密に調べてきた反面、建築のもつ象徴性やメッセージ性、あるいはその場所が例えば「病院である」ことによってもつ意味や行動への影響のような、建築のはたらきを考える上で重要であっても目には見えない次元、つまり利用者の内面に対する環境のはたらきかけは扱われてこなかったのである。また、その建物を成立させ、利用者層を規定する社会制度は自明のものとして問われなかった。

しかし、そもそも人の行動のしかた、空間の使い方が環境から読み取られる意味やその時々の状況によって規定されたり、その人のおかれた立場によって変わってくるとしたらどうだろうか。社会学や認知心理学の理論で、状況や文脈が人間行動にとって実は本質的であるといわれていることは第一章にも述べられている通りである。そのときに、建物が物理的そして象徴的に状況を規定することで人の行動に影響することは無視できない。また、建物が社会的・文化的なレベルで潜在的かつ広範な影響力をもっていることは、メディアとして建築を論じた数々の文献に述べられている。

そこで、この「建築地理学」では、施設建築とその空間を社会的・文化的文脈のなかで読み解くことを試みる。これまで建築計画学は、建物をつくることと実際につくられる建物に強く焦点をあててきた。この章では一歩広いパースペクティブから「施設」のなりたちも含めて施設建築・環境と利用者の関わりを見ていくことにしたい。

一―一　機能主義的アプローチの限界

各種建物別の計画論では、建物は住宅とその他の各種建物・施設に大別されて研究されてきた。ここでは主として、対象となる建物が使用されている実態を調べるという手法がとられる。その実態を表す用語を見ると、住宅研究の場合には「住み方」や「住まい方」であるのに対して、施設研究では「使われ方」である点が対照的である。「住み方」という言葉からは、器としての住宅と内部で営まれる生活が一体的なものであるというニュアンスが感じられる。住宅は食事、就寝、団らん、接客、勉強などの諸活動と、家族という人間関係のように互いに切り分けにくい諸相を包含する「生活」という総体的な営みの器である。「住文化」や「住様式」といった用語もあるように、生活は個別の行為だけでなく文化的な様式という側面をもつ総体的なものと捉えられている。

一方、「使われ方」は建物がより客体化されていることを暗示する。学校、病院、図書館のような公共施設は、特定のサービスを不特定多数の人に提供するという役割をもち、主目的として想定されるような活動が存在し、同じ建物の使用者が管理者と利用者に分かれているという特徴がある。したがって、公共施設の場合には制度や運営方法、そこで行われる諸活動の内容やスケジュール、つまりはプログラムも含めて研究対象となってきた。「使われ方研究」の主流は、プログラムとその空間的・時間的展開の関係を調べ、施設計画に必要な条件を導き出したり計画手法を考案したりするものである。運営の視点から見てその施設のプログラムが合理的に遂行できるような空間計画を考えるという意味では、施設建築は住宅と比較すると道具的に捉えられてきたように思われる。そして研究にあたっては行為を要素に分解して抽象化する方法がとられた(3)。

こうした研究から導き出される建築計画的な提案は、施設の要求機能やそこで起こる活動・行為を満足に行うための平面計画の手法を示し、多くの場合、実際の施設計画において具体化した。プログラムや人員配置のような運営面も研究対象となることから、建築計画の提案に施設運営の提案が含まれることも多く、建築計画研究は一面ではシステムの研究でもあった。例えば、いわゆるオープンスクールは伝統的な一斉授業にとどまらない多様で個別的な学習活動を可能にする空間であると同時に、そのように教育を変革することを提示する。病棟のナースコーナーや分散ナースステーションは、看護スタッフの作業拠点を分散することで人員配置を再構成する運営上の提案と一体である。このように、建築計画的な提案とは既存の必要機能を満たすだけでなく、新しい種類の活動や運営方式を、それを必要とするような空間をつくるという形で示すものなのだ。施設運営の観点だけでなく、利用者、入所者の「生活」も重要な課題であった。特に施設の量的整備が達成され、機能一辺倒で無機質な施設建築からの脱却が課題となると、施設も「生活の場」であることが重視されるようになった。学校については教師が「教える」学校から児童生徒が「学ぶ」場への転換と共に、学校は授業以外の時間や活動も含めて一日を過ごすという意味で生活の場であることが強調された。長倉康彦はこう述べている。

「〝学ぶ〟場としての学校では、…………語る、遊ぶ、休む、作業する、食事する——などの人間的諸活動は、ここで取り上げるべき大事な機能であり、そのためのロビーやホール、ラウンジやコモンスペース、広場や食堂、プレイスペース等々が、学校の空間の構成要素として位置づけられ、それらを『教室』よりも重視するくらいの考え方をもって、環境づくりを行うことが大切になる(4)。」

この記述からは、「生活」に関心が向けられていることがわかるが、同時にその見かたには個々の生活行為に別個の空間を対応させていく、それまでの機能主義的発想が継承されていることも読みとれる(5)。生活はやはり個別の生活行為という要素に分解して理解されたのだ。生活行為とは、その施設が提供することを直接の目的とする活動に対する余暇的行為や付随的活動のことを意味した。学校であれば教育、病院なら医療以外の活動である。そして、それらを新しい機能的要求と捉え、対応する空間を与えるのだ。近年、種々の施設にみられるラウンジやデイルーム、ランチルーム、談話コーナーといった空間は、こうした考え方から生まれている。これらの空間があることで施設の生活環境が改善されているのは確かだが、人間の行動を機能的に対応されるべき要素と捉えることの限界もある。人の行動は必ずしも目的的なものばかりではないし[6]、ある行動や活動に空間が一義的に適しているわけではないからである。そして、ある行動のための空間を用意してもそれが起きるとは限らない。機能主義の限界は、生活を目的行動に分割して捉えることの限界である。

一―二　施設と利用者の自明視

学校は生徒、病院は患者、高齢者施設は老人というふうに、施設は特定の利用者カテゴリーを対象とする。それらの利用者に合わせた計画をするという考えから、子供、高齢者、病人、障害者などの身体特性や心理・行動特性を知るための研究も多い。ここでは、人間が子供、高齢者、病人、障害者といったカテゴリーに分類することができ、あるカテゴリーの人びとが共通してもっている性質があることが前提とされている。

しかし、同年齢の子供でも身体能力や心理的な発達は異なるし、入院患者も同じ疾病にかかってはいても、まったく個別の存在である。高齢者だからといって身体能力が一様に衰えているわけではない。また、文化によって子供、大人、老人等々の区切り方がそもそも異なるし、それぞれに期待される役割やふるまい方、簡単にいえば「らしさ」も異なる。ところが、建築計画研究では、子供、老人、患者……といった利用者カテゴリーは、少なくとも便宜上は本来的に異なる種類の人間として扱われてきたのである。研究には抽象化・モデル化が伴うので、利用者のカテゴリー化が行われるのは避けられない。ここで指摘したいのは、利用者カテゴリーが自明視されてしまい、その行動・心理特性が社会的・文化的に形成されたものである面に注意が払われてこなかったことである。

同じ子供でも学校にいるときと、外で友だちと遊んでいるとき、塾にいるとき、家にいるときでは、それぞれ違ったふるまい方やものの感じ方をする。状況によって対人関係の枠組みや規範は異なっており、その場の行動を規定している。学校研究の対象となる児童は、あくまで「学校にいる」児童なのだが、これまで建築計画研究では学校の調査で見られた行動特性を、年齢で区切られた発達段階に共通の性質と特に区別してこなかった。学校にいる間、特に教室というなわばりの周辺にいる間、子供は学級や学年という集団に組み入れられて壁を強く意識するが、その外では学級や学年を超えて遊ぶことも多い。つまり、学校にいる間の行動には社会的・空間的に枠づけられた面も強いのだ。

後述するように、施設に入所している高齢者や入院患者にも施設という状況ゆえにみられる行動パタンがある。施設利用者の「子供」「高齢者」「患者」は、「学校にいる子供」「施設にいる高齢者」「病院にいる患者」として捉えられなければならないし、もっと根本的に問うならば、子供、老人、病人という区分も自明ではないはずだ。

施設は制度の一部であり、個々人の利用者に実際にサービスが提供される場である。建築計画学では、建物としての施設は社会的な制度とは厳密に区別されず、施設を管理運営するスタッフも建物と一体とみなされているように思われる。これは、「利用者」があくまで外から施設を訪れてサービスを受ける人を指すことに端的に表れている。スタッフは建物の使用者だが、「利用者」とは呼ばれない。「利用者」は施設建築を含めた施設サービスの利用者である。スタッフは建物の使用主体として研究対象となってきたが、いわば非人称的な存在で、サービスを提供する機制の一部として捉えられてきたのではないだろうか。だが、スタッフも利用者と立場は異なるが、環境に枠組まれている点は同じである。

「利用者」が自明視される背景には施設建築の存立構造がある。施設建築は医療、福祉、教育などの制度を前提に成立しており、その制度・施設を必要とする人びとがいなければ成立しない。逆に医療、福祉、教育などの制度が利用者を要求するという面も指摘されている(7)。そうした中で、施設を成立させる利用者カテゴリーを疑問視してしまっては、施設の計画という建築的課題の存立基盤が揺らいでしまう。つまり、建築計画の問題設定・方法論上、制度とそれと結びついた利用者カテゴリーはとりあえず自明視しなければならない構造があるのだ。施設計画の視野を建物をつくる次元に限定することで人間のカテゴリー化が助長されたのである。

一―三　利用者のニーズという考え方

建築計画学における心理行動研究は、「使われ方研究」と対照的に人間の内的プロセスや行動原理の面から環境を捉え、施設運営上の機能的要求ではなく利用者の要求を把握しようとしてきた。心理行動研究が、より純粋に物理的空間の構成や認知のされ方を調べる空間研究と関連が深いことを考えると、施設研究がまとう制度色から距離をおいた研究であったと解釈することもできる(8)。しかし、逆にそれゆえ心理行動研究でも先に指摘した施設という場の枠組みは見過ごされがちになる。人間に注目することで観察される利用者行動が、物理的環境の直接の作用の結果か利用者の個人的特性あるいは人間一般のニーズの発現と理解されやすいからである。

こうした捉え方の問題点は、研究成果を実際の設計・計画にあてはめようとする場面に顕著に表れやすい。最大の問題は、調査で観察された場面から読みとられたニーズに直接、建築的に対応しようとしてしまうことである。極端な例をあげよう。学校でトイレが児童・生徒の交流の場となっていたり、病院では喫煙室が息抜きやコミュニケーションの場となることがしばしば観察される。そうした現象を見て、トイレを交流の場として整備すべきだ、喫煙室のアメニティを向上させるべきだという結論を導くのはたやすい。そして、実際にそのようにした例も存在する。しかし、これらは、なぜそのような場面が発生するのかが問われず、観察された行為がそのまま利用者のニーズと理解されてしまった例である。トイレが交流の場になるのは、それ以外に行き場がないからかもしれない。

小学校建築にはしばしば「デン」や「アルコーブ」と呼ばれる小空間が設けられている。これは、児童は身体スケールが小さく、小さな空間を好むことが経験的に知られていることからきている。また、認知症高齢者グループホームには記憶を保つ助け、家庭的なしつらえとしていろりが設けられているものがある。

たしかに、いろりのある家ですごしてきた人にとっては、施設に設けられたいろりは大きな意味をもつだろうし、そこが憩いや交流の場になることも確かだ。小空間が子供に人気の居場所になっている学校も多い。このようなデザイン要素が施設環境を豊かにする可能性は多いものの、一方で民家風の別棟にいろりだけ設置した高齢者施設や、広大な多目的スペースに小部屋をぽつんと付加しただけの学校のように、利用者への配慮がとってつけたようなデザイン要素になっているケースも残念ながらある。

ここに表れている問題は、「記憶」に「いろり」、「子供」には「小空間」のように、利用者のニーズとされるものに建築的エレメントを図式的に対応させる考え方である。人の行為の多くは単一の理由からではなく、間接的なものも含めていくつもの要因によって複重的に起こる[9]。だから、ある行為が満たされることで必ずしもニーズが満足するわけでもない。分析的アプローチが行き過ぎ、設計・計画に反映させることを焦ると、建物の計画が記号操作のようになってしまう。

一―四　建築の規範性

人工物や技術体系は、それが作られた社会文化的コンテクストから独立ではなく、中立的な存在でもない。例えば電話（文73）や鉄道[10]のような人工物の文化史からは、ある技術の発達・普及は社会文化全体の大きな流れの一端として出現するが、それが既定の事実、既成概念となることでその方向への変化をさらに促すという相補的な現象であることがわかる。人工物は社会に従属するものでもなく、逆に「技術が社会を変える」といった技術決定論も一方的すぎる見かたである[11]。

建物も人工物の一種である。西洋において住宅の個室分化が個人主義の誕生と並行して起きたことを地理学者イーフー・トゥアンは指摘する。個室は他者と距離をおく、自己を意識する場所であり、こうした空間への欲求は個人主義の発達の一面であった（文40）。一方、伝統的な日本家屋には個人空間はなかった。日本家屋を研究したジャック・プズー＝マサビュオーは、その特徴として「個人的な私生活の完全な拒否」をあげる。そして、「ちょっとした動作でも他人に聞き取られてしまう…環境では、家族の成員は互いのことを何でも知っていて、特に気をつけていなくても、思想上の共同体が作り上げられる[12]」と述べる。

精神分析の視点から日本人の性格的傾向と家屋を関連づけて分析した近藤章久によれば、「板戸、フスマ、障子などで仕切られ、それらは軽く薄い材料によって作られ、容易に開放されたり取り外されて、一室としての独立性を喪失する」（文22）ような日本家屋の空間状況が、日本人の配慮的性格という精神状況を形づくってきたという。生活圏にはっきりした境界がなく、安定した空間的距離を保つことができない環境が、心理的距離を保つことも難しく、物音を常に人のたてる物音として聞き、「物音という象徴により、暗黙のうちにお互いの気分や気持ちを了解する感受性」を発達させてきたというのだ。

こうして対比させると、住宅の空間の有り様が精神構造と無関係ではないことが見て取れる。しかし、それは因果的関係ではない。西洋で自意識が先行して個室が生まれたのでもなければ、個室が直接自意識を生んだわけでもない。日本家屋でも共同性を直接の目的として、そのような空間があるのではない。環境と思考や行動の様式が長いタイムスパンの中で作用し合い、相互を形づくってきたのである。当然、その土地や風土の条件、建築技術の違いも関連する。建物は現実の空間、物質的な環境として存在することで、それに合った行動や所作を要求し補強する。そうした建築の規範的なはたらきについて、建築計画学はあまり注意をはらってこなかったのではないだろうか。

公共建築は、伝統的な住宅よりも道具性が強いといえる。住宅はシェルターという原初的な目的をもってはいるが、単一の目的を特定することは難しい。それに対して、公共建築はなんらかのサービスを提供するという明確な目的をもって設計された道具である[13]。同時に、計画的に供給される公共集合住宅はこれまで標準世帯という家族像を前提とし、提示してきた[14]。学校の階層的な空間構造や、学習空間が相互につながりのない教室に分断された校舎は、知識が教科別に分割され、階層的に体系化される教育観と相似の構造をもつ。集合住宅や学校はそこで営まれる生活や社会的機能に対する合理性を考えて作られている。学校であればカリキュラムと時間割にとって最も機能的・合理的と考えられた形をとる結果、学校というシステムを物質的な形に体現するのである。

また、学校、病院、老人ホームのような施設建築は教育、医療、福祉といった抽象的な社会制度を具体的な環境に媒介し、生活と人生に施設が不可避的に関わる世界をつくる。そこに暮らすことで、私たちは教育を受けるために学校に行く、病気になったら病院に行くことを疑わず、学校や病院のない社会をほとんど想像することができなくなる。そのような仕組みの一端を施設建築が担っている。

集合住宅や公共施設は不特定多数を対象とすることから、実際の利用者ではなく抽象的な利用者像を前提に計画されざるをえず、通常は住み手や利用者は計画・設計に関与しない。それゆえ、より直接的に制度やシステム、そして設計者の理念を反映しやすい。施設建築は不特定多数を対象とする、一見価値中立的な建物であるからこそ規範性をもつのだ。

二、建築地理学の考え方

ここまで述べてきた、従来の建築計画学に対する問題意識は次のようにまとめられる。

●施設利用者の行動や生活上の営みまでもが機能主義的・要素還元的に捉えられてきたこと。しかし、生活や行動はもっと複雑なプロセスではないだろうか。

●施設と利用者カテゴリーの存在を自明視してきたこと。しかし「施設」はいうまでもなく、「利用者」も社会構築として捉える必要がある。

●行動を直接ニーズに翻訳して理解する傾向があること。しかし、人の行動は文脈依存的であり、もとから備わったニーズの発現というよりは具体的な状況へ関与として立ち現れたものとは考えられないだろうか。

●そして建築のもつ規範性、すなわち意味を内包・伝達し、行動や体験を方向づけることで思考を枠組むはたらきを軽視してきたことである。

縦糸の研究といわれる各種建物研究は、それらの存立基盤である社会制度をあまりに自明視してきたといえる。設計計画をする立場では、その対象となる建物の存在はとりあえず認めなければならないという事情はあるにせよ、施設の存在する背景を問わないということは、施設を閉じた独立した系として扱うことである。その世界の特殊性や外側の世界との関係を見ないということである。横糸の研究の一つである心理行動研究は一方で、施設の社会制度的な影響を排し、できるだけ純粋に人間と空間の関係を捉えようとしてきたとはいえないか。しかし、行動は抽象的な個人（あるいはカテゴリー）の内発的なニーズだけから生まれるものではないはずだ。

対照的に見える使われ方研究と心理行動研究はともに、人と物理的環境の直接的関係を分析対象としてきた。使われ方研究では物理的環境は制度と密接に扱われ、心理行動研究では制度と独立に扱われるという違いはあるが、建築がニュートラルな物理的環境として捉えられてきた点は共通するように思われる。また、環境と人間を一旦切り離し、脱文脈化してから相互の関係を分析する傾向が共通する。各種建物研究はその建物タイプの存在理由を問わないことで、そして心理行動研究は個人と物理的環境の関係に問題設定の枠を限定することで、いずれも社会・文化的文脈を視野の外に置き、ある型の行動や場面が「多く起こる」という現象の一般性に着目してきた。人間と環境の関係のある部分、ある範囲にあまりも焦点を絞ることで抜け落ちたのは、観察された現象の「意味」の解釈である。

そこで、ここでは施設建築やそこでの利用者行動が「どのような意味をもつのか」を読み解く方法として「建築地理学」を提唱したい。そのために建築地理学では、各種建物の空間と人のふるまいを、現前の環境や出来事の外にも目を向けてより広い構図で解釈することを試みる。地理学は場所に関する学問である（第一章参照）。そして地理学者エドワード・レルフによれば、「場所」は物理的特徴、人間の活動、意味づけから成り立っている（文76）。従来の建築計画学は、そのうちの物理的特徴と人間の活動に焦点を当ててきたが、建築地理学は意味を構図に入れるのである。ここでは施設の物理的環境を道具としてではなく、行為の舞台、所与の環境としての地形のようなものと考える。また、人間は全くの自由な個人でなく、その状況に対して適切にふるまおうとする役割行動する面を併せ持った存在と考える。そして、物理的環境が人に、そこがどういう場所であるか、またどのようにふるまうべきかを伝達するはたらきと、人が内面にもつ知識や経験・概念モデルを動員して環境を解釈する相互作用を重視する。

学校の例でいえば、校舎はその社会・文化・時代と作り手に特有の学校観や教育観を表す。また、物理的環境は様々な行動を可能にしたり（アフォードする）、規制したり要求したりする。個々人はこれら物理的環境の特質や環境に埋め込められたメッセージを読み取って行動する。また、その際に生徒であれば「自分が生徒である」という立場や、その状況で許容される行動は何かを判断する。ここで人の行動を規定するのは物理的環境だけではなく、学校とはどのような場所で、自分の置かれた役割や状況で求められるのはどのような行動で、特定のモノやサインが意味するところに関する一般的常識である。そして、この知識は経験によっても、その人が生きている文化によっても異なる。したがって、同じような部屋や建築的エレメントでも住宅と学校では異なる意味をもつこともあるし、人によって立場によって読み取られるものが異なる。

このように単体ではなく社会的・文化的コンテクストの中ではたらき、利用されるだけでなく行動を枠組み、方向づける所与の環境であるという点で、施設建築は道具的というよりは地理的な存在だといえよう。建築地理学では、施設の日常環境を人間（利用者）と環境がこのように外形的にも内面的にも相互に関わりあって成立する場として捉える。

ここでの議論は、環境行動研究における相互浸透論（トランザクショナリズム）の理論から多大な示唆を得ている。

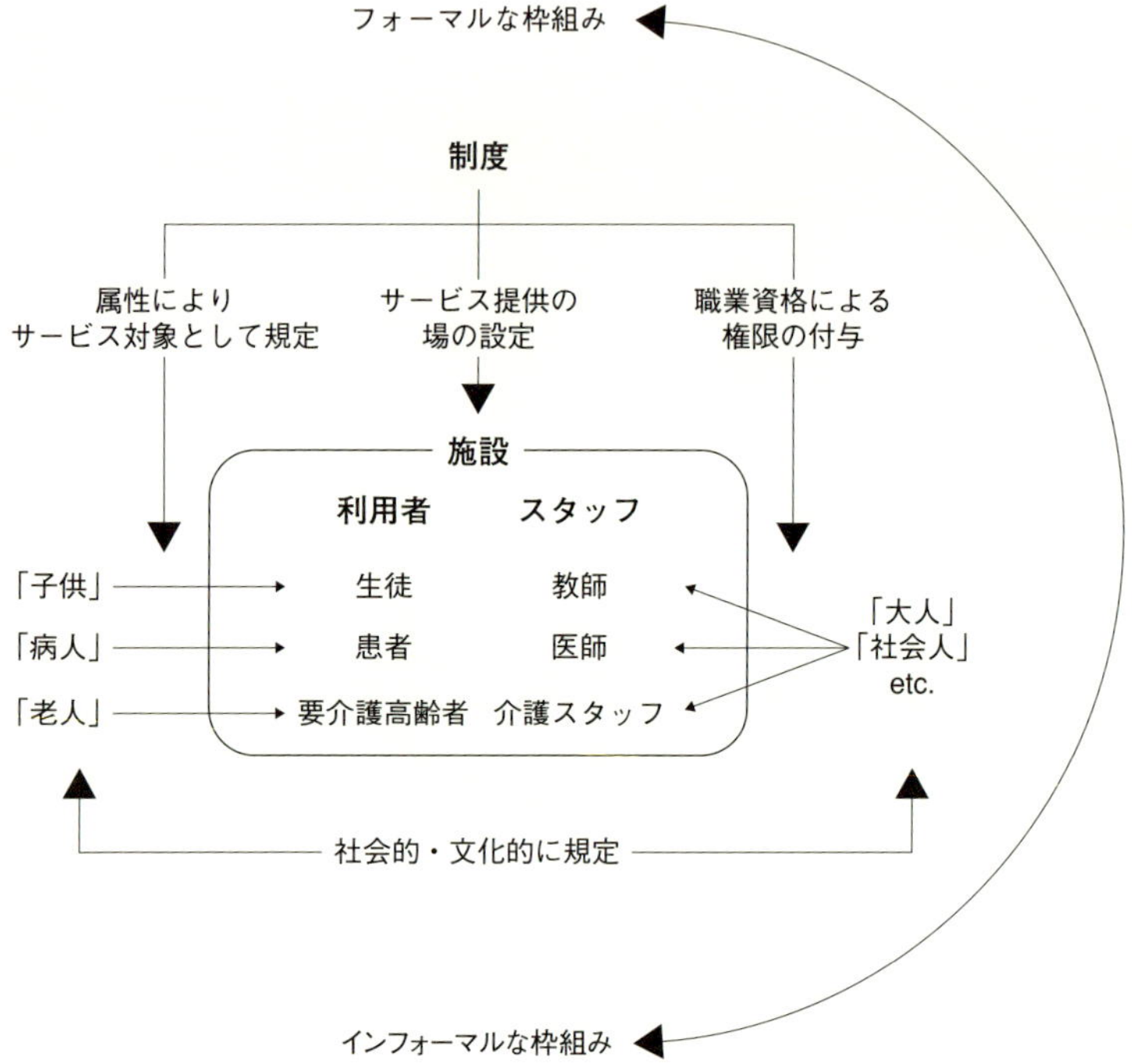
フォーマルな枠組み
制度
属性により
サービス対象として規定
サービス提供の
場の設定
職業資格による
権限の付与
施設
利用者
スタッフ
「子供」
生徒
教師
「病人」
患者
医師
「老人」
要介護高齢者
介護スタッフ
「大人」
「社会人」
etc.
社会的・文化的に規定
インフォーマルな枠組み

図 2-1　施設の存立構造

これは人間と環境を「それぞれ独立なものとして両者間の相互作用を扱うのではなく、一つの行動の中の働きとみて両者のトランザクションを重視する[15]」立場から、「文化的社会的側面を含めて我々が日常遭遇する環境の現実[16]」に接近するアプローチである。また、「環境決定論あるいは行動決定論という、人間と環境のどちらかが一義的に他方を決定する[17]」考え方では不充分であるという認識を背景としている。本書では同様のアプローチをとりつつも、環境行動研究が個々の人間を起点として環境を捉えようとするのに対して、人間と環境の相互浸透的関係を社会的・文化的文脈に位置づける構図を示すことを目指す。

　図は、本書で施設環境を理解するための基本的な構図である。このモデルでは施設利用者は制度的にカテゴライズされ、役割を与えられる。そして施設という構造化された舞台で活動、生活するものと考える。

利用者はアプリオリに施設利用者として存在するわけではなく、子供は学校に行くことで生徒になり、病人は医者にかかることで患者になるのだ[18]。また、先述したように「子供」「病人」「大人」も社会的・文化的に構築されたカテゴリーであり、自明ではなく、それら以外にも場面に応じた様々な立場や役割をフォーマルあるいはインフォーマルに与えられて生活している。そうした役割から全く自由なアイデンティティはおそらく成立しないだろう。これをふまえた上で、本書では従来の建築計画研究が前提視してきた施設内世界から、まずはひとつだけ外側に枠を広げることで施設という場を相対化しようと試みるものである。

マクロな視点でみれば施設は制度によって枠組まれたサービス提供の場であり、ミクロには個々の利用者・スタッフが環境との関わりを構築していく場でもある。施設建築とスタッフは制度という抽象的存在を利用者の具体的体験に媒介する。利用者もただ受動的にサービスを提供され、役割に従って行動するわけではない。施設世界の規範も大部分は明示的なものではなく、利用者はスタッフや環境から与えられる手がかりをもとに、その場における行動原理を解釈し、許される範囲で自らも状況にはたらきかける。

先に施設建築を地理的環境になぞらえたが、自然の地形と根本的に異なるのは、これが人工的にある目的をもってつくられることである。そのため、施設建築は施設を成立させるシステム像や思考を体現したものとして理解することができる。施設は、その内部に特化した仕組みと論理をもつ場である。施設建築はその範囲を規定するとともに、その領域内では内部論理を物理的に体現するのだ。ということは、施設環境で起こる利用者と環境の相互浸透的な関わりを、物理的環境と身体的・空間的次元での人間のふるまいの間の物質的次元での相互作用を介して行われる利用者の内部世界と施設のシステム的世界のコミュニケーションと考えることもできる。つまり、物質的環境に埋め込まれた意味体系と、実際の利用者が意味を解釈し行動するという相互作用が起きているのである。

空間の意味論は、建築理論・建築史研究では以前より展開されてきた。しかし、そこに現実の利用者は不在である。これらでは建築・空間はテキストや記号体系として読解され、マクロな社会的・歴史的文脈のなかで解釈され

図 2-2 集落や都市は自然から居住域を切り取り，文化の論理を空間化してきた

図 2-3 施設は周辺環境から独自の世界を切り取る

出典：『国立病院・国立療養所航空写真集』，厚生省保健医療局国立病院部監修，1996 年

る。それに対して、本書の特徴は個々人の心理・行動と社会的・文化的文脈によって枠づけられた空間が、日常場面において互いに関わる様子を理解しようとする点である。つまり、建築計画研究として行ってきた（そして、得意分野でもある）実地調査で明らかになった施設利用者の生活の姿、人間の日常環境における実践から意味を読み取るのである。建築計画研究では個々の具体的現象を扱うことが多いが、ここではそうした研究が観察・記録する事柄を（再）解釈し、位置づけようとするのである。

はじめに「コンテクストの中で見えるもの」では、施設を施設外の世界に位置づけて捉えたときの施設環境と利用者の関係の複雑さを確認する。ここでは筆者の調査フィールドである学校を例に、先に指摘した、従来の建築計画研究からこぼれ落ちた側面について具体的に述べる。

次に「思考体系としての建物」と続く「環境を理解する」では、建物がどのように社会制度やシステムを体現しながら補強しているかを見る。一方で利用者がどのような内的モデル（認知の図式）を参照して環境を読もうとするかを見ることによって、空間行動を建物と利用者のコミュニケーションとして考える。

「空間の規範」では、環境のもつ意味のうち、特に施設建築がもつ規範性について述べ、利用者の行動を社会的・空間的にフレームする様子を見る。そして「施設という世界」では、施設という場の基本的な成り立ちがもつ意味を論じ、近年進んでいる脱施設化の流れをこうした観点から考察する。

「施設に慣れる」では、施設における空間の意味や利用者の行動・認知のパタンが、スタッフと利用者の関係にも依存しつつ経時的に構築されていく様子を見る。特にスタッフが物理的環境と利用者の調停役ともいえる役割をはたすことに注目する。

最後に、まとめとしてこれからの建築計画学への提言を述べる。

三、コンテクストの中で見えるもの

三―一　相互的・重層的に形成される意味

道具や技術体系は、それを使うときに一定の動作と思考方法に従うことを要求する。いいかえれば、使い手の思考や行動様式を枠組む。建物もある様式に従って使われることを想定して作られている。『学習』を日常世界の具体的な物理的、社会的、文化的環境における実践的活動であると捉えるレイヴらは、「文化的に秩序づけられた家や学校の空間は、意義の形態を構成するものと考えて良いだろう」と述べる。環境は行為の場として「価値や象徴の関係を、身体化された姿勢、身振り、予期、共通感性、内的傾向といったものとして学習することを含んでいる[19]」もので、人は環境に埋め込まれた意味体系をからだで覚えることで学習するのである。

また、構築環境のもつ非言語的コミュニケーション機能を論じたラポポートは、環境が集合的記憶とコンセンサスを背景として、文化的慣習を、利用者がその情報を解読すべく凍結したものだと述べる（文74）。利用者は物理的

図 2-4　茶　室
茶室の空間は特定の身体作法を要求する．そしてその作法が意味をもつ．

環境の様子を手がかりに、今おかれているのがどのような状況で、どのようなふるまいが適切かを判断する。構築環境は人間の行動を物理的に方向づけると同時に、そこがどういう場所かを示すことで舞台装置として人間の行動を社会的に規定する。物理的環境は象徴や記号としてメッセージを視覚的に伝達するだけでなく、空間体験や行動を統制することで暗黙のうちに人間の行為と思考を方向づけるのだ。

ところで、環境は利用者に対して「意味」を一方的に押しつけるわけではない。物理的環境は象徴的レベルでは意味を体現し行動を統制するが、日々現実に生起する場面のレベルでは利用者も環境を様々に解釈しはたらきかけている。環境に意味体系が内在しているということは、その意味体系に沿ったふるまいをするように空間が作られているということである。利用者は空間に誘導されてそれをなぞり、そのような模倣を通じて環境の意味体系を身につける。しかし、そこで模倣されるふるまいはあくまで概念上のもので、行動や動作が細部に至るまで実際に規定されるわけではない。また環境に枠組まれた行動をとるといっても、その行動自体は主体的なものである（文34）。ということは、環境に埋め込まれた意味体系が現実の行動となり、さらにその人に刻み込まれるまでには幾重ものレイヤーが間に挟まることになる。

すなわち、環境は利用者の行動に直結するのではなく、利用者が気ままに環境を使うのでもない。ここには枠組みとはたらきかけの相互的プロセスがある。建物は制度や価値、文化といった抽象的なものを物質的な形をとって強固な現実にしたものであると同時に、ものとして存在することではるかに幅広く機能したり、設計者の意図しない解釈（使われ方）をしたり、意味をもったりする可能性が開かれている。ここに環境と利用者の「対話」の余地がある。ただし、これが大きいか小さいかの違いはある。例えば刑務所は施設管理者（看守）のコントロールを最大限に、入所者（囚人）の自由度を最小限にするようにできているが、逆に高齢者施設は最近では入所者が自らの環境をパーソナライズできるようになってきており、解釈やはたらきかけの余地の大きい環境といえよう。

三—二　空間の「かくれたカリキュラム」

では、環境は何を規定して伝達するのか。

教育学の理論によれば、学校には「かくれたカリキュラム」が存在する。学校は表向きには授業のカリキュラムに明示された知識や技能を習得する場だが、同時に生徒は学校生活全般を通じて価値や規範を学ぶ。カリキュラムの内容、教材にとりあげられる題材、教師—生徒関係のあり方、日常の学校生活の営まれ方、校則やルール等々に体現された価値・規範に毎日触れることで、生徒は社会化・文化化されるのである[20]。このような、潜在的なカリキュラムが「かくれたカリキュラム」である。例えば、日本の学校では集団への同調が強調されることがしばしば指摘されるが、これもその一面である[21]（文38）。校舎という物理的環境も社会化・文化化環境の主要な要素に数えられ、子供の意味体系の形成に大きな影響を与えている。つまり、校舎にもかくれたカリキュラムがあるのだ。

質素で単調な片廊下型校舎は、もともとは教室を量的に確保しなければならなかった戦後の時代的背景ゆえにそうなのだが、いつしか学校は「勉強」のための場であって、それ以外のものは必要ないという思想を補強するようになってしまった。学校にくつろぎや遊びのスペースの導入を提案した計画者が、「遊びという教科はない」という教師の抵抗にあったという逸話すらあるように[22]当初は「教育」目的にしぼって作られた校舎が、いつしかそれ以外の活動を「あってはいけない」と排除する思考の硬直を招いてしまったのだ。

学校の場合、そもそも知識・価値の伝達を目的とする施設であるから、かくれたカリキュラムは議論になりやすい。しかし、価値を体現するのは学校建築だけではない。学校や病院などの近代の諸制度を批判してきたイリイチはこう述べている。「道具の諸体系によってもたらされるもっとも重要な効果は、現実に対するわれわれの見方をかたちづくることであり、われわれの内面に一連の固定観念を植えつけることである……。[23]」物理的な地形は「心理的地形」を形づくりさらに発達に影響する（文18）。道具としての建物を通じて明瞭に言語化はされないが身体化された知識、知っているけど語られない暗黙知のかたちで、その世界の仕組みについての知識が獲得されていくのである。

多くの建物で設計者の直接の意図は設計主旨やコンセプトといったテキストとして示されるが、さらにその背景には、ある集団、ある社会、ある時代に暗黙のうちに共有される思想があり、それらも建物に反映している。高齢者施設の居室や病院の病室が個室あるいは個室的な環境が近年増えているのは、入所者・入院患者を個人として尊重するという医療福祉の潮流を物理的環境において体現したものであるが、個人や個室を重視すること自体は社会的にある程度共有された価値として自明の前提となっており、それがあえて説明されることは少ない。

施設建築に限らず、例えばオフィス空間もまさに仕事や組織のあり方を反映している。大部屋が主流で、社員の机が会社内の組織構造に従って配置された日本のオフィス空間は、社内のヒエラルキーや会社という場を共有することを重んじる日本の企業文化を表すものといえる。[24] オフィスの先進事例で多用される、フリーアドレスやホテリングと呼ばれる社員に固定席をあてがわない方式は、仕事は必ずしも社内でするものとは限らないという考えや面積効率の向上を背景とするものである。これは情報技術の発展によって可能となったモバイルなワークスタイルの広がりを反映しているし、以前よりも合理性をシビアに追及する企業の姿勢を示すものともいえよう。[25] また、遊びの要素を取り入れたオフィスは、従来の生真面目な「仕事」像からの脱却を表す。[26]「……オフィス建築は、組織階層、相互交流、プライバシーといった事柄についての規範や価値を物質化したもので、仕事の意味や、どのように仕事するべきかについての思想を反映する。こうした思想が時代とともに移り変わるのに合わせて、オフィスも変わっていく。……[27]」建物にはそれぞれのかくれたカリキュラムがあるのだ。

三―三　空間の規範と読み替え

建物が直接はたらきかけるのは主に人の身体動作や空間行動、一連の行為の組み立てであって、思考にダイレクトに作用するわけではない。もちろん、建物の意匠が象徴的意味をもつことは多いが、空間のかくれたカリキュラムとして問題としたいのは、日常的に定型的な行動やコミュニケーションを繰り返すうちにそれが「あたりまえ」になり、その価値が内面化されることである。ただし、内面化されても人がそれを受け容れて従うことを必ずしも意味しない。学校に通う生徒は学校的規範を認識してはいても、それに常に従うわけではない。むしろ、ある部分では受容し、ある部分では対峙しながら生きていくべき世界の仕組みとして了解するのである。施設の場合、空間的制約、つまり外的な規定というかたちで比較的明瞭に意味体系が示される傾向があるといえる。

学校において「学級」という基本的な集団を私たちは疑わない。学校規模を学級数で表すことは一般的で、何よりも学校といって思いうかべるのは、教師が正面に黒板を背にして立ち、行列にきれいに居並ぶ生徒に向かう学級教室の姿である。学級という社会集団と、そのために作られた教室という空間を抜きにして学校を想像するのは難しい。

しかし、学級は学校という施設が生まれた当初からあったわけではない。イギリスで誕生した近代的学校では、初めは大部屋で個別・小集団での指導が行われていたし、日本の寺子屋も個別指導であった。学級が誕生したのは、その後、年齢によって区分された一定人数の集団に対して一斉授業をするのが効率的だとされてからである(文68)。学級という単位は、自明でも学校が存在するのに不可欠な条件でもなく、教育制度における学習のひとつの形態にすぎない。にもかかわらず大前提のように感じられるのは、学校という社会組織、学校における校舎を含めたすべての仕組みや活動が学級を前提として構成されているからである。教室は学級という概念を私たちに刷り込んだのである。

物理的環境は、このようにシンボルとしてだけでなく、日常的により直接的に私たちの行為やコミュニケーションを枠組むことで意味を伝達する。伝統的な教室は生徒を教師の視線の監視下におき、教壇から知識を伝達される客体の立場におく。生徒どうしは対面することはなく、相互のコミュニケーションは想定されない。一斉授業は同時に多人数が同じことをしている意味では集団的だが、生徒はばらばらに個別化されている。このような環境では、例えば教師と生徒が個人的に対話をしたり、生徒どうしが活発に議論したりするのは難しい。教師と生徒が一対一で話すことはできても、それは「みんな」の環視のもとでのコミュニケーションである。生徒が発言するは可能だが、伝統的な教室の空間的配列ではそれは不特定の「みんな」か教師に向けて発せられるものになる。

このような教室空間では、物理的環境は姿勢や動作を明瞭に規定する規範としてはたらく。古い時代の教室では机と椅子が床に固定されたものもあり、生徒の机に向かう姿勢にほとんど自由度はなかった。また、教師にも学習活動に合わせて机を並べかえる自由はなく、教育の姿がより厳格に規定されていた。現代の教室空間では利用者が空間を読み替えることも可能である。例えば、机を脇にどけて広い作業空間を確保したり、机を島状に集めたりというように、伝統的な教室が想定しない活動をするときには教師や生徒は物理的環境を組み替える。こうしてグループでの議論や作業、プロジェクト型学習に適した空間がつくられる。また、教室空間が規定するコミュニケーションの型を、教師が生徒に近づいて目線を下げたり、生徒が特定の誰かに発言をしたいときに体の向きを変えるというように、身体動作によって変えることもできる[28]。すなわち、机配置や動作を変えること自体が従来の教師と生徒の教える—教えられる関係とそれに依拠した授業のあり様を見直すものなのである[29]。

三—四　文化と習慣による制約

どのように、どこまでその空間の規範を読み替えられるかは、文化的にも制約される。ある空間を他の用途に使ったり組み替えたりするのは、そのための物品の置き方や活動が物理的環境が許容する範囲内にあれば原理的には可能である。動物が周辺のものや環境を単なる物体として見るのではなく、「座れる段差」「通れる隙間」のようにその価値をダイレクトに知覚するというアフォーダンスの考え方に沿えば、その空間が活動をアフォードすればよいことになる[30]。

どのようなアフォーダンスが知覚される（されない）かは、知覚者や状況による。身長や体重、運動能力が異なれば「登れる」「通れる」「隠れられる」ものも違ってくる。また、その時に何をしようとしているかによっても知覚される価値は異なる。出てしまった釘を打ち込みたい時に金槌がなければ、手頃な（釘を打つことをアフォードする）石を探すだろう。しかし、手近に金槌があれば石は「釘を打つ道具」には見えないし、道を歩いているときに転がっている石をいちいち「釘を打てるか、打てないか」という視点では見ないはずだ。石には「釘を打つ」というアフォーダンスが常にあるが、それが発見されるのは特定の状況においてである。さらに、物体や空間があるアフォーダンスをもっていたとしても、それが文化的に許容されるか否かによって実際に利用するかは左右される。[31]

学校のオープンスペースは家具が置かれず使われないままであることが多い。ところが教師にインタビューすると、「本当はテーブルを出しておいて使いたいんですけど、共用のスペースなのでやっぱり広く空けておかないと……」のようなコメントをしばしば聞く。オープンスペースは一般に、一つのクラスが作業用にテーブルを出しておいたとしても他のクラスが使う余裕のある広さである。教師が机を出しておけない（そして結果として空間を使わない）理由のひとつは、物理的環境の制約ではなく共用の空間に特定のクラスのものを出しておいてはいけないという意識上の制約である。

高さがふつうの椅子よりも少しだけ低い、四本足の台を想像してみよう。これに座ることもできるし、踏み台にもできるし、ものを置くこともできる。さて、高い棚のものを取りたい時に、その台がたまたま近くにあったとしよう。その、椅子にも踏み台にも見える物体はあなたに「上に立つ」ことをアフォードする。しかし、本当にそうしても良いか、一瞬考えるのではなかろうか。

それが「踏み台」だと知っていれば、直ちに上って棚に手をのばすが、逆に「椅子」という名前であれば躊躇するだろう。また、自分の家なら踏み台だろうと椅子だろうとかまわないが、他人の家や図書館のような公共の場所であれば、どちらなのか考えるのではないか。仮に「踏み台」と知っていても、今度は勝手に使ってもよいか迷うかもしれない。学校や病院であればなおさらだろう。

おそらく、住宅のように自分が管理者であるような場では、その物体に本来想定されている機能（意味）の範囲を超えて使うことへの抵抗が少ない。しかし、他の誰かが管理している場では、意味を読み替えてもよいかという

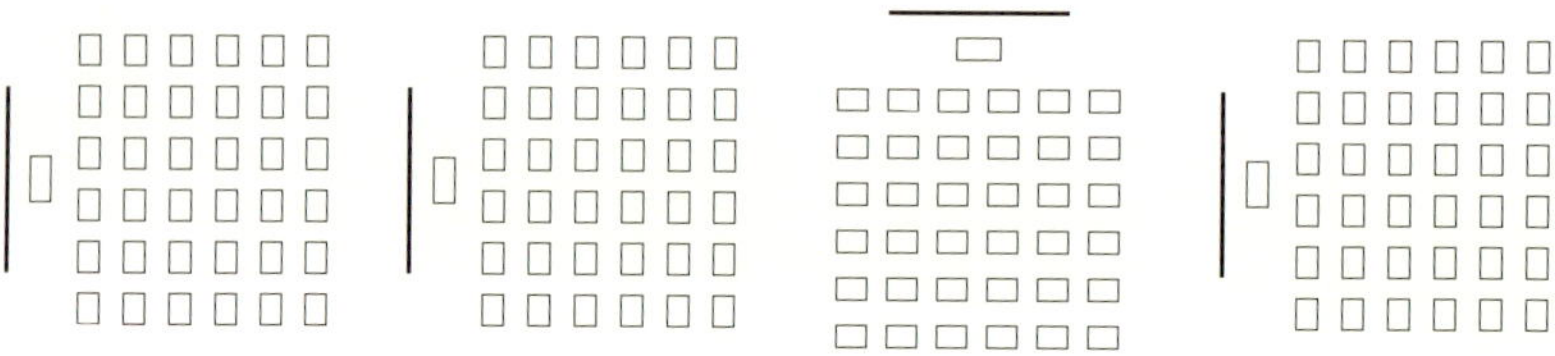

図 2-5　移動黒板の使用例

許可が必要になる。少なくとも、利用者はそう考える。直線の廊下は「走る」ことをきわめて強くアフォードするが、学校では通常は走ってはいけない空間である。しかし雨の日の部活動で顧問が「今日は廊下でダッシュ百本」と言えば許されるのである[32]。

建物の設計者や管理者は空間の意味を規定するが、その意味も与えられた意味と利用者の見出す意味が相互に関わり合ってコンスタントに読み替えられる。しかし、アフォーダンスのように一見生得的と思われるような環境の意味づけも、このように文化的コンテクストにかなり左右されている。そして施設の場合、環境の意味の読み替えが許される範囲は管理者（スタッフ）が決めるのがふつうである[33]。

とはいえ、それが許される立場であっても習慣化した空間を変えるのは難しい。例えば、伝統的な教室空間では正面の黒板は教師の権威を象徴する道具立てのひとつである。その黒板を、固定的なものでなく可動にすることで正面性を解体する試みとして、「移動黒板」がいくつかの小学校で取り入れられている[34]。これは壁に固定されていないキャスター付きの黒板で、好きな場所に置けるので教室アレンジの自由度は飛躍的に高まる。実践面では教室のフレキシビリティが増し、象徴的には従来は建築に作り込まれていた教育と教室空間の規範性が弱まるのである。

しかし、黒板が別の場所にあっても、黒板に対する生徒の机配置がフォーマルなままであれば従来の教室と変わりはない。実際、筆者が観察した例では一部のクラスで黒板を向かって左手に窓がくる通常の位置とは違う面に置いていたが、どれも生徒の机が黒板に向かって整列する配置はそのままであった。つまり、教室全体は違う方向を向いているが、教室の正面性はそのまま保たれていたのだ。これは教室空間の型がいかに強く刷り込まれているかを示す例といえよう。

三―五　役割行動とアイデンティティ

筆者らが行ってきた調査のうち、打瀬小学校では学校の環境を児童がどのように認知しているかを写真投影法[35]とインタビューを用いて調べた。打瀬小学校は一九九五年に完成した、教育的にも建築的にも先進的な例である[36]。行き止まりのない動線、変化に富んだ教室まわりの空間の作り込み、視線の透過性などの特徴をもつ学校で、こうした空間的特性がどのように環境の捉え方に影響するかを知るのが目的であった。調査の結果、予想されたように児童は建築的・空間的な特徴に敏感に気づき、魅力を感じていたが、同時にそこが「特別な」学校であるというコンテクストに方向づけられていることも明らかになった。

ここの児童たちは、窓からの眺めや建築的部位を「きれい」「形が面白い」のような視覚的関心や、「ここで読書する」「ここは遊べるから好き」のような行為、「○○の授業をする」「○年生の場所」のようなプログラム等、環境を様々な側面と関連づけて意味づけていた。また、中庭が見えるテラスが「弟がいるのが見えると手を振る」場所であり、学校から見える高層ビル群の眺めが「引っ越してくる前は高いビルがなかったから好き」というように、個人的経験を背景とする学校生活のシーンも心象風景を形成していた。つまり、直接知覚される環境の属性、場所のアフォーダンス、学校というシステムに則した理解、具体的記憶と一般的理解、個人的事情等々の重層的意味を環境はもっていた(文4、5)。

興味深いのは、児童が自分の通う学校の社会的位置づけを意識して環境の価値を語ったことである。学校が新聞

図 2-6　取材される児童
期待される役割もアイデンティティの一部となる．

やテレビ、建築専門誌などのメディアで有名であることを彼らはもちろん知っており、教師は日常的な会話の中でもそれを強調し、児童が実際にテレビ等のメディアの取材を受ける機会も多かった。そして、児童たちは自分の学校の説明をするのに「ふつうの学校と違って……」という表現を多用したのである。

児童が「ふつうの学校」として参照するのは学校の一般的図式、ステレオタイプのイメージである。自らの環境に対する見方は、「ふつうでない学校」の一員としての意識に方向づけられている。例えば、チャイムを鳴らさないのはこの学校の特色のひとつだが、インタビューされる児童はノンチャイム制によって「時間に自分で気をつけるようになるから大丈夫」と如才なく答えるのである。また、学校で好きな場所の写真を撮るときに、「雑誌に出ているアングル。ここからも撮っときましょうか」と気をきかせてくれる。

これは演技なのだろうか。おそらくそうではなく、この学校における役割自体が児童のアイデンティティの一部になっていると考える方があたっているのではないか。社会生活において、自らのいる場の特性を捉え、そこにふさわしいふるまいをするのは一般的なことだ。教育実践と建築の両面で強く特徴を打ち出したこの学校では、先のような環境の捉え方や意識のもち方こそが児童たちにとっては自然なのではないだろうか。

施設という場所では、制度的に与えられた役割が利用者の意識や行動を大きく規定する。そして、ふつうでない自由な学校であっても教師の権威と生徒という立場はやはり意識されている。職員室は通り抜けできるようになっているが、児童は「いちおう通ってもいいことになってるんだけど……やっぱり職員室だから（通り抜けない）」と言う。また、八―三でも述べるように、児童は当初は自由に居場所を選んでよい時にも机を離れようとしなかったのである。

このように、環境は固有の文脈に則して理解され意味づけられるし、そこでの役割を引き受けることで結果としてその役割がアイデンティティ化する。同時に一般的な役割行動にも影響される。つまり、施設利用者のアイデンティティは個々人の属性だけではなく、いくつもの準拠枠との関係によって形成されているのである。

四、思考体系としての建物

私たちは、特定の環境や場所を、そこで起こる出来事やその場所が象徴するものと対応させて理解している。対応の図式は、社会的・文化的なこともあれば、個人的であることもある。ビルディングタイプは、そうした対応関係が制度として成立したものである。つまり、「ビルディングタイプ」や「室名」によって、ある環境は物理的特徴とそこで起こる人間の活動のセットとして一般的に認知され、意味づけられる。空間と機能（活動）の間に一定の対応関係が社会通念としてあることで、人びとは円滑に生活を営むことができる。これの否定的な面は、一義的な対応関係が社会制度として私たちを拘束することである。

四―一　ビルディングタイプ

町を歩くとさまざまな公共建築が眼に入る。公共建築はそうと分かる外観をしていることが多く、学校は学校らしく、病院は病院らしく、役所は役所らしく見える。あるビルディングタイプが似たような形になるのは、特に公共建築の場合しばしば標準的な設計が用いられるからである。病院なら病室、学校なら教室といった基本になる空間単位も共通していれば、それらが集積した建物全体のたたずまいが似てくるのも無理はない。

学校ならすぐに思い浮かべるのは長い箱形の鉄筋コンクリート造の片廊下型校舎だろう。これは教室をすべて南面させて採光を確保するとともに構造やコストの合理性、必要とする教室数が増えればスパンを増やせばよいという設計の簡便さから考えられたものである。これが標準設計として全国的に建てられたが、あまりにも広く普及したため、誰が見ても学校をイメージする形として定着した。テレビや映画、漫画に学校として登場するのは、必ずといっていいほどこのタイプの校舎である。

病院や高齢者施設の場合は、避難のために病室や居室の外に連続バルコニーが付いていることが多く、独特の外

図 2-7　学校

図 2-8　老人ホーム

観となる。近年は施設の冷たいイメージを和らげるためか、建物の角のエッジを出さずに曲面にしたり、外壁にベージュのような暖色を使ったりする例も多いが、これも一種の定石になっているためかえって施設を思わせる要素になっている。

学校や病院といった建物種別――ビルディングタイプ――は、特定の形式の建物と特定の社会的機能が対応することで成立する。学校の校舎と教育という活動がセットになって「学校」というビルディングタイプが成立するし、病院の建物と医療がセットになって「病院」になる。学校や病院という概念が、建物とそこで行われる活動の両方を既に含んでいることからも、建物の形式と社会的機能が不可分であることが分かる。

建築理論家・多木浩二はその著書『生きられた家』の中で、このような性質をビルディングタイプの記号機能と呼ぶ。ビルディングタイプは建築のタイプというよりは、「建築のタイプと社会生活のタイプが一定の結合関係」をもつコードである。そして、「建築の方もその構成や形式が次第にある特徴をもつようになる」[37]。機能や設計条件とともに、その時の社会的風潮とデザインの傾向によってそれらしい姿ができていくのである。この、それらしい様式は記号となり、それを見て私たちが直ちに学校（教育）や病院（医療）の制度を知覚するという意味機能をもつ。ビルディングタイプは「その時代の制度化された文化を表現している」のである。

地方に行くと、町や田園の中に役場、学校、病院、高齢者施設といった公共建築が大きく目立っている風景を見かける。都市と比べて建物が密集しておらず、住宅も戸建てや小規模な集合住宅が多いので、公共建築はどうしても突出して見える。これらの公共建築は、それらしく見えることで外に向けてその機能を示すと同時に、行政・教育・医療・福祉といった社会制度を暗黙のうちに意識させる。

社会制度は公的なものに限らない。オフィスビル、商業施設といったビルディングタイプも経済という側面から社会制度を表象している。大企業の本社ビルは会社の威容を表し、ハイテク、あるいは重厚、スタイリッシュであろうとする。コンビニ、ファミレスなどのチェーン店は、同じブランドと建築様式がどこにでもあることによって、それを経営する資本と経済システムの存在を暗示している。簡単にいえば、ビルディングタイプは社会の仕組みを私たちに教えるのである。

ある時代にどのようなビルディングタイプがあったかを見ることで、その時の社会の様子が分かると多木は指摘する。コンビニの急増は社会の変化を反映しているし、最近になって登場した新しいビルディングタイプとしてはグループホームやフリースクール、電算センター等があげられよう。グループホームは、高齢者には従来のような老人ホームよりも家庭的な環境が必要だという近年の考え方を実現したものだ。フリースクールは学校に行けない、あるいは行かない子どもの増加という社会現象を背景に、彼らの学びの場として生まれたものだ。電算センターは社会基盤としての高度で巨大なコンピュータシステムの存在を示している。

ここに挙げた中にも、機能に対して建物の形式がほとんど一定しているものとそうでないものがある。グループホームの建築は今のところまだそれほど定型化していない。フリースクールは別種の建物を転用しているところがほとんどである。学習塾は専用のビルを持っている場合から住宅の一室で開かれている場合まで様々である。一定の建物の形式をもっていないことから、社会的機能と建築のタイプの結合関係があるものという「ビルディングタイプ」の定義を厳密に適用するならば、これらの例は「タイプ」とは呼べないかもしれない。ただ、特定の社会的機能と場の結合関係は成立しているといえよう。

一方、コンビニやファミレス、スーパーは同じ系列であれば建物の外観にもインテリアにも同じ色彩やモチーフが用いられる。建物自体がブランドイメージを形成しており、意図的に記号機能をもたされている。内部空間は合理化のためと、同じチェーンのどの店舗に行っても同じ感覚で買い物や食事ができるように、いいかえればそのチェーンでの消費行動が身体化されるように、そっくりな構成になっている。こうしたチェーン店を、建築評論家の松葉一清は「単なる建築やレストランではなく、完璧なまでに合理化された『商品のパッケージ』[38]」だと述べる。サービスとそれを提供する器は不可分になっている。

このような機能と建築のタイプの結合、つまりビルディングタイプの「型」の強さは、学校や病院や役所のような公共施設とチェーン店に顕著といえそうだ。公共施設と商業施設という点でこれらは一見対照的だが、共通するのは、あらゆる場所で同じサービスを提供することを目的としていることである。そのための合理的システムの一環として建物も標準的な形をとることが多い。

四―二　ビルディングタイプの中の類型

ここまでは、ある社会的機能に対応して一定の形式の建物があるというビルディングタイプの基本的な性質について述べてきた。しかし、同じビルディングタイプの中にも、建設年代や計画コンセプトによっていくつもの類型が存在する。平面類型やプランタイプと呼ばれる空間構成の類型もあれば、視覚的デザインの特徴に一定の共通項をもつ類型もある。

学校の例でいえば、標準設計の片廊下型校舎は旧来の一斉・画一的な教育の象徴と捉えられている。事実、このタイプの校舎は伝統的な一斉授業のために作られており、それ以外をほとんど想定していない。しかし、旧来の教育が批判的に見直され、教育に期待されるものが変化するのと並行して、その器である片廊下型校舎も批判されるようになった。そして、児童の個別性や、それまでの受動的な「勉強」に対する主体的な「学び」を重視する「開かれた」教育にふさわしい新しい学校の形として、いわゆるオープンスクールが提案されたのである。これは教室の壁を取り払い、多様な活動のための空間として多目的スペースを設けた学校建築のタイプであり、「開かれた教育」を象徴するものとなった。

図 2-9　「人体修理工場」としての病院

学校というビルディングタイプは全体としては教育制度を表している。そして、異なるタイプの学校建築がそれぞれ異なる教育のあり方を象徴する。建物はその時代に前提となっていた思考の様式や価値観を暗黙のうちに体現する。はじめのうちはそれは意識されないことが多いが、その思考様式や価値観が問い直されるようになると、それを体現した建物も批判の対象になる。

明治時代に建てられた「擬洋風」の学校建築は、文明開化のシンボルであった。学校制度自体が欧米から輸入されたものであったし、欧米こそが進んでいるという価値観の下では、コミュニティにとって重要な建物である学校を西洋風の外観にしようと考えるのは自然なことだといえよう。しかし、これはやがて贅沢だと否定されるようになってしまう（文2）。また、戦後の標準設計校舎の考えは、時代背景を考えると納得できるものである。しかし、全国どこに行っても同じ形をした質実剛健な校舎が建っているという状況になると、画一的な大量生産型の管理教育の道具という意味が派生した。

これは病院や高齢者施設の場合も同様である。一九七〇年代には工場や機械をイメージさせる意匠の大規模病院が建てられたが、これはハイテクや工業化が賞賛された時代だったからこそのデザインである。現在では、このような病院建築は人体を機械、すなわち取り替えのきく部品の集まりとして扱いがちな近代医療の負の側面のメタファーとして批判されている。こうした病院建築は、人間を癒すのではなく、人体を修理するというイメージをあまりにも強く喚起するのである。また、清潔感や衛生のイメージと結びつく白く質素な近代建築の病院は、今では無機的で冷たいというイメージをもたれることもある。

四―三　空間の名前

それぞれの機能に対応する空間が存在すべきだという機能主義の考え方は、逆に、その空間があれば機能が充足されるという発想に陥りやすい。しかも、その空間があることでそうした機能へのニーズがもとからあったかのように見えてしまう。ハコモノ行政はその端的な例で、教育施設、福祉施設、文化施設といった建物を作ることで、あたかもそれが充実するかのような錯覚が生ずることが指摘されている[39]。

これは、建物レベルに限らず、個々の空間・部屋のレベルでもみられる。建築・都市に関する評論も多い小説家の松山巖は、高層住宅の五層ごとに設けられた吹きさらしの「空中公園（セミ・パブリックスペース）」と名付けられた場所を訪ねる。これは「住人たちのふれあいの場」で、「高層化によって遠のいてしまう子どもの遊び場なり主婦の立ち話の場所なりを立体的に確保しようというアイデアらしい[40]」。しかし、空中公園には「誰もいない。それどころか、人が使った様子がない。……床も手すりもベンチも人が使って摩耗した跡が見えない」という。松山はここで、この空間そのものの有り様よりも、「公園と名付けた場所を与えれば日常の生活環境が充足するという論理自体」[41]に問題があるとする。

近年の公共施設や公共空間には「ふれあい広場」や「交流ラウンジ」のような名前のついた部屋や空間が多く見られる。これには、例えば「交流ラウンジ」という名前をつけることで、そのための場所だと規定すると同時に、交流やくつろぎといった行為が発生することへの期待が表れている。その施設が機能一辺倒でなく、余暇的活動に積極的な価値を与える場所だと示すためにあえてそうした名前をつけている面もあるだろう。いずれにせよ、ここで目立つのは建築的操作よりも名前を付与するという記号的操作である。

名前がつくことで事物は他と区別され、確立した存在として認知される。建物や部屋の名前は、その建物・空間の機能を示すとともに、その機能の背景にある考え方を発信する。アメリカでは刑務所は以前は「prison（監獄）」だったが、近年になって「correctional institution（矯正施設）」と呼ばれるようになっている。実情はともかくとして、隔離と閉じ込めのための施設から社会復帰のための施設へ、少なくとも建前上は目的が変わってきていることを示すために名称も変わったのである。

名前がつくことによって意味は限定される。ひとつの部屋は様々な用途に使われうる可能性をもっている。いいかえれば、様々な活動のアフォーダンスがある。しかし、室名をつけることで、その部屋で行われるべき活動が指定され、空間と活動の対応関係の規範が示されることになる。室名と異なる使い方をする（意味を読み替える）ことが可能でも、名前は無数の可能な対応関係の中から特定の関係をオーソライズするのである[42]。

筆者の自宅近所のコミュニティセンターには、エントランス近くに「ラウンジ」と名づけられた空間がある。ここでは飲食や談話はしてもよいが、「遊んではいけません」と貼り紙がしてある。ある日、ラウンジで小学生が二人、弁当を食べながらおしゃべりをしていた。食べ終えてひとしきりすると二人はゲーム機を取り出して遊びはじめた。ところが、ゲームをしているのに気づいた職員はやってきてこう言う。ここは遊ぶところじゃないから、児童室か遊戯室に行きなさい。そっちが遊ぶ場所だから、と。ラウンジに他に人はおらず、ゲームをするといっても大声を出すわけでもなく静かに手元のゲームに没頭している。そこで遊んでいても何か不都合があるとは思えない。問題は施設側が設定した空間と活動のコードに従っていないことだけである。

建物の使用者が、室名によって固定された意味を読み替えることは往々にしてあるが、建物の種類によって、その許容度は大きかったり小さかったりする。住宅は最も読み替えがきく建物だが（住宅の平面図は室名がなくても成立する）、公共施設の場合は室名は公式な用途を示すラベルとしてはたらき、拘束力が強くなる。また、その読み替えは管理者にだけ認められている。コミュニティセンターの場面は、実質的な不都合はないのに規範のレベルでの不適合が問題にされた例である。

四―四　環境を理解する手がかりとしての空間の「型」

ビルディングタイプに象徴される建築の規定性に対する批判は多い。しかし、一方で、建物が「それらしく」見えることが社会生活を円滑にしている面もある。建物が一定の建築的な構え、いわば「顔」を持っていることで、どのような場所であるかを把握することができ、不安や迷いなく利用できる。逆に、初めて行く外国で郵便局や銀行などが目の前にあるのになかなか見つからないのは、自分の見慣れた郵便局の建物ではないからである。しかし、次第にその国での公共施設をタイプとして見ることができるようになると、ずっと楽になる。用が足せるからだけでなく、そこが日本と似た仕組みの社会であると理解でき、したがって同じように行動し生活できることが分かるからである。

人のふるまいが状況によって異なることは前述した。ということは、そこがどのような場所、状況であるかを的確に把握することは、どのように行動したらよいかを判断するために重要だということになる。そこがどのような場所であるか、人は物理的環境の様々な手がかりから読み取る。宗教建築はそこが俗世を離れた特別な場所であることを表し、訪問者に厳粛な態度を求めるし、入学試験の面接室はくだけた会話をする場所には見えない。これがラポポートのいう、構築環境の非言語コミュニケーション機能である（文74）。

非言語コミュニケーションが成立する前提として、もの、動作、身振り、環境のレイアウトといった、意味を伝達するものと、それが担う意味の間の対応関係（コード）が共有されていなければならない。建築や空間のコードが理解できれば、それが担う共有された意味を理解することができる。建物がそれらしく見えることは、環境を解読するコードに則して見ているということだ。ビルディングタイプという型があることで、違う町や初めて行く場所でもその建物が何であるかも類推することができる。

また、私たちはたとえ物理的な空間での出来事でなくても、空間的なメタファーで認知する傾向もあるようだ。インターネットが普及する以前には、パソコン通信にフォーラムという複数のユーザが集まって話し合う場があった。そこの参加者たちが、パソコン画面のテキストに、「立ち寄る」とか「通りかかる」という表現を頻繁に使うことを鈴木毅は指摘した（文31）。これは、人と交流するという行為が、たとえ非物質的な次元で起きる場合であっても、具体的な場所で起きていると認識されていることを暗示する。

そもそもフォーラムという言葉自体、古代ローマの都市広場を指す「フォルム」が語源である。人びとがコミュニケーションをする場の名前として、その役目を果たしていた物理的な空間の名前が選ばれていることから、対面的な交流と物理的な環境のイメージが持たれていることがうかがわれる。私たちの言語がそもそも顔も見えず声も聞こえない、つまり直接相手の実在を知覚できないコミュニケーションを想定していないせいもあるかもしれない。

インターネット上のショッピングサイトは「ネットモール」や「サイバーモール」と呼ばれる。ここでは直線的に商品を追い求めていくウェブ上でのショッピングと、ショッピングモールという直線的空間が対応づけられている（文62）。インターネットでの購買の場が「モール」という空間のタイプとして提示されることで、両者の経験の類似性が示されているのである。

また、インターネットを用いた新しい学習の場として『e-教室』というものもある。住んでいる地域で通う学校が決まり、年齢ごとに決められた内容の教科を学ぶ現実の学校と違って、『e-教室』はどこに住んでいても、どの学年でも、関心をもったテーマの学習に参加することができる（文28）。興味深いのは、「e-教室」は学校制度の根幹をなす校舎という物理的空間と教科別カリキュラムからまったく自由であるのにもかかわらず、教科ごとに「部屋」があるという構成をとっていることだ。

実際の学校では、ある学年の教室はその学年で学ぶべき情報が伝達される場である。また、理科室や図工室といった特別教室は、それぞれの科目に関する情報が得られる場である。科目ごとに専用の教室をもつ教科教室型の中学校では、この構造はより顕著である。社会科を学ぶのは社会科教室、数学を学ぶのは数学教室というように、教科と教室が一対一で結合している。ある教室に行くことは、そこに割り当てられた科目を学習しに行くことを意味する。これが建物レベルになると、学校に行くことは学習をしに行くことを意味する[43]。空間の移動によって社会的活動を切り替えるのである。

このようにビルディングタイプや室名は、その場所でどのようなことが出来るかを示すラベルとしてはたらく。そのように個々の活動に割り当てられた空間があるという世界を、私たちは当たり前だと思っている。『e-教室』は、学校での学びを否定するものではないが、教室だけが学びの場でないという考え方に立っている。その上、物理的な空間はもたない。しかし、それでも教室というメタファーが用いられるのは、私たちが馴染んでいる物理的環境の仕組みに引き寄せて理解しやすくするためだと思われる。ある教科について学べる場は、やはりそのための部屋である方が、見えない世界を把握してリアルな出来事と感じやすいのではないだろうか。

五、環境を理解する

人は環境を、内面化された認知の枠組みに照らして理解する。大多数の人に共有された一般的な理解の図式は、ステレオタイプやコードあるいは自明の理として社会を機能させている。人が環境に対してもっている内的モデルは空間の知識であれば「認知地図」、一般には「メンタルモデル」と呼ばれるが、認知科学者ノーマンはこのような内的モデルと現実の世界との関係という観点から、プロダクトのわかりやすさ、使いやすさを分析した[44]。製品がシステムの仕組みをうまく反映していなければユーザにとってわかりにくいものとなる。ユーザのメンタルモデルが期待するのと違う挙動をすればユーザは戸惑う。

五―一　わかりにくい機械

すこし昔の電車の切符の自動販売機を覚えておられるだろうか。しばらく前までの券売機は、ボタンに数字が書いてあり、投入した金額で買えるボタンが点灯するようになっていた。ある時から新型の券売機が設置されはじめ

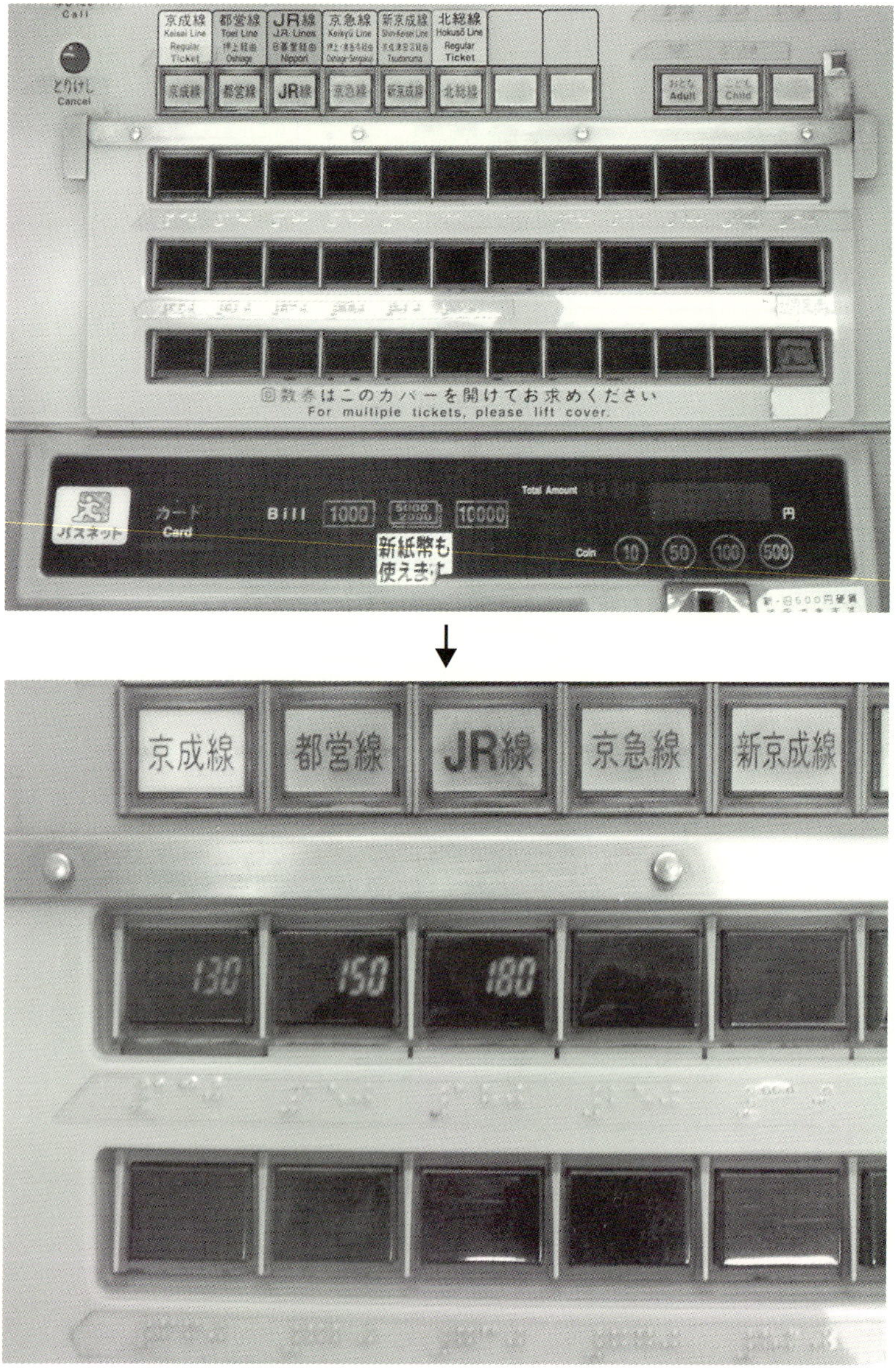

図 2-10 （上）どのボタンを押せばよい？（下）お金を投入して初めて点灯する．

たが、それは何も表示されない黒いボタンがずらっと並んだものだった。投入した金額に応じて左から順にボタンに赤く発光表示されるタイプだ。

券売機にお金を投入する時、私たちは次の動作を無意識に想定し、眼は押すべきボタンを探している。旧型の機械では、お金を入れる前から自分の押すべきボタンがそこにあり、その機械で確かに買えることがあらかじめ確認できる。つまり、⑴お金を入れる、⑵ボタンを押す、⑶切符とおつりが出てくる、というプロセスにおける操作対象（この場合、ボタン）がはじめから眼前にあるので、一連の動作の道筋がイメージできる。

しかし、新型の券売機ではお金を投入するまでボタンの金額が表示されないので、どのボタンを押すことになるのか最初にはわからず動作が思い描けない。極端にいえば、その機械に慣れるまでは果たしてこの機械にお金を入れて切符が買えるのかも分からない。実際、そのタイプの券売機の使い方を聞かれることも多い（その後現れた液晶表示の券売機は、はじめから金額とボタンが表示されている）。

ノーマンは、分かりやすいデザインの条件として可視性（関連する部分が見えること）とフィードバック（行動の結果が分かること）をあげる（文47）。自分が次に何をすればよいか、どこにはたらきかければよいかが見えており、その行為の結果として起こることが明らかであることは重要なのである。新型券売機の例では、ボタンを押すステップの直前になって初めて操作対象が可視化される。お金を入れる前は、それが何に結びついていくのが見えないため迷うのである。

日常生活では、私たちは様々な行為や手続きのかなりの部分を無意識に行っている。切符を買うときにもプロセスをわざわざ考えない。慣れた行為をするのに毎回手順をプログラムしなくてもいいように、そのための記憶が作られているはずだ。それが「スキーマ」という概念である。スキーマとは、よどみない活動をコントロールしうる、手続き知識を含む知識構造である（文33）。ある行為をしようとするとき、その意図がまず形成され、その行為に必要なスキーマが活性化される。スキーマは階層構造をもっており、ひとつのスキーマはいくつもの部分的な行為か

図2-11　オーストラリアの券売機

(1) 目的地を選択，(2) 切符の種類を選択，(3) 支払い，の順になっている．しかも駅名は路線図順ではなくアルファベット順に並ぶ．

ら成り立っていて、それらがシークエンスに従って順次実行される。例えば、「自動販売機で切符を買う」スキーマは「電車に乗る」行為の一部をなす。

スキーマは「出来事、シナリオ、行動、対象物について過去の経験から獲得される一般的知識」（文53）とも定義される。スキーマは、具体的な対象物を想定し、行動とセットになったものである点で、身体化された知識だといえる。また、それまでの経験した環境の影響が大きい。「切符を買う」スキーマは、そのように動く従来の自動販売機を使うことで形成されたものだ。海外では、目的地の駅名ボタンを押してから片道か往復かを選び、そこで表示された金額を投入するという、日本とは逆の手順の券売機も多く見かける。この場合は「切符を買う」スキーマは機能せず、切符の買い方に迷うことになる。逆に、その国に住んでいれば、そのためのスキーマが形成されることになる。

環境がスキーマを裏切ると、私たちは迷う。先の新型券売機での戸惑いは、頭に描いている「切符を買う」ことのイメージ（メンタルモデル）に機械（外的環境）が対応していないために起きたものだといえる。この場合、手続きそのものに変化はないのだが、操作の対象物（ボタン）が欠けているため、スキーマが元のままでは実行できずに迷うのである。しかし、スキーマは絶対的なものではない。機械的に実行されるわけではなく、外界から情報を得て状況に適応するように修正されて実行される。だから、黒いボタンが並ぶ券売機でもともかくお金を入れる、ボタンを押すという段階があるはずだ、というレベルで考えることで、とりあえずお金を入れてボタンを発見し、新しい仕組みを理解することも可能である[45]。

五―二　病院で迷う[46]

パブリックな場所を利用するとき、私たちはどこで何をどのような順序で行うかを大まかに頭に描いている。ファーストフード店ではレストランのように席について店員が来るのを待つのではなく、まっすぐカウンターに向かうのだということや、銀行や郵便局では窓口に直行するかわりに番号札を取って待つのだということを私たちは知っているし、そうする心づもりでいる。これは「スクリプト」という、スキーマと関連した概念で説明される。「スクリプト」は、私たちの日常行動はかなりの部分、経験的・慣習的な「台本（script）」に従っているというものだ[47]。例えば、レストランのようなありふれた状況ではスキーマは特殊化されており、そのような場面で私たちは一連の行動を手引きしてくれるスクリプトに従っている。初めて入ったレストランや銀行でもどう行動すればよいか分かるのは、それぞれの状況を認知するスキーマがあり従うべきスクリプトを持っているからである。

病院のような、利用者がとらなければならない手続きが複雑な場所はどうだろうか。病院は公共施設のなかでも特に複雑である。病院（特に大病院）はわかりにくいというイメージをもたれており、事実、患者がよく迷う環境である。その原因は一般的にはその「複雑さ」にあるとされる。建築的にみれば、大規模で機能的に多岐にわたるので部屋数が多く、それらの構成や動線も入り組んでいるという意味で複雑であるし、患者のとるべき手続きが何段階もあって込み入っているという意味でも複雑である。

しかし、ここでは視点を少し変えてみよう。手続きが複雑でも、何をすべきかを理解しており、環境もその手続きに的確に応えていれば迷わないはずだ。そこで、ここではスクリプトと現実の環境の対応がうまくいっていないときに人は迷うのではないか、という観点から考えてみる。

一般の人々が病院での外来診察をどのように頭に描いているかを調べると、病院での手続きのイメージと現実にとるべき手続きとの「ズレ」が見えてくる。日本の病院の仕組みをまったく知らない人に説明するという想定で、一般の人に来院から病院を出るまでの手順を記述してもらうと、「受付→診察→レントゲン撮影→診察室に戻る→会計」という手続きの大枠や、「待つ」「名前を呼ばれる」「お金を払う」といった誰しもがなじみのあるステップは大半の人が認知していることが明らかになった。しかし、個々の場面の話になると、建築のシステムと頭の中の病院のイメージがかみ合っていない点が多く、これが迷いの原因だと思われるのである。

例えば、実際の病院の会計・薬局の業務は、調査当時(48)は計算受付、支払窓口、処方箋受付、薬受取口の四つに分かれており、窓口も四つ別々に存在する可能性があるが、一般的な利用者はその差を認識していない。そのため、「お金を払う」「薬をもらう」といった大雑把な認識でいざ手続きをしようとするとどの窓口に行けばいいのかわからないということが起こりうる。

また、患者がどこで迷い、その時にどのような情報を必要としているかを知るために、病院内の受付や案内といった窓口以外で利用者がスタッフに道を尋ねるのはどのような場面かを調べると、道案内はエレベーターホールのような行き先を判断しなければならない地点と、中央廊下のような、この先長い距離を歩くべきか不安になる地点で発生することが多いことがわかった。案内の内容は、目的地への行き方が分からないもの、例えば「整形外科はどこですか?」といった質問と、目的は明確だが目的地が分からないもの、例えば血液検査をしなければならないが、どの部屋に行けばよいか分からないという質問に大別される。前者は空間構成やサイン計画の問題だが、後者はそれ以前に患者がイメージする行動が実行に移せないという問題である。そして、このような迷いが思いのほか多かったのである。

患者は採血、採尿、心電図、内視鏡、レントゲン等々の検査をすべて「検査」だと考えている。しかし、病院の機能・組織構成上は「検査部」は「検体検査」（血液や尿を採る検査）と「生理機能検査」（心電図や脳波を採る）に大別され、レントゲンは「放射線部」として分かれている。空間もこれに従って構成されるのがふつうである。すると、レントゲンを撮るためには「放射線部」に行かなければならないのに、患者はレントゲンも検査だと思っているので、間違って「検査部」に行ってしまう。また、案内図やサインには検査の具体的な内容は表示されていないので、検査を受ける場所に向かおうとするのだが、どこに行ってよいか分からないということが起こる。ふつうの利用者は心電図をとるのが「生理機能検査室」で、採血をするのが「検体検査」だとは区別していないのだ。

このように分析すると、病院で患者が迷うのは複雑さよりはむしろ患者のもつスクリプトと実際の病院の構成にズレがあるためだと考えられる。病院の建築空間は病院の組織構造を反映したもので、空間の名前も放射線部、生理検査部といった部局名称だが、患者側はレントゲンを撮る、おしっこを採るという個別・具体的行為のレベルで空間を見ようとする。このように、環境に内包・体現される体系（病院側の論理）と利用者が参照するメンタルモデルの体系（患者側の論理）が合致していないことからも迷いは起こるのである。

一方、外来診療部門では、受付—外待合—中待合—診察室という標準的な空間構成のパターンが定着しており、そこが何をする場所で、どのような人が居て、どのように行動すればよいかが比較的はっきりしている。すなわち、患者のもつ一般的スクリプトに空間が合っていることで、不安や迷いなく行動できる。定型やステレオタイプは一面では人の行動を助けているわけだ。

六、空間の規範

六―一　役割行動の舞台

ゴッフマンは、全制的施設（第三章で詳述）におけるスタッフとインメイト（被収容者）のふるまいや言動の特徴を記述した。彼は収容施設におけるふるまいを、両者の非対称的な関係や役割に枠づけられたものと捉えて状況の作用をあぶりだした（文21）。医師や看護士が患者に接しているとき、教師が生徒に接しているとき、介護士が高齢者に接しているとき、特有のふるまい方をする。しかし、ナースステーションや職員室のようなスタッフ専用の領域にいるときには役割を離れたまったく異なる表情を見せる。一方、患者、生徒、高齢者の方もスタッフと接するときにはある種の構えをもつ。そして、診察室や教室のような場は、こうした相互行為のための定型的な舞台装置である。その舞台に上がると、人は「医師」や「患者」、「教師」や「生徒」の役割になる。日常の場面という舞台で、人は役割にふさわしいパフォーマンスをするのである。

スタッフの目によってインメイトが自分のおかれている立場・役割を意識させられることもある。病院では、入院患者が入院生活になじんでいく過程で「患者役割行動」をする段階がある（文19）。患者役割行動とは、周囲の人びとがその人を病人扱いし、本人もそれに納得してその役割を引き受けることである。患者役割は暗黙の規範として存在し、患者はそれに従ってふだん日常的に行っていたことでも、患者としてはやってはいけないのではないと思って自己規制したり、管理の目を気にするようになる。

例えば「自分は患者だから」あるいは「点滴ボトルやカテーテルが付いて恥ずかしいので」ナースステーションの方に行かないようにする、「やたらと歩いちゃいけないんじゃないかと思う」といった行動は患者役割行動である。スタッフの目が気になって不便でもナースステーションから遠い場所で面会したり、電話をかけたりするのもそうだ。ナースステーションの視線が気になるのは、現実に「見られている」からというよりはむしろ、スタッフの存在を意識することによって、医師・看護士と対になる立場としての患者という役割が喚起されるからだと考えられる。見る見られる（かもしれない）ことによって、双方の関係性と役割が否応なく意識されるのである。

建築計画学における心理的研究にとりわけ大きな影響を与えた理論にバーカーとガンプの『行動場面』がある（文50）。日常の行動場面は、物理的環境、成員、そして特徴的な行動の型の三つの構成要素からなるとガンプは述べる。特徴的な行動の型は「プログラム」と言い換えることができる。伝統的な学校における、級長の合図に従って皆で授業の開始の宣言を唱える儀式（日本で言えば「これから○○の授業を始めます。礼！」という挨拶だろうか）は、効率的なプログラムの一例である。日常場面において人は、時間的、空間的、社会的枠組みに規定されたプログラムの遂行に必要な行為をする（文16）。しかし、同時にガンプが指摘するのは、行動場面は場面の成員に、フォーマルには他の成員との相互関連的な行為を要求するが、インフォーマルな心理的な相互関係は必須ではないということだ。生徒は級長に従って行動しなければならないが、級長を好きか、尊敬するか否かは自由である。

これが暗示するのは、定型的な行動がみられたとしても、それが必ずしも内発的なものとは限らないということだ。行動場面の理論は日常生活全般に適用されるが、施設内の世界では役割や行動、プログラムの定型化の度合いが特に高く、行動場面の特徴を強く具えているといえるだろう。「患者役割行動」は、その人のパーソナリティや身体状態から直接導かれるものではなく、病院という状況で暗黙のうちに期待される患者像を参照した結果である。そして空間にはその役割を起動させるはたらきもある。

六―二　「裏返しの建物」

施設建築はしばしば、画一的である、無機的である、閉鎖的である等々と批判される。しかし、最も本質的な特徴として、それが空間構造において管理する側とされる側の非対称な関係を具現化している点が挙げられる。「施設」には、学校なら教師と生徒、病院なら医者と患者、刑務所なら看守と囚人というように、サービスを提供する側と受ける側（刑務所の場合、更正させることがサービスにあたる）、スタッフとインメイトに役割・位置づけが明確に二分されている。学校や病院は、先述したように、「学ぶ」「癒す」といった、本来は自律的であった営みを、与える側（主体）と与えられる側（客体）に役割分担して制度化したものである。その制度の中で、教師や医者はその「顧客」である利用者に対して権力をもっており、管理する立場にいる。施設建築の原型では、このような管理する―される権力関係が空間化されている。

スペース・シンタックスによる空間解析法を開発したヒリアーとハンソンは、病院、精神病院、刑務所、学校といった施設を「裏返しの建物」と呼ぶ。居住者と訪問者が空間に占める位置が住宅とは逆だという意味で「裏返し」なのである。ここでの「居住者」は建物を管理・運営する立場の人、「訪問者」は外からそこを利用する人を指す。住宅や集落では通常、入口から奥に入っていくに従ってよりプライベートな空間になっている。居住者は外から見

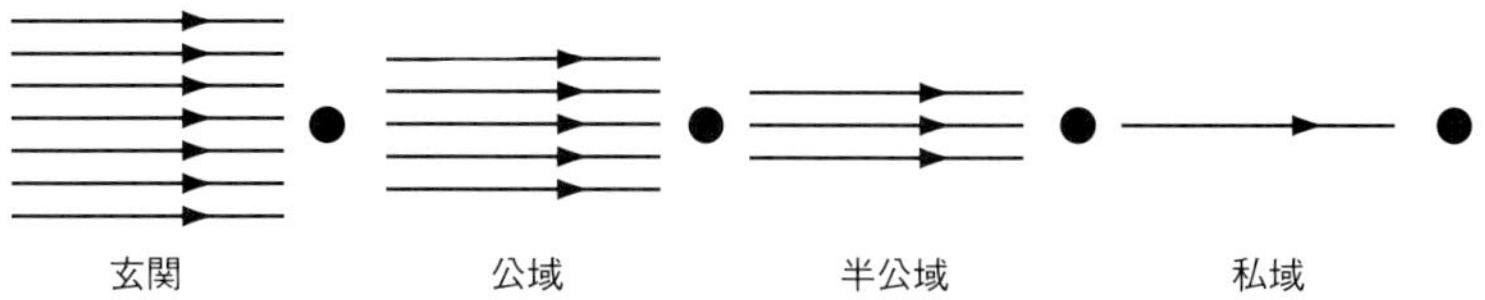

図 2-12　住宅の親密度
住宅の奥に行くにつれて親密な空間となり，アクセスが制限されることを示した図.
出典：C.アレキグザンダー（文 3 p.325）の図をもとに作成.

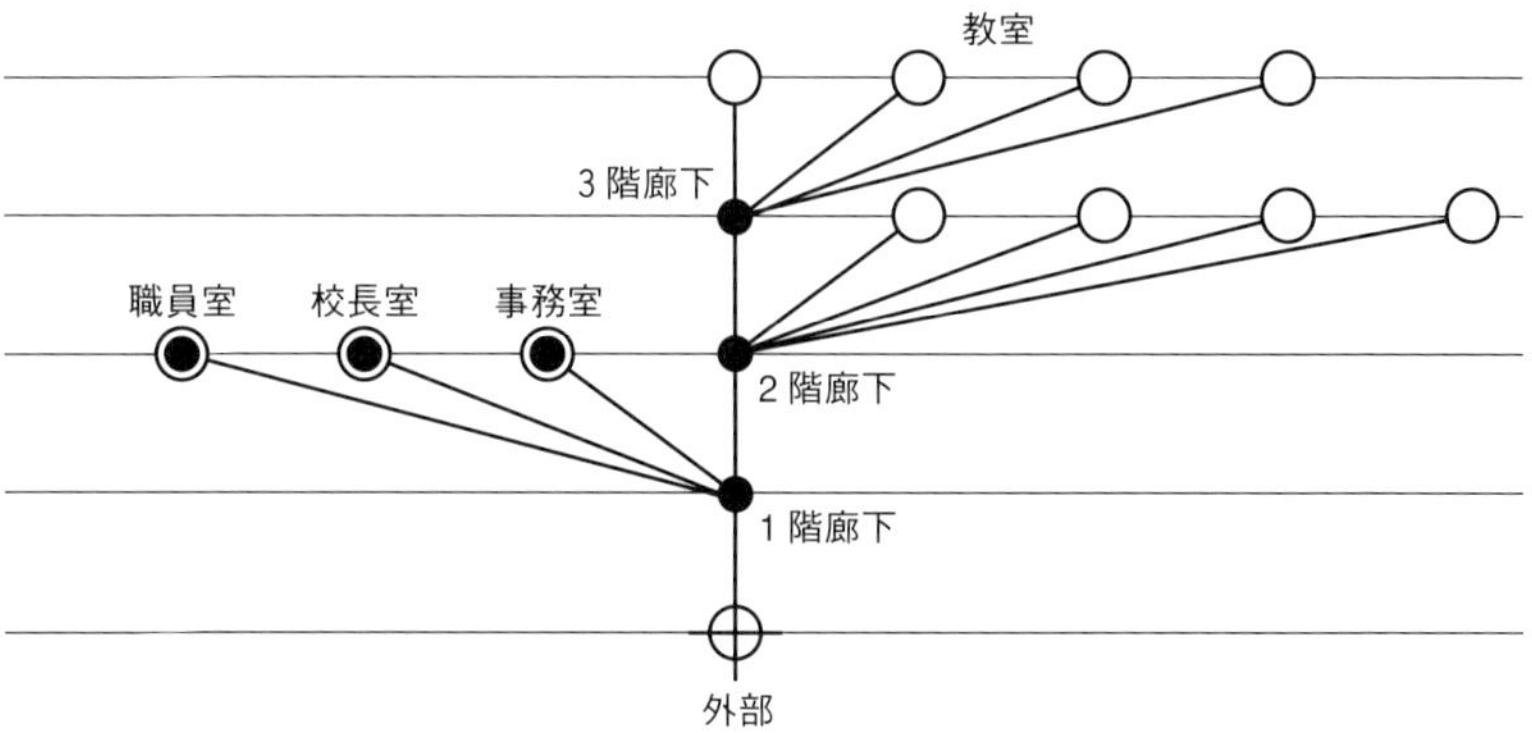

図 2-13 (a)　ある片廊下型校舎の空間構成

て「深い」ところにある空間におり、訪問者は出入口に近い「浅い」空間までしか通常は入り込めず、両者は「浅い」ところで接する。銀行や郵便局、商店にもこの図式が当てはまる(文54)。

それに対して、病院、監獄、学校といった施設では居住者(医療スタッフ、看守、教師)が外に近い空間を占め、訪問者(患者、囚人、生徒)は奥にある部屋(病室、監房、教室)にいる。医者や看守や教師は建物を自由に動きまわることができるが、患者や囚人や生徒はそれぞれの部屋に閉じこめられている。そもそも監獄は閉じこめるための施設だが、病院にしても学校にしても大勢を収容して効率的に管理するという目的は共通する。これらはビルディングタイプとしては異なるが、本質的には同じ概念に従っている。すなわち、スタッフが「門番」となる建物である。

ひとつのモデルとして、昇降口を上がったところに職員室があって、直線廊下に沿って

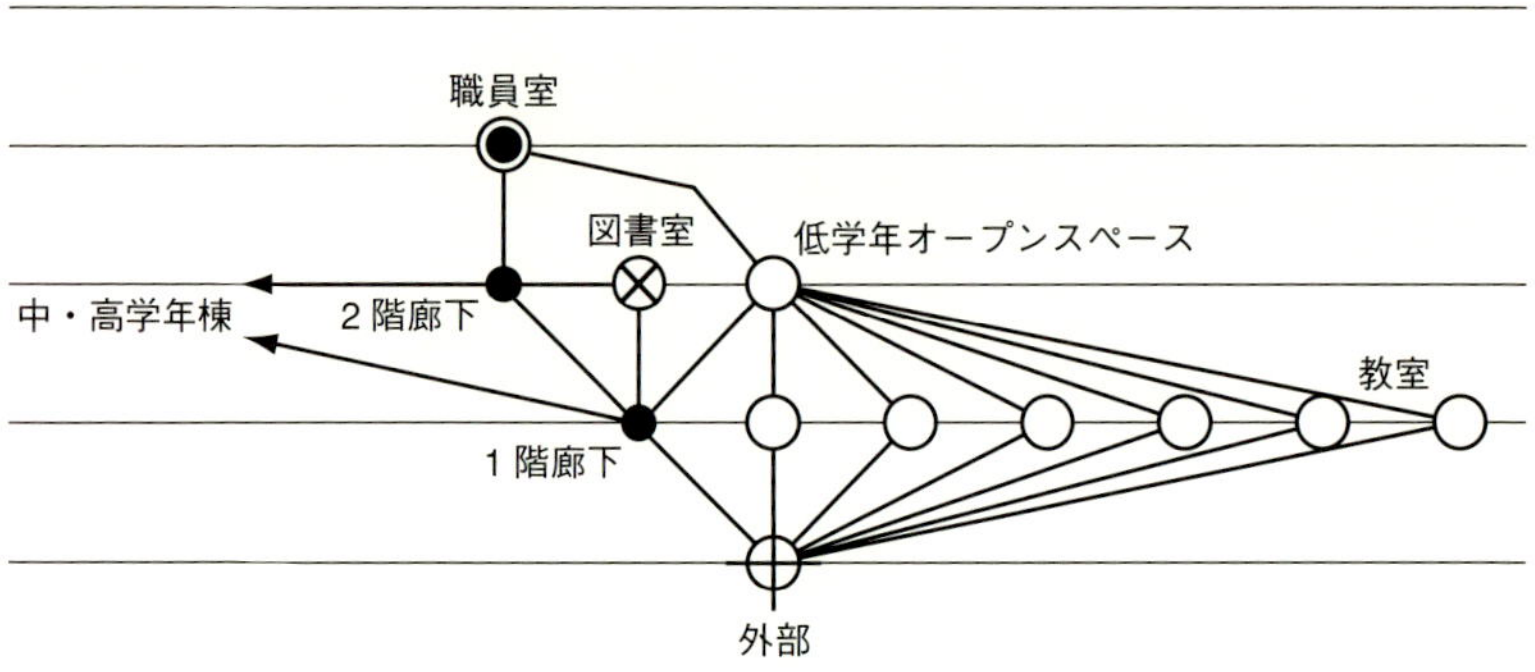

図 2-13（b）　低学年棟が教室ごとに玄関をもつ小学校
教室の階層が浅く，職員室も特権的な位置を占めていない．

教室が並ぶ、一般的な校舎を考えてみよう（図2-13ⓐ）。当然、すべての学校がこうなっているわけではないが、学校建築のひとつの典型であるということはできる。この校舎の内部空間は昇降口を要とする階層構造をなしている。職員室が学校の出入りを監視する位置にあり、各階の廊下も一望で見通すことができ、ある一点に立って全体を見渡すことができる。このような空間構成においては、要所要所を押さえることで全体を効率的に管理することができる。生徒はもっとも「弱い」位置におり、どこに移動するにも監視されうる空間を通らなければならない。

　空間の階層構造が管理の実践と結びついた具体的な例として、中学校や高校でみられる「校門指導」が挙げられよう。校門は学校と外部との接点、階層構造の根元であり、生徒が必ず通らなければならない場所だ。そこに教師が立つことで、全員をもれなくチェックし管理するとともに学校の権威を印象づけることができる。施設の閉鎖性の一端は、空間が裏返しであることに起因すると思われる。管理する側が外界に近いところにいて内外の行き来をコントロールし、管理される側が内部深くにいることで、両者の接点が外から見えなくなっているからである。

　こうした分析の仕方には、還元主義的で環境決定論的すぎるという批判もある。事実、力関係の非対称性がきわめて強い（つまり、管理者の力が大きくなるようにできている）空間構造の施設で必ず権威的な運営がされているわけではなく、そこがどのような施設になるかは、その空間を使う人間に大きく依存する。しかし、ここでいう建物の社会的側面、すなわち、「当たり前になっている個人どうしや個人と社会の関係を統制するルールを空間化し」、「そのルールとして機能することで社会を再生産する」[49]はたらきを無視することもまたできない。それゆえ、階層的空間構成を解体した図2-13(b)のような事例の意義も大きいのである。空間は社会的実践を物理的な形にするという意味では、機能を形態で近似した道具であり、現実の実践と一致したときには強大な力を発揮する。監獄はその最たる例といえよう。空間を作るということが、潜在的にこうした力を持ちうることに設計者は敏感でなければならないだろう。

六―三　オープンプランの規範

オープンスクールは一九七〇年代から八〇年代にかけて提唱されはじめ、その後普及してきた学校建築の型である。一九七〇年代になって、一人の教師がクラスを一斉に教えるという従来の教育の型に疑問が投げかけられ、個別学習や小人数のグループ学習、学年・学級を横断する集団編成、教師がチームを組んで教育にあたるチーム・ティーチング等の多様な学習活動の必要性が叫ばれた。この流れの中で、建築的提案としてオープンスクールが生まれた。

当初は壁も教室もない、まったくフレキシブルな空間のオープンプランもあったが、日本ではじきに教室を確保した上で、いくつかのクラスで共有する多目的のオープンスペースを設け、教室とオープンスペースの間に壁を設けないでつなぐ形式、すなわちオープンな教室＋多目的スペースという構成のプランが一般的となった。

オープンスクールでは、児童が思い思いの場所でのびのびと学習する姿が見られ、メディアにおいても教室のリジッドな空間に対して自由な雰囲気であることが強調されてきた。しかし、空間の内面への作用まで視野に入れると、オープンな空間イコール自由という図式の問題に気づく。なぜなら、一見のびのびしているようでも、学校ではカリキュラムと教師の求めるところに従って学習活動をしており、さらにオープンプランでは教師が見ていなくても、きちんと学習しなければならないという暗黙の規範があるからである。

具体的にいえば、通常の教室では教師が全体を統制し、それが教室の閉鎖性や整然と正面を向く机配置に明示されて児童の行動を規定するのに対して、オープンスペースでは物理的な囲いがなく空間的な自由があるかわりに、自己コントロールの下で学習をしなければならない。「教室」という勉強しなければならない状況的な枠組みはないが、個々の児童に対して自主的に勉強する行動様式が要求されるのである。教師は直接は管理しないが、児童はその場面に求められる行動を読み取ってふるまわなければならない[50]。

オープンスペースで「のびのび」学習するという状況は、まさに児童が規律を内面化していることを前提としてコントロールが児童に委ねられている状態であり、原理的にはパノプチコンと同様である。これは、オープンスクールでは、騒がしくなってきたときに児童が「シーッ」とお互いを注意し合う様子がしばしば見られることからもわかる。教師が直接注意するのではなく、児童が「今は静かに勉強する時間だ」ということを察してそれに従い、同級生で守れない人がいるときには児童どうしで規制しあうのである。

したがって、閉じた教室からオープンな空間へのシフトは、管理から自由へのシフトではなく、外在的・明示的コントロールから内在的・暗示的コントロールへのシフトと理解されるべきなのである[51]。管理やコントロールがなくなるのではなく、見えなくなるのである。ここでの隠れた規範の存在は、逸脱する人がいたときに初めて顕在化する。例えば、好きな場所で学習してよい場面で遊んでしまって取り組まない児童がいるときには、その児童だけ教師の監督下で学習するように指示されたり、クラス全体が「きちんとできない人がいるので、教室でやること」という形で自由を取り上げられたりすることになる。

こうして考えると、オープンスクールは教師の権威に基づいて規律が維持される場ではなく、規範を児童が内面化してそれに従うことで成立する場である。しかし、児童は「授業中は勉強する」という大枠には従わなければならないが、その枠内ではどこで、誰と、どのように学習するかは任せられているという意味では、やはり自由である。そして、オープンスペースは児童に自主的に学習することを教える空間であるともいえる。これは、「物理的環境は行動と思考を同時に枠組む[52]」と指摘される作用である。

七、施設という世界

七―一　生活の切り分け

今日、多くの人は病院で生まれ、そして死ぬ。学校で学び、オフィスや工場で仕事をし、病気になればしばらく病院で過ごす。さきにビルディングタイプが社会的機能と建物の結合と述べたが、利用者の立場からいえば、特定の生活行為や出来事と場所のセットである。人間が生きていく一連の営みの不定形な、連続した総体が生活だが、ビルディングタイプはその生活を、いくつもの行為の単位に分節するのである。第三章で詳しく述べる「施設」（インスティテューション）は、そこで行われる活動が公的な制度によるサービスの提供であるような特殊なビルディングタイプである。

近代になってビルディングタイプの種類が急激に増えたといわれるが、これはとりもなおさず生活がより細かに、システマティックに切り分けられていったことを意味する。もともとは住宅が生活全般の場だったが、仕事、学習、医療といった行為が次第に切り離されていき[53]、住宅は家族と余暇の場として位置づけられていった。住宅では父母や子ども、職場なら労働者、学校なら生徒、病院なら患者のように、場によって異なる役割を演じる。生活がいくつもの場に切り分けられるということは、異なる役割や行動様式を要求する場から場へと移動することで生活が構成されるようになったということでもある。したがってアイデンティティも多面化していくことになる[54]。

これは、それぞれの施設機能の複雑化・高度化・専門化を背景として、特別な建築が必要とされていった結果であるともいえるし、空間の機能分化を進めていく近代建築・都市計画の流れの結果でもある。つまり、建物レベルでは機能ごとに対応する部屋を設け、都市レベルでは地域ごとに特定の用途を割り当て（ゾーニング）、全体として必要な機能がすべて揃うような町づくりの考え方である。こうして都市レベルでも、機能と空間が切り分けられたのである。

しかし、はたしてそれで良かったのか、という疑問が近年は呈されている。日本の大都市近郊のニュータウンは、都市部で働くサラリーマンのベッドタウンとして開発されていった。そこには商業施設や学校はあるが、工場やオフィスはない。そして、商業施設や公共施設はまとめて配置され、それ以外は純粋な住宅地となっている。鈴木博之は、ニュータウンは一家の働き手のすがたが見えない、純粋な〈生活〉しかない町であると形容した[55]。いいかえれば、郊外ニュータウンには働き手という生産者がおらず、主婦と子供と高齢者という消費者、あるいは公共サービスの顧客だけが居るということになる[56]。生産と消費の場がこれほど大規模に、かつ明確に分離されたことはなかった。その中でさらに、生活の様々な局面が、それぞれのための純粋な場所に分かれていったのが多種の公共施設が存在する今日の社会である[57]。

一日の中でいくつもの場を移りながら役割を変えていくことを、大人は無意識にそれほど負担なく行えるかもしれない。しかし、子供にとってこれは大きなストレスとなる。発達心理学者デイヴィッド・エルカインドは、両親が共働きで終日保育に預けられている四歳児のエピソードを紹介する。この子供は、両親が朝早く出勤するのでまず隣人に預けられる。そして保育園に送られて行って一日をすごした後、再び隣人の家に戻って両親の帰宅を待つ。いくつもの場所と何種類もの人びと（近所の人、送り迎えの人、保育園の先生）に適応するストレス、それぞれの状況で求められる行動や役割を理解して遂行するストレスで、この子供は潰れかけていた（文14）。

共働き家庭がほとんどのデンマークでは、子供が放課後は学童保育施設で親の帰りを待つのが一般的である。しかし、学校と保育所ではスタッフの資格も活動内容も、生活のルールもずいぶん違う。学校では教師の下で勉強をし、学童保育では保育士の下で遊ぶのだが、教師がどちらかといえば権威的であるのに対して、保育士は親のような役割をするというように、同じ「大人」といっても物腰や接し方が異なっている。小さな子供にとっては遊びと勉強の違いや、それぞれの状況でして良いことと悪いことを区別するのは簡単ではない。

デンマークでは、このように子供が施設から施設へ、違うルールが適用され同じ子供でも別の役割を演じなければならない場を渡り歩きながら一日をおくることが問題視されるようになった。そこで、最近になって低学年児童を対象として学校と学童保育を一体化した施設がいくつかの自治体で試験的に作られ、今では多くの市で取り入れられている。この施設では、子供は朝から夕方まで、「家」のような環境で勉強したり遊んだりしてすごすのである[58]。これは、施設・ビルディングタイプの細分化によって断片化が進んだ生活を、再び連続的なものにしようという試みのひとつである。

七—二 生活の囲い込み

ビルディングタイプによって生活が切り分けられる一方で、切り分けられた場ごとに「生活」が発生する。学校や病院にいても人は食事をするし、人と交流する。一定時間をすごす以上は、学習や治療のような施設が目的とする活動以外のことも行わなければならない。むしろ、「施設」としての切り分けが徹底して、そこでの生活が自己完結の度合いを増すほど、様々な活動が施設に取り込まれていくことになる。問題は、その結果として、付随的な活動も施設の管理下で統制され、施設サービスの一部に取り込まれてしまうことだ[59]。施設サービスのいわば肥大と過剰化が起こるのである。

学校では、食事やそうじは生活活動の一環だが、それまでもが「給食指導」や「清掃指導」という名で教育の対象となってしまう。学校給食はもともと栄養改善や貧困児童救済を目的として実施されたにもかかわらず、現在の学校給食法では、その目標に「食事について、正しい理解と望ましい習慣を養うこと」「明るい社交性を養うこと」が挙げられている。そして、様々な学校の教育目標を見ると、清掃指導では「日常的清掃習慣の育成」や「気づきを育てる、成就感を育てる」といった内容が多く目につく。つまり、生活の「教育」化、半ば公式なカリキュラム化が起きており、もはや「かくれた」カリキュラムではなくなっているのだ。

大勢を集団処遇することからくる不合理もある。ひとつには、多くの人数を一度に処理するための建築的な仕掛けの不合理である。学校の昇降口は児童・生徒にとっては玄関にあたるが、現実には大勢が履き替えをするだけの無機質な空間である。規模が小さい学校や教室ごとに出入り口を設けた場合には玄関に近いたたずまいになるが、一般的な学校では埃っぽい、暗い、あまり感じの良くない空間である。ひとつの空間で処理しなければならない人数規模によって空間の質が左右される例だといえるのではないか。

また、高齢者施設では少ない職員で大勢を介護しなければならないことから、職員の作業が高齢者の犠牲の上で「合理化」されることもある。ゆっくりならば自力でも移動できる人を車椅子に乗せて運び、食事の何十分も前から食堂の前に車椅子で整列させておいたり、はなはだしい場合には次々と入浴させられるように、高齢者が裸で浴室の前で待たされていたりするような、非人間的な処遇が起きてしまう（文66）。これは施設運営の意識の問題もあるが、スタッフに対する入所者数という規模にも起因する。

こうした生活の切り分けと囲い込みや、少ないスタッフによる大勢の入所者の管理を究極的に進めたものが、ゴッフマンのいう「全制的施設」あるいは「トータル・インスティテューション」である。全制的施設には刑務所や精神病院、修道院などが含まれ、学校や高齢者施設も全制的施設とみなすことができよう。ここでは、施設の全制化が進むことによって生活が施設に依存する結果、本来手段であるはずの施設が自明化してしまうという問題を指摘しておきたい。

七―三　施設の絶対化

ビルディングタイプは機能と建物の結合だが、全制的施設はその相互規定の排他性がもっとも強いビルディングタイプだということができる。「病院」に対して「治す―癒す」「学校」に対して「教える―学ぶ」のような場と機能の対応は自明のように思われるかもしれない。しかし、子供が学ぶのは学校に限られるわけではない。少なくとも、ある社会・文化の中で生きていくための知識や技能や方法を身につけるという意味での広義の学習は、生活のあらゆる場面で起きている。学校は、公式には「読み書きそろばん」と、暗黙には時間を守り、集団生活の規範に従う等々の工場労働や軍隊で必要とされる習慣を身につけさせるシステムとして成立した。つまり、近代国家が国民に期待する技術や行動様式に特に焦点をあてて学習させる場が学校だった。

また、病人が自宅を離れて病院に収容される習慣も昔はなかった。病院の原型は、他に行き場のない貧しい人びとを収容する施設や、精神病者を隔離する施設だったのである。癒しや学びという、人間にとって根源的ともいえる営みが医療や教育というサービスの形で、そのための建物で集約的にシステマチックに行われるようになったのは近代以降のことである。

つまり、病院で癒す、学校で学ぶという図式は、現代の社会・文化において通用しているコードであって、過去にはそうでなかったし、将来は組み変わっていくことも考えられる。にもかかわらず、病院や学校はビルディングタイプとしてコードを具現化して現実の生活環境を形成することで、それを自明のものとして認知させるのである。そして、学ぶためには学校に行く、病気を治癒するためには病院に行く、という思考が当たり前となったのだ。ビルディングタイプに対する批判として、こうした機能と空間・建物の一義的な対応に人間の生活と思考が拘束されてしまうことが言われる（これは本章で先にも述べた通りである）。学校は教育・学習の環境のひとつであるということを忘れ、学ぶためには学校に行かなければならない、学校に行かなければ学べないというふうに捉えてしまうのである。これは私たちの意識の問題だけでなく、社会制度がそのように出来ていることも含む。

「学ぶ＝学校に行く」という図式は一見自明にも思われるが、欧米には、義務教育で学ばなければならない内容は規定されているが、学校に行くこと自体は義務ではない国々も多い。必要なことが学べれば、自宅学習（ホームスクーリング）でもかまわないのだ。日本では学校教育法で義務教育は学校に通って受けなければならないと定められている。最近になって、フリースクールも就学と認める方向性が打ち出されたが[60]、現在では義務教育は「義務学校」である。

これは、イリイチが「産業化」と指摘する現象である。イリイチは、学校・病院・モーター輸送の三つの例を特に挙げて、これらの制度や技術体系によって近代社会では「学ぶ」「癒す」「移動する」という本来は、自律的であるはずの営みが、「教育される」「治療される」「運ばれる」という他律的な出来事に置き換えられてしまったと述べた。人びとは生徒・患者・乗客という顧客の立場におかれ、教師・医師・運転士という専門家から、「教育」「医療」「移動」という産業化されたサービスを受ける形でしか学び、癒し、移動することができなくなってしまったというのだ。[61]

イリイチは、学校や病院やモーター輸送という、本来は教育、医療、移動という活動を実現する技術的な手段であるのに、技術的手段それ自体が前提になったことを批判する。「子供は学校に所属する、子供は学校で学習する、子供は学校でのみ教えられることができる[62]」ことが当然視されるようになったのだ。では、このような施設の絶対化に対して建築レベルでは何ができるのだろうか。

七―四　脱施設化

1　利用者―スタッフ関係の脱施設化

イリイチが指摘した人間の顧客化は今日ますます進行し、かつあからさまになってきたと思われる。教育はサービス業であるという考え方は近年広がっているし、「CS（顧客満足度）」という表現まで見られるようになった。病院のアメニティが競われるようになり、「患者さま」という呼称を用いる病院も増えている。

こうした動きは、生徒よりも教師が、患者よりも医師が偉いという、従来のあまりに非対称だった力関係のバランスをとろうとするものである。学校や病院は、顧客が好む好まざるとにかかわらず、そのサービスを利用しなければならないのに、サービスを提供する方が力関係では強いという特異な場所である。「『顧客』としての児童たち……なしに学校は存続しえない。にもかかわらず、児童たちは自分たちが必ずしも欲しなくても学校に行かねばならないのであり、児童は学校中を見回しても、教師陣にせよ、事務職員にせよ、自分たちよりも力関係で弱い人間にはまず出会わない[63]」のだ。

これは、従来あまり疑われてこなかったことである。それを変えて、生徒や患者を主体として扱おうという意図は評価するべきだろう。しかし、顧客にサービスを提供するという形そのものは問われていない。教師と生徒、医師と患者に代表される、教育する―される、治療する―癒されるという二項対立的な関係自体はかえって強調されているといえる。人間関係レベルでの「脱施設化」が、一方では、施設を施設たらしめている産業的サービスの構図を強化しているのである。ただし、従来は与える側が上位にいたのが、逆の顧客（ユーザ）中心主義に逆転したことで、サービスを提供する側とそれを受ける顧客、あるいは施設の管理者と利用者、居住者と訪問者の関係という建築空間の構成においても重要な条件が変化している。

2　建築の脱施設化

道具は機能を形態で近似させたものだという多木の言葉に従えば、校舎は教育という機能、病院建築は医療という機能を近似させた道具である。ある機能を変革しようとするときに、それを具現化する道具にも変化を求めるのは当然だといえる。そして定型的な建築を批判することは、ビルディングタイプを記号として成立させている「それらしい様式」やそれを成立させているシステムを問い直し、そこから脱却しようということである。

「施設」のもつネガティブなイメージを払拭しようとする流れでは、建物を「施設らしくなく」することを目指すことになる。このような文脈では、「病院らしくない」「学校らしくない」は、ほめ言葉である。建築デザインの脱施設化は、どこに行っても鉄とガラスとコンクリートの箱が立ち並ぶ結果となった近代建築への反省から出発した、住居主義や地域主義とも軌を一にするものである。施設は住宅と対比されることが多く、住居は公共施設よりも地域性があり、親密であたたかい個人的な環境だというのが一般的理解だろう。そして、脱施設化はしばしば建築の「住居化」という方向性をとる。

　高齢者施設では、木質系のインテリアが多用され、グループホームやいわゆる新型特養では生活単位の人数を少なくして、親密な（そして医療的な観点からも良いといわれる）社会環境が作られるようになっている。居室の個室化に代表される個人空間の確保は進行しつつあり、形態的にも住居をイメージさせる老人ホームも増えている。

　学校建築には「生活の場」のコンセプトと相まって、比較的早くから住居的デザインが取り入れられてきた。教室単位に瓦屋根を載せて集落のように見せたり、教室ごとに玄関を設けたり、地域の伝統的住居をイメージさせる形態にしたりというように、住宅を強く意識して設計された校舎は一九八〇年代から増えてきた。学校の場合は、内装や仕上げよりはボリウムの構成単位や形態の住居化が進んできたといえる。また、教室ごとの玄関や回遊動線のような試みは、前述した「裏返しの建物」の構成を打破するものである。

　病院はどちらかといえばホテルのようにアメニティを重視する傾向があるが、これも収容施設から居住施設への転換という意味では、住居化と同様の流れだといえる。

　こうした、環境から施設を解体する試みには意義があるが、同時に忘れてはならないのは、住宅「的」ではあっても施設の枠組み自体が解体されているわけではないことだ。「フォーマルな枠組みが堅持」されている限りは、「住宅らしい空間へと形態は若干変わっても施設は施設である」とも指摘される[64]。建築は、利用者が直接体験する環境のレベルで住居的な環境を作ることはできるが、大きな構図のなかではメッセージとして脱施設化、住居のイメージの提示という面が強いことを見失ってはならない。

3　制度の脱施設化

だとすれば、根本的なところでの脱施設化には制度の解体あるいは変革が不可欠である。デンマークでは高齢者施設の制度的な「脱施設化」がかなり早く実現しており、一九八二年以降、高齢者「施設」は建設されていない。では、どのように脱施設化されたのか。

デンマークでは、「施設」はそのサービスを受けるためにその建物に行かなければならないような、建物とサービスのパッケージと定義される。老人ホームのような居住施設の場合、スタッフが常駐する施設に高齢者が入所するのが施設である。そのような方式を止めてケアサービスを全て在宅で受けるようにしたのだ。サービス提供者の拠点に利用者が入るのではなく、利用者の自宅にサービスが出向くかたちにしたのだ（文91）。

ところが、筆者が訪ねたある新しい高齢者住宅は、一つの敷地に、デイケアセンターと在宅介護ステーションの入ったサービス施設と高齢者住宅が何棟も集まっており、どうしても（institution としての）施設のように見えるのだった。施設を作ることは止めたはずなのに、これは施設ではないのか。その疑問をぶつけると、そこは高齢者住宅団地にサービス施設が併設されている施設（facility）ということだった。従前は、住居の賃貸契約はなく、住居は施設サービスと一体に与えられていた。しかし、新しい制度下では高齢者住宅を本人が市などから賃貸している。そのような住宅が利便上、サービスを提供する施設と合築されているというのである。高齢者は自宅にいてケアサービスを受けたり、気が向けばデイサービスセンターに出かけてさまざまな活動に参加したりするが、そこには団地外の一般の住宅に住む高齢者もやってくる。高齢者団地ではあるが、高齢者施設ではない。

しかし、外観や高齢者が集まって住むという建築の形式からは施設のように映る。これが「施設」でないのは、端的にいえば、従前は施設側の判断で本人の意に沿わなくても高齢者を別の部屋や施設に移すことができたが、今のシステムでは施設側にその権利はないからである。建物は施設のようにも見えるが、契約形態が住宅である。ここまで聞いて、初めて理解することができる。つまり、ハードが住宅的であることや、ケアというソフトが個々人

図 2-14　施設に見えても住宅（デンマーク）

のニーズに応えるものであることは今までの高齢者施設でも目指されてきたが、ここではハードとソフトの関係が脱施設化されているのである。

　制度的な脱施設化は、生活と専門サービスの分離である。介護保険の導入によって日本でも高齢者施設での専門サービスと生活サービスの分化がはかられるようになった。介護費用と滞在費用を別に徴収する方法である。高齢者施設の入所者の介護費用は保険でまかなわれるが、家賃、食費などの生活費は個人がホテリングコストとして支払う形式をとるようになった。しかし、高級な老人ホームやケア付マンションの宣伝を見ていると、建築というハード面では、病院のようなプランが増えているようでもある。

　これは所有・契約形態が住宅であるから、居室（住戸）のアメニティを向上させつつ、全体の空間計画はサービス提供に合理的であればよいということだろうか。明確な答えはないが、施設の住居化がこれまで強く主張されてきたのは、そこが住居ではなく施設であるという強固な前提があったからなのかもしれない。それが崩れた今となっては、プランは施設的であってもかわまないということなのだろうか。しかし、生活環境としてみたときにはやはり建築というハードの脱施設化も変わらず重要であり、制度・運営というソフトの両面から脱施設化を考える必要があるだろう。

八、施設に慣れる——環境が解釈される過程

施設に入るのは大きな環境移行である。施設利用者や入所者はどのようにそれまでの日常世界から断絶した、未知の環境に慣れていくのだろうか。ここでは、施設に慣れることを環境を解釈して自らの物理的・社会的環境との関わりを構築する過程として考えてみる。認知症高齢者グループホーム、病院、学校で入居者、入院患者、児童がそこに新しく入ってから環境に慣れていく過程を調べると、まずは施設での立場やステレオタイプを意識した行動パタンがみられるが、次第にそれぞれが独自の行動をとるようになっていくことがわかる。環境をどのように使うことができるか、どのように使ってよいかを探索、確認しながら環境を体制化して生活を組み立てて行くのだ。そこにはスタッフも介在して、その施設・利用者固有の行動パタンや規範がつくられる。つまり、与えられた環境に受動的に適応するだけではなく、環境といわば交渉をしつつ安定した合意点に至る過程があると見ることができる。

八―一　グループホーム[65]

認知症高齢者グループホームで、新しい建物に入居してからの約半年間を観察した調査では、その期間に入居者が自分の居室を利用する頻度が増加し、共用空間などを職員に誘導されて利用する頻度は減少した。また、介護頻度も減少した。基本生活行為の介助は微増したものの、入居者の居場所への誘導や交流行為の誘導（例えば、同じテーブルに座らせる）は大きく減少した。一方で、入居者間の会話頻度は増加した。

ここから読み取れるのは、施設入居当初はスタッフが「こっちに座りませんか」「ここで○○しませんか」「お話ししませんか」のように、高齢者にはたらきかけて様々な行為・活動・交流をさせようとする様子である。まだ慣れない環境で、どこで、何をしてよいのか分からない入居者が生活しやすいように手助けするとともに、スタッフが考える生活像を示しているのである。しかし、一定時間経てば入居者にとっても施設は日常環境となり、他の入居者とも人間関係が生まれる。どこで何をすべきか、どこが居心地がいいか等も学習され、誘導がなくても生活がおくれるようになる。そして手助けが必要な動作をサポートすることにスタッフの役目は変化していったと思われる。

この施設の特徴的要素であるいろりは、最初はもっとも頻繁に利用される場所だったが、そのうち職員に誘導された利用が七割近くと高かった。その後、利用頻度自体は減少したが、誘導によらない高齢者の自発的利用の割合が七割から八割と大幅に増えたことが観察された。逆に、食卓は自発的滞在が減少した。入居当初は食事後、特に何をするでもなく食卓に居つづけるケースが多かったが、自立度の高い入居者は次第に食事を終えると居室やいろりなどに移動するようになった。当初はスタッフの誘導によって居場所が決まっていた、あるいは誘導があるまで居場所を移れなかったのが、施設全体を自分のものとして認識し、いくつもの場所を状況や気分に合わせて自発的に使い分けることができるようになったのだ。

居場所が「決まって」いたり「移れない」のは、そのように強制されていたからではない。自発的に場所を移動したり使い分けたりするだけの情報をまだ持ち合わせていなかったからである。つまり、施設内のそれぞれの場所が「どのような」場所で、どういう時に、どこを自分の居場所としたいのかという意味づけが確定していなかったからである。そうした場所の意味づけは、施設側の案内や誘導とともに、日々の経験から発見・構築されていく。

八―二　病院[66]

病院の入院患者も、同様の過程を経て環境を使いこなすようになっていく。病院という決まりごとの多い環境であるにもかかわらず、入院患者がきわめて個性的な生活を組み立てていることがこれまでの研究で明らかになっている。ある患者はベッドにほとんどいるが、病棟内の決まったコースを散歩して気分転換し、別の患者頻繁に喫煙所に（ナースや医師の目を盗んで）行って社交するというように。

しかし、多様な中にも一定の共通性がみられる。入院直後から安定した入院生活の日常が確立されるまでに、いくつかの段階的な行動パタンがあるのだ。「確認・確定行動」「患者役割行動」「目的外利用行動」「匿名的行動」「場所意味づけ行動」である。これらは全ての患者に決まった順番で現れるものではないが、明確な段階として読み取ることができる。

確認・確定行動段階では、入院直後にそこがどのような環境か、情報収集をしたり探索をする。この時には、デイルームや面会コーナー、売店、喫煙所など、入院生活に必要な機能・サービスのある場所を確かめる意味あいが強い。病院の空間や設備、日課などについて最も基本的な情報を得る段階である。

環境をある程度理解するようになると、患者役割行動、目的外利用行動の段階がやってくる。患者役割行動とは、先にも述べたように、自らが患者であるという社会的役割に合わせて「患者らしく」ふるまったり、患者「らしくない」行動を抑制することである。スタッフの目を気にしてナースステーションの前を通らないようにするのは一例であるし、患者によっては「病人だから」あまり出歩かないようにしたり、点滴が恥ずかしいからほとんど部屋から出ないといった自己規制をする。目的外利用は、定められた用途以外の目的で病院内の場所を使うことである。例えば、一人になりたいときに深夜、外来の待ち合いに行くという行動はこれにあたる。患者が個人個人の都合で、空間を適宜（暗黙の了解を逸脱しない範囲で）利用するのである。

入院生活がある期間続くと、今度は匿名的な行動をとろうとする。これは、「患者役割」からの逃避とも解釈できる。具体的には、自身が管理されている領域を離れ、一人になったり、逆に大勢の人びとがいる外来や診療部門、病院によっては院内に設けられたパブリックスペースに出かけていき、群衆の中に埋もれる行動である。病棟内ではスタッフと患者、患者と患者の間の人間関係において「患者」であることから逃れられないため、患者でない自分を確認するために、その状況・場所から離れるのである。

場所意味づけ行動の段階は、患者が環境にかなり適応した状態である。病院の日課の他に個人的な日課をつくり、自分なりの場所の使い分けをするようになり、好きな場所ができ、窓から見える特定の景色を毎日楽しむようになるというように、限られた環境での単調な生活パタンが経験によって肉づけされる。患者は入院生活を通じて様々な情報を獲得し、また自身が積極的に環境にはたらきかけることで、生活環境を再構築していくのである。

このようなプロセスの中で、患者は二種類の情報を受け取っている。「管理された情報」と「管理されない情報」

である。前者は、ナースや入院案内などが説明する患者用諸室や設備、スケジュール等についての情報であり、いわば病院側が公式に提示する情報である。場所をこのように使ってほしい、このように生活してほしいというものである。

その後、患者は決められた日課や探索行動を通じて、他の人びとのふるまいや、他の患者との会話（口コミ）などから、あるものを使って良いか悪いか、ある場所に行って良いか良くないか、あることをしても良いか良くないか等々を学習していく。こうした情報は、管理された情報では想定・規定しきれない細かい事項であったり、状況によって異なる種類のものであったり、どの程度なら規則から外れても大丈夫かといった大っぴらに語れないものであったりする。これらが「管理されない情報」である。患者は、まず管理された情報を与えられてから、自らのはたらきかけにより獲得される管理されない情報を得て、社会的・物理的状況を意識上に確定していく。

八―三　学校(67)

オープンスクールは伝統的な閉じた教室とは異なる作法を求める。のびのびとふるまうことと、同時に周囲に配慮することである。オープンスクールではしばしば教師も児童も、一般的な学校とは違う行動様式に適応するのに時間がかかる。筆者が開校後数年にわたり調査を続けた打瀬小学校でも、児童は広い自由な空間があることに最初は馴染めない様子だった。休み時間には走ったり遊んだり、広がりを使いこなすのだが、授業中には伝統的な教室での身体作法が強く彼らを拘束しているようだった。

開校初年度のあるクラスでは、教師は授業中にオープンスペースを活用しようと、オープンスペースに教材を置き、答え合わせの場所を設け、自身もそこに座って児童が教室から出てくるのを促そうとしていた。そして「好きな場所でやって（勉強して）いいんだよ」「オープンに出ていいんだよ」と再三児童に促していた。しかし、教師がそう言うとき、児童はお互いに顔を見合わせながらも教室の自分の机で学習を続けるのだった。答え合わせの時やプリントを取りに行くとき以外には机を離れなかった。

　この場面が象徴するのは、児童の身体はまだ伝統的な教室空間に合わせた身体であり、授業中には机から立ち歩いてはいけないという規範から自由ではないということだ。しかし、同じ児童たちが翌年には、教師が「じゃあ、ここからは各自で」と言うと、ごく自然に好きな場所に散らばっていって学習するようになっていた。この時には教師は好きな場所で活動してよい、と直接は語っていない。「各自で」取り組むという指示に、好きな場所に行ってよいということも暗黙に含まれているのだ。そのさらに翌年に再び訪ねると、児童たちはさらに積極的に、椅子や机を自分たちで動かして活動しやすい居心地のよい場所を作るようにまでなっていた。

　これは先のグループホームの例と同様に、スタッフがはじめは行動を誘導しながら、その施設における規範（管理された情報といってもよい）を提示するが、次第に利用者がそれを確認しながら自ら環境にはたらきかけていくようになるプロセスである。教師が児童にオープンスペースを、はじめは「使わせて」いくうちに、一般的な学校とは違う規範を児童が理解し、実践するようになったのだ。児童の身体が伝統的な学校における児童のそれから、オープンスクールの児童の身体に変容したといえる。そして、後からやってきた転校生はそれを見ながらこの学校での行動規範を学び、新しい環境に適応していくのだ。

八―四　スタッフの役割

この章の冒頭で示した図では、施設内の世界を、社会制度を背景とした物理的環境、スタッフ、利用者によって構成されるものとして表した。施設の新しい利用者の環境移行は、利用者が与えられた環境に単に適応する過程というよりは、施設利用者、スタッフ、物理的環境の相互の関係が変化していくプロセスであった。グループホームと学校の例では施設自体が新しいものだったため、その施設独特の環境や行動様式、いわば文化が作られていく過程でもあった。

スタッフは与えられた環境を「施設」として解釈し、使い方やそこでの行動様式を利用者に示す。同時に、建物使用者として自分なりの方法で使いこなして（解釈して）いく。建物を現実の環境としての施設にするのがスタッフと彼らが遂行するプログラムである。プログラムもまた、遂行される時点でスタッフの解釈と工夫を経ている。そして、どのような施設になるかは利用者の性質によっても違ってくる。異なる利用者に対してまったく同じようにプログラムを遂行することはできないからだ。

利用者からみれば、物理的環境とスタッフとプログラムが相互に関わりあって施設環境を形成している。場所の多くは施設プログラムと関連して意味づけられているが、同時に利用者は個人的にも空間を意味づけながら生活を構築していく。そして、利用者も環境の一部である。さまざまな施設で、利用者（入所者）が他の利用者の様子を見て居場所選択や行動を決めることが観察される。また、新しくその施設に来た利用者が、以前からいる利用者から情報を入手してそこでのルールや暗黙の了解を学んでいく。

経時的プロセスを見ることでわかるのは、利用者と物理的環境、利用者とスタッフ、スタッフと物理的環境がそれぞれ単独で関わることはなく、常にもうひとつの項が関与していることである。このことから、二項間の関係だけを取り出して分析し論じることの限界が見えてくる。

九、まとめ

ここまで、建築、特に施設建築のもつ意味について考察してきた。ビルディングタイプや建物の空間構成がどのような思考を体現しているのか、空間と役割によって人のふるまいがどのように枠組まれるかを見てきた。また、施設利用者の内的モデルと施設建築に埋め込まれた意味体系の間のズレや、施設生活が利用者（入所者）と施設建築・プログラムの間の一つの状態として成立することを見てきた。最後に、ここまでの議論がこれからの建築計画学に示唆するものを考えてみたい。

九―一　計画と利用のズレ――〈会話の木〉モデル

建築計画学は客観性や一般性を重視し、技術体系として施設計画を捉えることで価値から中立であろうとしてきた。しかし、中立であろうとしても、価値が意図的にせよ非意図的にせよ建物に体現されることは避けられない。矛盾するようだが、建築計画学は常に施設の「あるべき姿」や「将来像」といった価値判断を含むことがらを考え、示してきた。また、学校における教室のように、特別な意味をもたないように見える計画の前提条件も、社会一般にあまりに自明であるから気づきにくいだけであって、実際にはやはりその部屋を必要とする機制を背負っている。ある時代、社会、文化に作られること自体によって建物は価値をもつのだ。

これまで建築計画学は、その建物における人びとの生活の、ある理想状態を描いて空間を提案してきた。そして、入居した人びとが実際に建物を使うさまを調べ、理想状態とのズレや矛盾点を見出しそれらを解消するように理想状態のイメージを修正・発展させ、建物の計画を修正し、建物の利用者の「意識が低い」ことや「社会が追いついていない」ことを嘆いてきた。

計画者は、施設がこうあってほしいという理想像を、その舞台装置となる建築に埋め込む。しかし、それを埋め込むということは、理想状態が生起「しうる」空間を作るということであって、必ず起こるということではないし、それ以外の場面もいくらでも起こりうる。いいかえれば、あるアフォーダンスを作り込んでおくことはできるが、作られたもの（空間）はそれ以外のアフォーダンスも不可避的にもつので、他の使い方をされる可能性が開かれている。計画された建物のもつ規定性が強く発揮されることもあれば、利用者に読み替えられることもある。つまり、

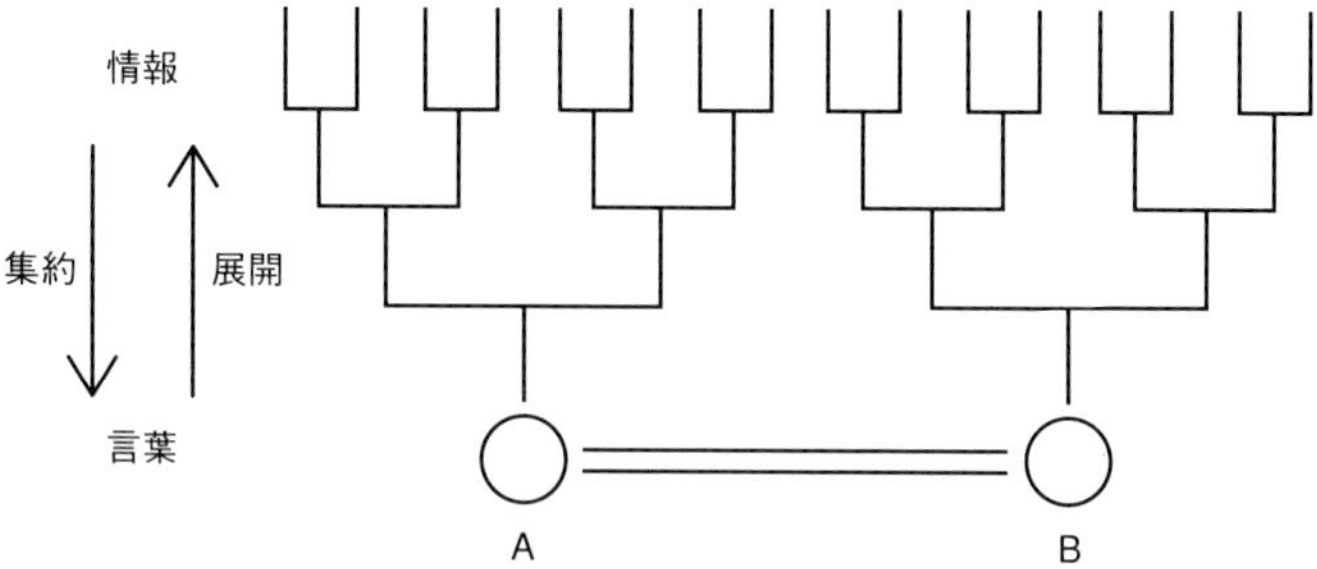

図 2-15　「会話の木」モデル（文 48，145 頁の図をもとに作成）
情報が集約された言葉が A から B に伝えられる．B はそれを展開（解釈）する．

ズレが生じる。

実体としての建物は、さまざまな意味が凝縮されたものである。人が建物を使うことは、環境を解釈する行為であり、物理的な建物を、それがおかれたコンテクスト、自らがそれを経験しているコンテクストに照らして読み解く。幾重ものレイヤを経て建物が使われていくことを考えると、ズレは生じて当然だということもできる。

このズレについて、情報理論におけるノーレットランダーシュの〈会話の木〉モデル[68]を援用して説明してみよう。建物は具体的存在であると同時に、ひとつの抽象化された理念型、いうなれば情報である。〈会話の木〉モデルは、あるメッセージが生成される過程で膨大な量の情報が捨てられており、伝達されるメッセージそのものにきわめて大量の情報が集約されていることを表したものである。メッセージの受け手は、今度はそこから情報を展開する。

「犬」と言ったとき、言う方は犬の一般概念をもっていると共に、自分の経験・記憶に基づいた犬の具体像をもっている。それらが集約されて（捨てられて）「犬」という言葉として発せされる。メッセージの受け手も犬の一般概念をもっており、それとともに彼の経験・記憶から彼にとっての犬のイメージが呼び起こされる。犬の一般概念は両方で共有されているが（でなければ、コミュニケーションは成立しない）、イメージされる犬は違っている。

施設建築も多量の情報が集約されたものだ。計画者・設計者のもつ目的意識や問題意識、調査研究から得られた知見（それ自体、情報が集約されたものだ）、個人的に見聞したことや経験……膨大な背景情報が集約されて計画理念となり、物理的環境の形に翻訳、凝縮される。利用者が建物を使う行為は建物から情報を展開することに相当する。しかし、利用者は当然、計画者・設計者とは経験や記憶、知識、立場が異なり、したがってものの見かたが違う。このように、メッセージ（建物）を記すコンテクストと読むコンテクストが違うことで、見出される意味のズレが生じるのである。

ごく簡単な例でいえば、小学校建築のアルコーブは建築計画を専門とする者ならば、それが児童の身体スケールに合わせた空間だという背景を知っているので、特定の機能をもたない居場所として使ってほしいと期待する。しかし、アルコーブは空間規模の面では物置きにもちょうどよいので、倉庫のように使われている場合も多い。これは、設計者がある役割を想定した空間の物理的性質が別の機能（意味）に展開された例といえるのではないか。また、子供にはこういう小さい空間もいいので、と「正しく」解釈する教師がいる一方で、目が届かなくなる場所だから児童の使用を禁じる教師もいる。そもそも何のためにあるのかわからないと放置されていることもある。

計画的提案が「うまく行く」あるいは「よく使われている」のは、建物を読み解くべきコンテクストを利用者が理解している場合か、設計者と異なる根拠であっても利用者が設計者の工夫に反応して積極的に使おうとしている場合である。逆に、たしかに使われてはいても、それが計画者・設計者の目指す方向と違う場合には問題あるいは矛盾と捉えられる。

建物は設計者がどのような意図をもっていても、使用者が入居してからはひとり歩きをはじめる。ある時点から、建築計画学では設計者の意図と利用者の解釈のズレは解決すべき問題と捉えられるようになった。この見方は、建築を例えば生活の近代化や教育のオープン化のような、ある目的を実現する道具とみなす操作的アプローチから生まれるものだ。しかし建築物は、人が手を加えたりさまざまに使ったりすることで道具から環境になっていくものである。事実、これまでの建築計画学は新しい提案のインスピレーションを、少数の予想できなかった建物

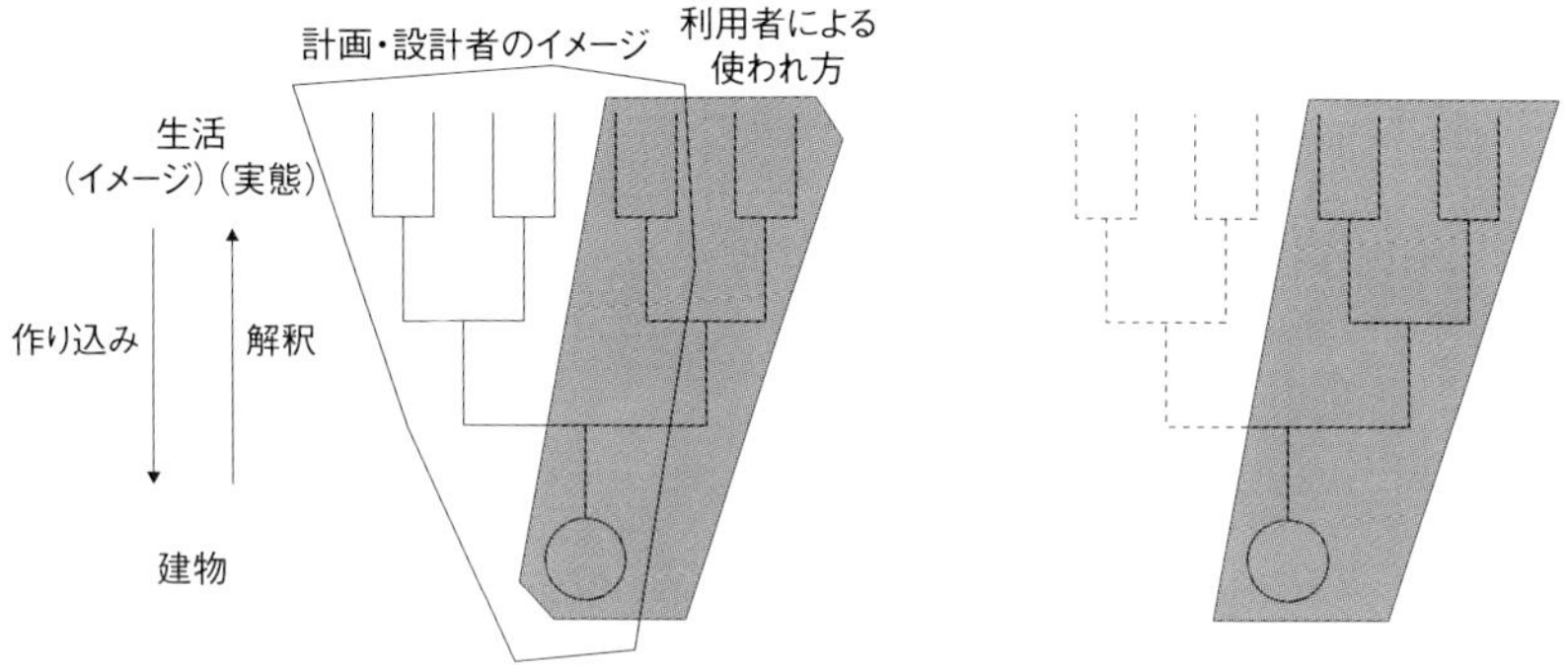

図 2–16　（左）建物を使うことは情報を解釈すること．ズレは生じて当然．
（右）室名，習慣，立場，図式…etc．が解釈の範囲を枠づける．

の使い方、つまり利用者が設計者の意図から逸脱した事例から得ていたのではなかったか。

九—二　手がかりの計画

しかし、だからといって意図的な行為としての計画を放棄するべきだというわけではない。過去に集合住宅計画においては「規定型」「順応型」という観点から住戸プランが検討されたことがある。生活を規定し誘導する間取りと、住み手の生活に合わせられる、間仕切りの位置を自由に設定できる間取りである（文30）。しかし、環境が住み方を決めるか、住み手が環境を決めるかという二元論的な問い自体に今では疑問符がつく。

オープンスクールも、当初はできるだけフレキシブルに使えるように広い均質な空間を提供する作られ方をした。しかし、その後の調査研究から、何にでも使える空間は活動や居場所の手がかりとなるような要素がないため、かえって使いにくいことがわかってきた。これは「多目的は無目的」というフレーズでよく言われることである。空間を使うためには、それがどのように使えるかを想起させるような性質が必要である。アフォーダンスが必要だということだ。

計画されすぎた空間は、特定の目的に適したアフォーダンスをもっているが、規定性が強すぎてそれ以外の活動のアフォーダンスをほとんど持ち合わせていないことも多い。逆にフレキシブルな空間は、作らないでおけば利用者が家具を置いたり場所を設えたりすることで多様な使われ方が発生するという考えにもとづいている。しかし、実際には人は、白紙の状態の部屋をアレンジして空間を作っていくことにそれほど長けていない。意図を主張するのでも、意味をゼロから創出することを利用者に求めるのでもなく、意味を見出す「手がかり」になるものを提示しておくことが必要だろう。

これを建築家ヘルマン・ヘルツベルハーは「空間をつくること、つくり込み過ぎないで残しておくこと」という表現で述べた。「結果があまりにストレートにあからさまな目的的なものとなってしまわないように、解釈される余地を残しておくようにする」[69]ことが必要だというのだ。建築家の役割は「できるだけ何の変哲もない中間色の器を考え出すこと」[70]にあるのではなく、「目的に合う解釈や、使い勝手を誘発する刺激を、人びとの面前に与えなければならない」のである。

九―三　これからの建築計画学

では、これからの建築計画学には何が求められるのだろうか。

これまでの施設計画研究が内包するジレンマは次のようなものだろう。すなわち、不特定多数の利用者を対象とする建物なので、一般的あるいは平均的利用者像を念頭において計画することになる。しかし、そうすることで「一般」あるいは「平均」の範疇から外れる一定数の人びとには応えないことになる。また、「一般的利用者」自体があくまで研究から導かれる概念型であって、現実に存在するわけではない。

大学の建築計画研究室の手による施設計画が事実上のひな型となった時代には、そうした矛盾を意識しつつも、出来るだけ多くの人に良い建物が目指されたのは理解できる。一方、人間の心理や行動を調べれば調べるほど、人が複雑で多様で個別であることが明らかになってくる。それらすべてに応える計画は難しい。また、現在の施設の利用者を見て、これから出来る施設のまだ見ぬ利用者の予測をすることは、あくまで利用者の一般的性質というものがあって、別の人びとにも当てはまることを期待している。

近年は利用者の個別性・多様性に目を向けた研究が増えている。また、機能一辺倒からの脱却と生活の重視は以前からいわれてきた。こうした研究の方向性は、利用者カテゴリーや行動を従来よりも細かく類型して見ていくことや、生活行為を詳細に把握していくという研究方法に表れている。ところが、こうして細分化して人や行為を捉えることには、次のような問題点がある。

利用者の類型を細かくしていくことは、利用者を全人格的にある型にあてはめるということである。以前の「一般的な」利用者の概念よりは多様性を認めたものではあり、計画・設計の実務に結びつける知見としては、さまざまな利用者の記録は有効かもしれない。しかし、研究として見たときには、類型の中の個別性が今度は問題になるという終わりのないサイクルに入り込んでしまう。一方で、行為を細分化して捉えれば捉えるほど、人の行動は非人称的なものになっていく。行為は前後の脈絡を含めて一連のものとして意味をなすが、個々の行為に着目すればするほど、ますます要素還元的・機能主義的に見るようになっていくということだ。

ヘルツベルハーは集合住宅が「自治体や投資家や社会学者や建築家などが考える「住民の望むもの」に従って設計されている。（中略）それは多勢の望みを少数の人が考えるという集団的な解釈である」と指摘する。そして、ひとりひとりの「行動を形成したり真に個人的な意思を抑制したりする幾重もの条件を看破することは絶対に不可

図 2-17
細分化で多様性は捉えられない
©いしいひさいち

能なのだ[71]」と戒めている。人の多様性を、行動・行為の要素化と類型という手法で把握、操作しようとすることの限界を認識しなければならない。利用者の個別性や生活行動の多様性に着目した最近の研究が、集団的な利用者像と施設における目的的行為のみを見る視座から離れ、施設環境で起きていることの複雑さに目を向けた意義は大きい。しかし、これからは「多様である」ことを結論とすることから一歩踏み出し、それを出発点とする段階にきていると思われる。これは、〈会話の木〉モデルでいえば、情報の展開される先がさらに広がるような建築を目指すことである。そのために、意図的にデザイナーの意図の及ばない領域を残しておくのである[72]。

最後に、建築がもつ規範性にもっと意識的である必要がある。建築計画者は従来、自分たちが制度からも利用者からも中立な存在（どちらかといえば利用者よりの立場）であると考え、自負してきたように見える。しかし、社会的使命をもって計画・設計に取り組んできた（いる）以上、そうした目的意識をもっていること自体が規範的であり、それが必ず建物にも反映されて利用者の行動と思考にも影響する。計画者・研究者は価値中立的ではありえないし、そうであっては存在意義がない[73]。

したがって、これからの建築計画学は、環境をかたちづくる行為が本来的に規範性を帯びること、建物が道具としてニュートラルではなく、環境として象徴的にも日常行動の局面でも強いフレームとしてはたらくことに自覚的であらねばならないだろう。これまでは「建物の計画」に問題設定の範囲が限定されていたが、「建物を計画すること」の意味を再定義する必要があるということだ。建築地理学の視点を導入することで見えてきたことのひとつは、従来は施設世界を外から観察していたはずの計画者も、実は構図の一部だということである。

そして、計画の実践においては、環境をつくることを、生活の枠組みを提供しながらも生活を誘導し制御する手段ではなく、利用者が自分の環境を構築していく手がかりと考えることが重要になるのではないだろうか。つまり、建物で行われる生活までは計画できないことを認め、あくまでオープンエンドな「問いかけ」として物理的環境を提示するのである。これまでの建築計画研究はそのための言語を与えてくれるだろう。

註

(1) 例えば、公団住宅の設計では「標準化」が重視され、一時期は全国統一型標準設計に独自に手を加えることが禁止されていたという（松村秀一　文63）。学校建築では標準設計型の校舎が全国に建てられている。

(2) 機能主義は狭義には建物のプログラムを満足する考え方を指すが、広義には快適感や交流行動といった側面を建物が満たすべき機能と捉えることも含まれる。

(3) 青木正夫は「行為を要素によって分解し、抽象化」し、生活を「時間・空間・対人関係・物（道具および自然物）・感情の五つの要素に分け、それらの組合せで分析」し、利用者についても階層別・性別・年齢別・職業別に層別化を行なって捉えるべきだと述べている（文1、八頁）。

(4) 長倉康彦　文43、三〇頁。

(5) 長倉は機能への対応の他に変化や開放感のような感性にうったえる環境の必要性についても述べているが、機能に付加されるものとしてアメニティを捉え、多目的スペース、交流の場、ランチルームといった空間の整備により環境を改善するという発想はやはり機能主義的である。ただし、本書の趣旨が機能主義的アプローチの意義を否定するものではなく、建築と人間の関係全般をその視点から捉えようとする限界を指摘することにある点を強調しておきたい。

(6) 橘弘志　文37による。

(7) これはイヴァン・イリイチが「シャドウワーク」という概念で説明する現象である。表向きはサービスの受け手とされる患者や生徒が、実際には医療や教育を産業として成立させるために「顧客」という立場、いわば仕事（しかし賃金は支払われない、陰の仕事）を与えられているということだ。（文9）

(8) 高橋鷹志はＭＥＲＡ（人間・環境学会）のワークショップ（二〇〇五年五月二八日）において質問に答えて、心理的研究を従来の使われ方研究へのアンチテーゼと考えたことはなかったと述べた。しかし、現時点から振り返れば、従来とは異なる視点を提供して機能的研究を相対化する役割を果たしたと位置づけることができよう。

(9) グレゴリー・ベイトソン　文59による。彼は生命システムが間接的、複重的にはたらくと述べたが、これは環境と人間の生態学的システムにも当てはまる。また、彼は「設計者やエンジニアは、特定の必要をきわめて直接的なやり方で満たそうとする」（六六二頁）と指摘して、近代科学・技術の問題対処法を批判した。

（10）ヴォルフガング・シヴェルブシュ（文27）によれば、鉄道の発達によって国土の時間が平準化された。それまでは地方ごとに固有の時間（時計）を持っていたのだが、超地域的なダイヤを組むためには時間を統一する必要があった。そこで鉄道の標準時が採用されたのである。鉄道網が密になり、組み込まれる地方が増えていくにつれて、鉄道標準時は広まり、最後には一般の標準時になっていった。

（11）佐藤俊樹（文24）は情報技術は社会を変える、という巷にあふれる言説に疑問を呈している。

（12）ジャック・プズー＝マサビュオー　文55、二〇二頁。

（13）イリイチは「道具とは、ある目的を達成するために設計された装置」と定義する（文11、一六一頁）。

（14）いわゆるｎＬＤＫ型集合住宅に対して、社会学的見地からそれらが「標準世帯」に象徴される近代家族の型を自明の前提とすることで規範となっているとの批判がある（上野千鶴子、文12）。集合住宅をめぐる最近の議論（例えば文29）に見られる建築計画学と社会学の視点の違いは、前者が建物を技術体系として捉えるのに対して、後者はそれが体現する価値を問題にすることである。建築計画は生活改善・近代化を目指してきたが、目指した先の生活や家族の姿は自明視してきた。その自明視された生活・家族像を社会学は問う。

（15）舟橋國男　文57、三九—四〇頁。

（16）舟橋國男　文56。強調は引用者による。

（17）高橋鷹志　文35。

（18）波平恵美子は「病人役割」と「患者役割」を区別する（文45）。

（19）レイヴ　文75、二七七頁。

（20）箕浦康子　文67。箕浦は校舎という物理的環境も社会化・文化化環境の要素に挙げる。

（21）恒吉僚子　文38。

（22）「新・教育の森」毎日新聞、一九九九年一月三〇日、東京朝刊四頁。

（23）イリイチ　文11、一六六頁。

（24）デスクを部署ごとに島状にまとめ、部署内では役職・年次に従って上位から下位に配列するのは日本のオフィスに特徴的とされる。

（25）しかし、ジル・A・フレイザー『窒息するオフィス』によれば、こうしたオフィスの形式は従業員に対してきわめて否定的な意味をもつ。安定した仕事スペースを剥ぎ取ることで、従業員が取り換え可能であり、生産性を上げなければ「居場所」がなくなるという言外のプレッシャーを与えているという（文58）。

(26) 例えば『Brutus』第四八四号（二〇〇一年八月一五日）では、従来のオフィスの「仕事場」というイメージに当てはまらない様々なオフィス空間を特集している。

(27) 『The Distributed Workplace』、文51、一四頁（引用部分は筆者訳）。

(28) シーン・ネイルは、教室空間内で教師が生徒との対人距離や姿勢を様々に調節することで非言語的メッセージを発し、教師―生徒のコミュニケーションの様態をコントロールすることを示している（文46）。

(29) 教育学者・佐藤学は、物理的環境にはたらきかけることのもつ意味を次のように記す。「教壇をなくし、教卓を脇に置き、個人学習用の机を協同学習用のテーブルに置き換える教師は、物質的環境に埋め込まれた『状況的枠組み』を洞察しているだけでなく、その『状況的枠組み』を構成している心理学・社会学・教育学・政治学を批判しているのである。（文25、三二三頁）」

(30) J・J・ギブソン　文17、佐々木正人　文23等を参照。

(31) 認知科学者D・A・ノーマンはこれを文化的制約と呼ぶ（文47）。

(32) 学生のレポートに記述された実際のエピソード。

(33) 学校で児童が、教師に言われるまでは自分で家具を動かさないのはこの例である。「施設に慣れる」の項参照。

(34) 白石第二小学校（設計：芦原太郎、北山恒）や吉備高原小学校（設計：シーラカンス）で初めに取り入れられた。

(35) 写真投影法は、「好きな場所」「一日の生活」といったテーマで写真を撮ってもらい、身近な環境に対する認識を調べる方法である。もともと文化精神医学者・野田正彰が子供の内面世界を探るために始めた方法で（文49）、建築計画研究や町づくりワークショップにも用いられるようになった。

(36) 打瀬小学校の建築については文26等に詳しい。

(37) 多木浩二　文36、一七〇―一七一頁。

(38) 松葉一清、文62、六頁。

(39) 文39、一〇三―一二一頁、対談「建築とプログラム」による。

(40) 松山巌　文64、九頁。

(41) 松山巌　文64、一二頁。

(42) 室名には大きく分けると二種類ある。ひとつは、「手術室」「調理室」のように機能を示すものである。もうひとつは、「社長室」「子供部屋」「職員室」のように部屋を社会的ステータスと対応させるものである。前者は活動によって空間を規定するのに対して、後者は社会構成の面から空間を意味づける。

(43) これが逆転して、学習をするには学校に行かなければならないようになってしまったことが、イリイチをはじめとする施設批判の論点のひとつである。

（44）D・A・ノーマン　文47。ノーマンは、利用者がもつ製品やシステムに対してもっているイメージを「ユーザモデル」、製品やシステムの設計者がもつイメージを「デザイナーモデル」と呼んだ。そして、製品として実際に作られるのは、ユーザが直接接する操作の対象となる部分だが、その背後には目に見えない抽象的なシステム（その製品が作動し、仕事をする仕組み）がある。その点で、ユーザが触れる製品は、システムを具象化した「システムイメージ」である。

（45）次に取るべき行動が明確に分からない場合、とにかく何かやってみることはよくある。日色真帆は経路探索におけるそうした状況で、「とりあえず行動」をとることによって新しい情報が取得され、状況が打開されることを明らかにした（文53）。

（46）この項は、長澤・鈴木・山下　文44をもとにしている。

（47）スキーマは過去経験や外部環境についての構造化された知識であり、スクリプトは特定の状況と行動に関する一般的な知識構造であるとされる（文33）。つまり、スキーマが世界に関する知識であるのに対して、スクリプトはそこでどうすべきかに関する知識であるという意味合いの違いがある。

（48）現在は院内処方は行われないことが多いため、窓口の構成も異なってきている。

（49）B・Hillier & J・Hanson　文54、一八四頁。（引用部分は筆者訳）

（50）オープンプランのこうした性質については伊藤、文8で詳述した。

（51）K・Dovey　文41。これは教育社会学者・バーンスタインの言葉を借りれば、〈権力（power）〉から〈統制（control）〉への移行である（文52、70を参照）。

（52）K・Dovey　文41、五〇頁。（引用部分は筆者訳）

（53）アルビン・トフラーによれば、家庭から働き手を工場労働に送り出してしまったことで、子供は学校、老人は老人ホームというように、家族の持っていた重要な機能が専門的な機関に任されるようになった（文42）。

（54）山崎正和は近代社会におけるアイデンティティが、「さまざまな立場や利害にもとづく複数の帰属関係、いいかえれば、複数の自己同一性の複合体」の様相を見せるようになると述べる（文69、一二〇頁）。

（55）鈴木博之「ニュータウン―必要な複合都市への脱却」毎日新聞二〇〇三年九月七日による。

（56）三浦展は、伝統的なコミュニティが生産共同体だったのに対して、郊外住宅地は消費共同体であると指摘する。（文65）

（57）柳（文68）は、当初は家庭と一体化していた教育の場を、できる限り生活から切り離そうとしてきたのが学校の歴史だと言う。

(58) この「インスクールハウス」の先駆的事例については伊藤 文7を参照。

(59) 「施設症」と呼ばれる現象もある。施設では介助・介護が一括して提供されるため、本来は自力で出来たはずの生活行為も自分で行わなくなり、出来なくなってしまうという矛盾を示している（上野淳 文13）。

(60) 文部科学省はフリースクール等での学習も就学とみなせる仕組みづくりの検討を始めた（毎日新聞、二〇〇五年五月二〇日）。

(61) イリイチ 文10。教育学者・山本哲史は文70でイリイチの理論を解説している。

(62) イリイチ 文10、五九頁。

(63) 恒吉、文38、六五頁。

(64) 大原一興、文15。

(65) この項は厳爽他、文71、72をもとにしている。

(66) この項は高商均他 文19をもとにしている。

(67) この項は伊藤 文6をもとにしている。

(68) トーレ・ノーレットランダーシュ 文48、一三九—一四八頁参照。

(69) ヘルマン・ヘルツベルハー 文61、一五〇頁。

(70) ヘルツベルハー 文61、一六〇頁。

(71) ヘルツベルハー 文61、一五六頁。

(72) クラウス・ベック＝ダニエルセンは、近代建築・都市は計画者がトップダウン式に、理念の表現としてデザインしてきたと総括する。それに対して、住み手によるはたらきかけや変化の余地を残して「意図的に非意図的であること」の可能性を提案している（文60）。

(73) 鈴木毅は「建築計画学は建築の価値を明示してきたか？」と問いかける（文32）。

第二部　実践編

施設の意味を読み解く

第三章　建築地理学的に見た施設とは何か

一、施設の歴史

一―一　施設の起源

かつて葬式や儀式はそれ専門の葬儀場やセレモニーホールではなく、教会や会堂で行われていた。行事ごとに空間をしつらえ、ふさわしい人を揃えることで、人々の求めにこたえることができた。トゥアンによれば、かつて演奏者と視聴者は一体であり、役割の分担は明確ではなかった(文1)。演劇も観客との一体化を求めて、劇場という箱の中から街頭に飛び出していった。箱と中身の一対一対応の限界とつまらなさが、現在の施設をパフォーマンスのための舞台に成り下げている。そのような箱の中で行われる舞台は、シナリオ通りにしか進行しない。舞台とはそもそも、予想できない楽しい出来事が繰り広げられるものではないか。病院や学校といった建築が画一的でつまらないのは、建物からシナリオが読めてしまうためではないか。

このような「施設」と呼ばれる建物は、種類ごとに起源は異なるが日本・海外を問わず、多くは教会や寺院をはじめとする宗教建築に端を発している（文2）。初期の施設では宗教行為そのものより、広い空間とそこに人を収容する機能が重要であった。産業革命による分業化に伴い、様々な機能を持つ施設が都市の中に配置されるようになった。いったん施設の機能が定まるとそこに集まる人種や人数は自ずから収斂し、機能に応じた大きさに施設は落ちつく。すると次はその施設を適切に配置することによって新しい街区（ニュータウン）が計画されるようになる。街区は施設の利用人数を単位として区画され、かたちづくられる。住宅を並べるだけでは街区は形成できないのだ。この時から、街区は施設と一対一対応を始め、同時に都市は街区（＝施設＋住宅）の集積体として表現されるようになった。

一―二　施設という言葉

日本語の「施設」とは『大辞林』によれば、「①ある目的のために、建造物などをこしらえること、また、その設備」という意味であり、建物そのものの意味合いが強い。そのような建物を指し示す英語としてまずファシリティ（facility）という単語が挙げられる。Cambridge International Dictionary of English によると、ファシリティには「ある活動が行われる場所、特に建物[1]」という意味が与えられ、日本語の「施設」とほぼ同等の意味を持っている。現在でもフランス語で facile が「容易である」という意味を持つことからも分かるように、facility は物事を容易にするものという意味合いを持つ。従って facility という建物には、機能を単純化して求められる要求を次々とこなしていくようなイメージがある。

一方、『大辞林』では「②特に、児童福祉施設として設けられる児童厚生施設・養護施設など」という意味も与えられているが、これは英語のインスティテューション（institution）に相当し、Cambridge では「公的なケアを受ける老人や知的障害者、孤児といった人を中心に多くの人を収容する建物[2]」という意味と同時に、「彼は施設の中で一生を過ごすことを恐れている[3]」という例文が掲げられている。このようにインスティテューションはファシリティと違い、建物というハコそのものよりも、その中身について細かい定義がなされている。本書で言うところの「施設」はこのインスティテューションであり、取り上げる内容も建物そのものではなく、その中にいる人間や活動までをも含めた総体を捉えている。

Cambridge の例文からも分かるように、英語のインスティテューションにはネガティブな意味が含まれ、派生語はよりその傾向が強い。例えば動詞 institutionalize（制度化する、施設に収容する）の例文は「誰かを institutionalize するとは、人を施設に送ってそこで暮らすようにすることである。彼らの多くは知的障害を持っていたり孤児であるためである[4]」であるし、形容詞 institutionalized（制度化された、施設に収容された）のそれは「institutionalized とは、施設のルールに従って長期間暮らしているために、徐々に思考や行動ができなくなってくること[5]」「institutionalized にならないように長期間の入院は避ける必要がある[6]」である。いずれもインスティテューションが弊害を暗示するものとして記述されている。

一―三　施設を構成する要素

さて、施設を施設たらしめている構成要素は何であろうか。一つは病院や学校というハコ、つまり建物である。建物のない施設というものは存在しない。施設を利用するということは施設まで出向くということを意味しているし、「施設にお世話になっている」といえば、多くの場合施設に入居しているか、通所していることを意味する。しかし病院や学校というハコだけでは施設にはならない。病院に診察を受けに行くのは施設の利用だが、病院にお見舞いに行くことを施設の利用とは言いがたい。

それではハコの他に必要な要素は何か。病院に行って受けるのは診察や治療であり、学校で受けるのは授業である。老人ホームやデイケア施設では住みながらか通いながらかの違いはあるにせよ、いずれもケアを受けている。このように利用者はいろいろなものをそのハコの中で受けているが、その受けているものとはつまりサービスである。施設というハ

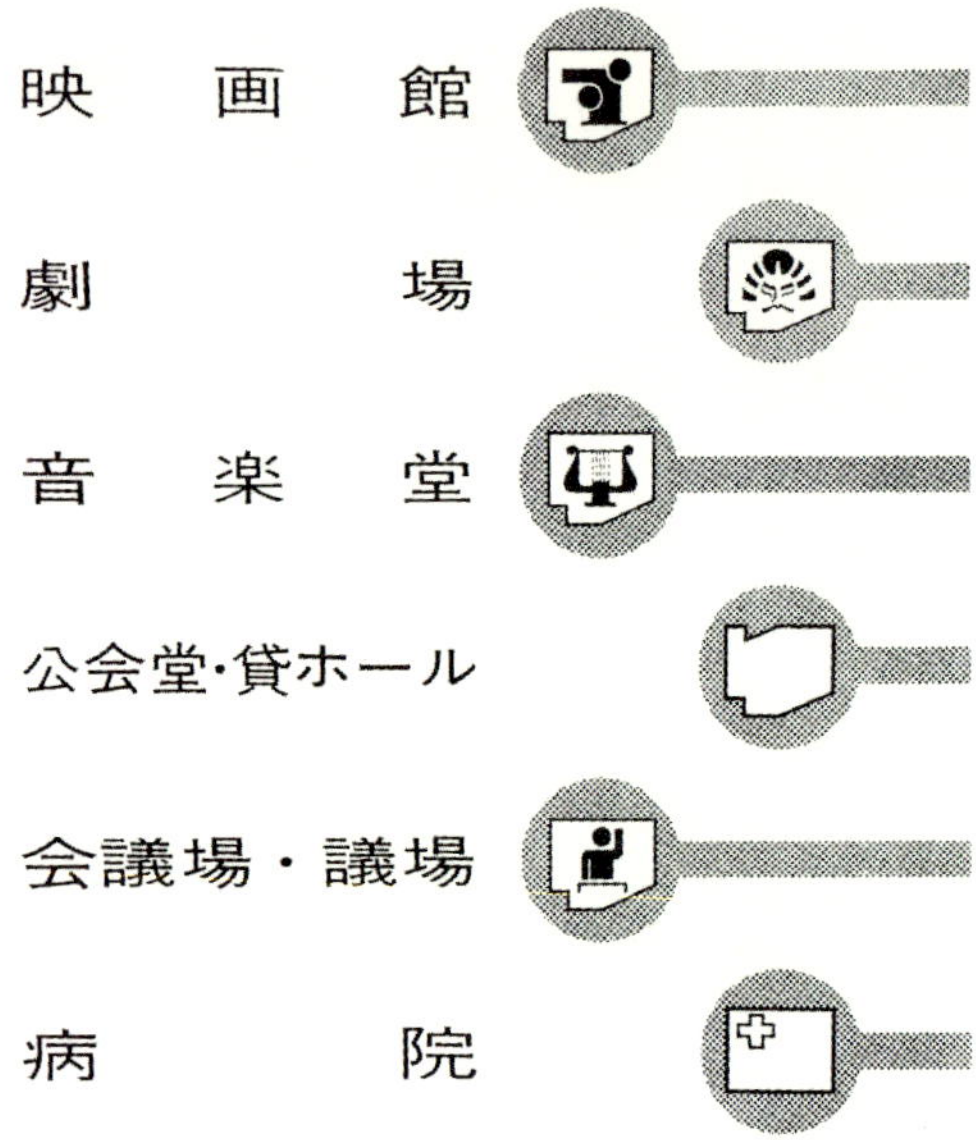

図 3-1　『建築設計資料集成』（1960 年版）のアイコン

コの中で受けるサービスとは家の中でできない特殊なことだと思われがちだが、分業化によって施設が発達したことを考えれば、もともとは家の中で行われていたことである。しかし手術のように特別な部屋の中で行われるものや、教育のように家でもできるが集団だと効率良くおこなえるものが施設を必要とした。

従って、施設とは家の中で行えない、あるいは行うには効率が悪いサービスを受ける建物である、と考えることができる。「施設＝サービスと建物のパッケージ」と考えても良い（図3-1）。しかしサービスは人によって与えられるものだけでない。良い環境、美しい建物といったハードそのものもサービスの一つとして評価されることを忘れてはならないし、ハードのつくり方によっては案内や手際が悪くなり、サービスが低下する可能性もあることをナイチンゲールは示している。

「私は看護婦がいつもその責めを負うべきであるといっているのではない。衛生上の準備が悪かったり、建築上の配置が悪かったり、管理上の協定が悪かったりして、看護することを不可能にしていることもよくある。」（文3）

二、施設にまつわる言説

従来より、インスティテューションについては研究者や思想家によって様々な考察がなされてきた。多くの考察は社会学の分野で扱われることが多いが、その記述の背後には施設という建築、そして建築を取り巻く制度の問題が横たわっているのが垣間見える。ここでは彼らの代表的な言説を取り上げ、我々の研究の観点がそれらのどの部分に関わるのかを示しておくことで、後の考察の手がかりとしたい。

1　ゴッフマン「アサイラム」

「全制的施設 a total institution とは、多数の類似の境遇にある個々人が、一緒に、相当期間にわたって包括社会から遮断されて、閉鎖的で形式的に管理された日常生活を送る居住と仕事の場所、と定義できよう。……わたしが記述する要素のどれ一つとして、全制的施設に固有とは思われないし、またすべての施設が共有する要素は一つとしてない、ということである。全制的施設に顕著なところは、各々の全制的施設が、「この種の施設に固有の」一群の属性のうち多くのものを明瞭に示す、ということだ。」（文4）

ゴッフマンは施設を「包括社会から遮断されて、閉鎖的」なものと表現しているが、その閉鎖的な空間の中で全ての居住と労働が完結しているところに注目せねばならない。その時施設は全社会を一つの建物に濃縮したものであると言えよう。この考えに基づくと、施設はただ単にサービスを執行する場所ではなく、生活そのものと捉える必要がある。この考え方は近年の施設の設計において特に重要視されているため、後段で様々な視点から考察する。

2　イリイチ「脱学校の社会」

「私は「学校」を、特定の年齢層を対象として、理由を義務づけられたカリキュラムへのフルタイムの出席を要求する、教師に関連のある過程と定義する。……学校は人々を年齢に応じて、集団に分類する。この分類は三つの当然視されている前提に基づいている。その前提とは、子供は学校に所属する、子供は学校で学習する、子供は学校でのみ教えられることができるというものである。私は、この未検討の前提をまじめに疑ってみる必要があると

思う。」（文5）

学校に行かない子供の存在は許されないという思想を前提として日本の義務教育と学校は存在しており(7)、イリイチもこのような学校の存在を疑問視している。この前提は教育というサービスとどのような関係があるのだろうか。施設とは「人々が求めながらも家庭では困難なサービスを受ける場所」という定義が、教育分野では成り立っていない可能性がある。のちに小学校の調査結果から、学校とはどのような施設なのかを探ってゆく。

3　イリイチ「脱病院化社会　医療の限界」

「現代の医療が住民全体の健康に対して示す脅威は、交通量と交通強度が稼働性に対して示す脅威、教育と伝達手段が学習に対して示す脅威、都市化が自己の家を建てる能力に対して与える脅威と類似のものである。いずれの場合にも、主要な制度的努力は反生産的に転化する。交通における、時を消費する加速化、騒々しく混乱したコミュニケーション、より多くの人々により高い技術的能力を身につけさせ、全体的には無能力である専門バカを目指して訓練する教育、これらすべては医療による医源病の生産とよく似た現象である。いずれの場合も、主要な各分野の制度は、それがつくり出し、技術的な手段を与えた特定の目的から社会の方向をずらしてしまうのである。」（文6）

本来は人々の求めに応じるためにつくられる制度、またその制度によってつくられる施設は、徐々に本来の目的から外れ、不必要あるいは有害さをもたらすまでに至ってしまった。ズレをもたらす原因は制度そのものにあるのか、その運用なのか、はたまた利用者なのか。非参与観察の結果と考察から施設のズレを眺めることで、その原因を探る。

4　フーコー「監獄の誕生―監視と処罰―」

「ただ単に、見てもらうため（宮殿の豪華さの誇示）や外部空間を監視するため（要塞の幾何学的布置）にのみもはや造られているのではない建築物、有機的に配置され細部に及んだ内的な取り締まりを可能にするため――そこにいる人々を可視的なものにするために造られるそうした建築物の問題体系である。より一般的にいうならば、個々人の変換《トランスフォルマシヨン》のための一作用素《オペラトゥル》となる（変換も作用素も数学用語）ような建築物の問題体系である。つまり、その建築物に収容される人々への作用であり、彼らの行為にたいする支配であり、彼らにまで権力の効果を及ぼし、彼らを調べあげ、彼らを変化させることである。石造りの建物が人を従順にし調査可能にするというわけなのだ。閉じ込めと閉鎖状態とを旨とした――あつい壁、出入りを防止する頑丈な扉を中心とした――古い単純な図式にかわって出現しはじめるのが、開放状態、満員と欠員、通路と透明などについての計算である。かくして病院＝建物が医療的行為の道具として少しずつ組織化される。すなわち第一にそれは、患者の充分な観察を、したがって看護のいっそう行届いた調整を可能にすべきであり、患者の注意深い隔離を主にした建物の形式によって伝染が防止されるべきであり、最後に、換気および各病床のまわりへの通風によって防がねばならないのは、有害な蒸気が患者のまわりによどんで、その体液を分解し、直接的な影響によって病気をふやす事態である。病院――この十八世紀後半に人々が整備しようとした病院、しかもパリ市立病院の第二回目の大火（一七七二年の）のあとで多くの計画が立てられた病院――はもはや単に、貧困や迫った死を収容する建物にとどまるだけではない。具体性そのものにおいて、それは治療の作用素である。」（文7）

パノプティコン（一望監視施設）で知られる「監獄の誕生」だが、彼はパノプティコンの考え方が生み出されるまでに、犯罪者や学生に対するディシプリーヌ（規律・訓練）がより効率的に進化してきた流れを振り返り、建物もその一助となるように改良を加え、監獄におけるその究極の形がパノプティコンに行き着いたと述べている。同様に病院も、犯罪者と同じく患者の隔離の道具として生まれたが、後に病院そのものが患者に対する治療道具（現在は同時に研究道具）となる様子を描く。ここで重要なのは、病院が患者のためにあるように見えて、実際は医師のために強く作用している点である。この利用者とスタッフの関係はあらゆる施設で問題となるポイントである。

5　ナイチンゲール「看護覚え書」

「病気を注意して見つめているとき、それは個人の家であっても公共の病院であっても、経験豊かな観察者を非常に強くひきつけることがある。それは、その病気につきもので避けられないと一般に考えられている症状や苦痛などが、実はその病気の症状などでは決してなくて、全く別のことからくる症状――すなわち、新鮮な空気とか陽光、暖かさ、静かさ、清潔さ、食事の規則正しさと食事の世話などのうちのどれか、または全部が欠けていることから生じる症状であることが非常に多いということなのである。」（文3）

病院の建物が治療道具であることはすでにナイチンゲールが喝破していた。彼女は世界で最初の、科学的な病院建築家であり、施設のもたらす効用あるいは弊害を理解していた。研究を設計に役立てた最初の建築計画者と言っても良いだろう。建築計画の成果は設計に活かされるのかという問いは、常に建築計画につきつけられる。

三、施設の現在

ナイチンゲールの考察から一四〇年、その他の近代的な考察からもすでに約三〇年が経過し、現在日本で見られる施設は当時と大きく変化し、その種類は多岐にわたる。このように細分化された施設で受けるサービスとは概して特殊な、専門的な知識や技術を要するものであると考えがちであるが、これほどまでに施設が発達したのは最近の話である。だとすれば以前は家庭ですべてのサービスがまかなえたのだろうか。

例えば特別養護老人ホームを考えてみる。主に認知症の高齢者をケアするこの施設が制度として誕生したのは一九六三年の老人福祉法制定である。有吉佐和子の「恍惚の人」(文8)がブームになり、高齢者問題が一般の人の話題にのぼるようになったのが一九七二年のことであるから、制度ができて一〇年近く経っても施設はまだうまく機能していなかったのだろう。以前から存在していた認知症高齢者が女性の社会進出や核家族化によって家庭内でケアしきれなくなり、表面化してきたとも言えよう。このような社会的状況の変化がこの施設の誕生と発達に大きく影響していることは疑いの余地を持たないが、それ以前に栄養状態の改善や医療の進歩によって人間の寿命が大きく伸び、認知症になるまで長生きするようになってしまった。つまり、社会的な構造の変化と生物学的な長寿命化が重なり合って生まれた施設だと言える。

特別養護老人ホームをはじめとする高齢者をケアするための基準が定められている施設は現在二〇種類ほどある

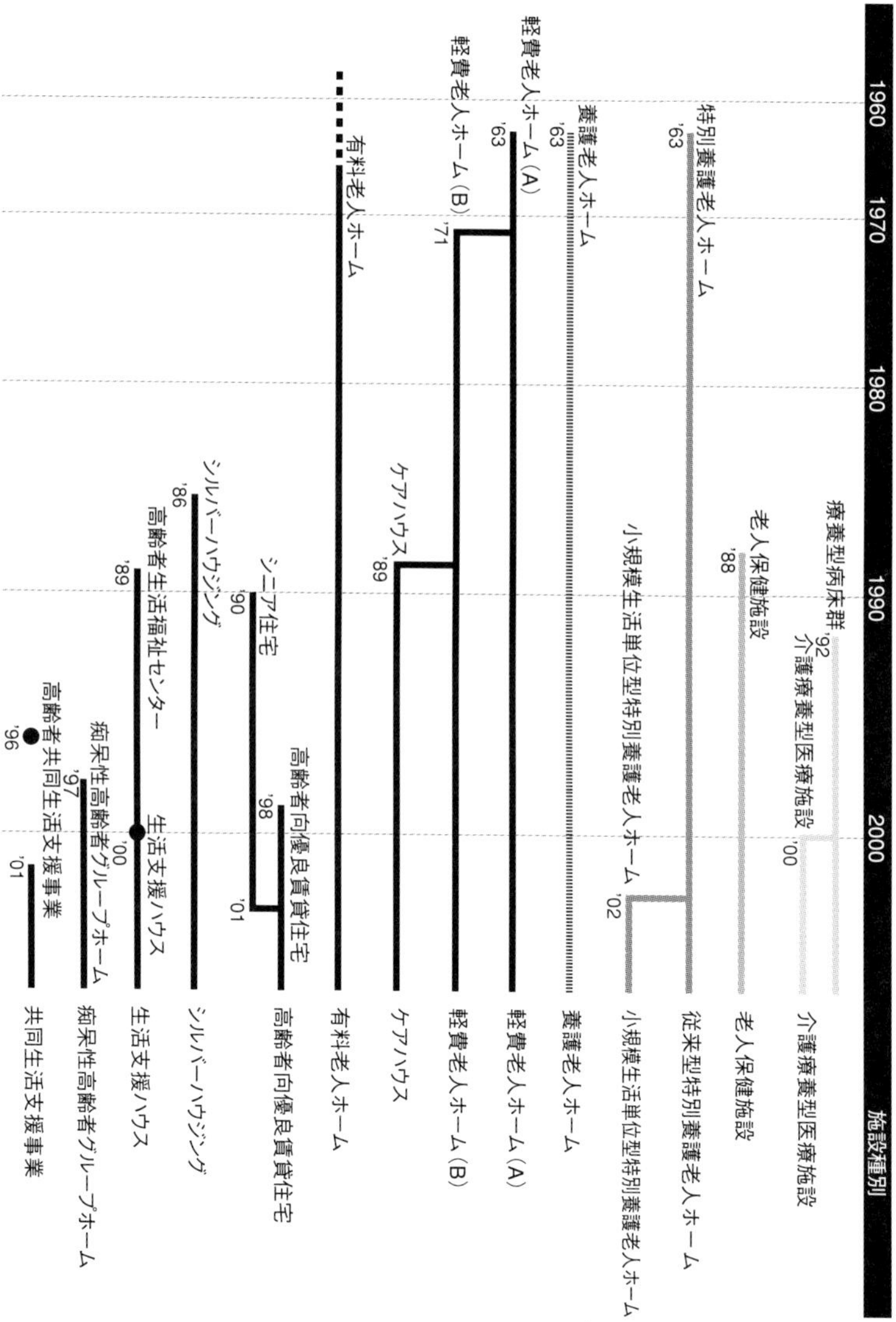
施設種別
1960
1970
1980
1990
2000
療養型病床群 '92
介護療養型医療施設 '00
老人保健施設 '88
特別養護老人ホーム '63
小規模生活単位型特別養護老人ホーム '02
養護老人ホーム '63
軽費老人ホーム（A）'63
軽費老人ホーム（B）'71
有料老人ホーム
ケアハウス '89
シニア住宅 '90
高齢者向優良賃貸住宅 '98
'01
シルバーハウジング '86
高齢者生活福祉センター '89
生活支援ハウス '00
痴呆性高齢者グループホーム '97
高齢者共同生活支援事業 '96
共同生活支援事業 '01
介護療養型医療施設
老人保健施設
従来型特別養護老人ホーム
小規模生活単位型特別養護老人ホーム
養護老人ホーム
軽費老人ホーム（A）
軽費老人ホーム（B）
ケアハウス
有料老人ホーム
高齢者向優良賃貸住宅
シルバーハウジング
生活支援ハウス
痴呆性高齢者グループホーム
共同生活支援事業

図3-2　高齢者施設の歴史

が、これは図3−2を見てわかるように年々新しい施設が制度に加えられてきた結果である（文9）。認知症高齢者を二四時間ケアする特別養護老人ホーム、病院から家に帰るまでの一時的な回復訓練施設である老人保健施設、長期療養のための療養病床というように、高齢者施設は機能や経済面から細分化されてきた。近年では高齢者向け優良賃貸住宅やグループリビングのように、高齢者の新しいライフスタイルを実現する新種のものが従来の施設の範囲外に出現している。利用者に欠けているものを一斉に補う画一的な施設から、個別の欲求を満たす施設へ、利用者あるいは施設側の要求がシフトしていることを意味している。

同じように医療について考えると、病院といえば内科から歯科までひと通りの診療科が揃い、入院もできるいわゆる総合病院がイメージされるが、近年では外来を持たずに入院機能しか持たないものや、各地からネットを通じて送られてきたレントゲンの画像データを診断するだけという、病院機能の一部しか持たない施設が登場している。これは専門に特化したほうがスタッフが少なくすむ上、特化した病院の収入が上向くように診療報酬を改定した影響も大きい。通信技術の発達や経済の誘導がもたらした新しい施設と言える。

逆に、精神病院のように社会に衝撃を与えた事件に誘導され、危険人物を収容するためのハコが先に建設され、精神病の診断ハードルを下げることで患者数を増やした事例もある。「精神病は社会によってつくられる」と表現されるように、施設が目的化して増殖した例である。精神病院だけでなく、一般の病院にも同じことが言える。コレステロールや血圧の数値を例にとると、表3−1のように「異常」と診断される数値は様々であり、数値を変えるだけで患者は大きく減少する。また、国によってもこの閾値は異なるため、住む場所を変えた途端に病人になる可能性もある。施設をつくるために患者を増やすのはそう難しいことではない。

本章第一節では「施設＝建物とサービスのパッケージ」と捉えていたが、上の考察からこれらのサービス、あるいは建物そのものにも目に見えない制度がまとわりついていることが理解できると思う。制度は運営だけではなく建物にも直接・間接的に大きく影響しており、施設はあらゆる面から制度に縛られている。逆に言えば目に見えな

表 3-1　「異常」の数値

	総コレステロール値	高コレステロール血症患者数（推計）
日本の基準*	220 mg/dl 超	2,300 万人
変更例**	240 mg/dl 超	1,000 万人

* 日本だけで重視されている基準
**210–239 mg/dl が長寿者に多いため提案されている

	血圧	高血圧症患者数（推計）
日本の基準	最高血圧 140 mmHg	3,000 万人
WHO の基準	最低血圧　95 mmHg 超 or 最高血圧 160 mmHg 超	2,400 万人

い制度も、その影響は何らかの形で施設に表れる。診療報酬や介護報酬はスタッフの人数やサービスの種類といった人間の要素を左右するし、施設の設計において要求される「施設基準」と呼ばれる建築設計条件は平面形や面積といった空間という形で建築に影響を及ぼす。その上、両者は時間の経過と共に相互に作用しあい、再び人間と空間は揺れ動く。この施設を取り巻く三つの「間」——人間、空間、時間を軸にとり、それぞれの軸から施設に向けて光を照らすことでそこに現れる影（＝制度）を浮かび上がらせることができれば、複雑な施設の様々な断面を切り取ることができるのではないだろうか。

四、人間、空間、時間から見た施設

四―一 施設の中の人間

施設の中にはサービスを与える職員（スタッフ）とそれを受ける利用者（インメイト）の二種類の人間が存在している。施設に対してはインメイトがサービスの利用に応じた料金を支払い、その料金によってスタッフが雇われているので、インメイトに対するスタッフの数が少ないほど施設の経営は上向く。しかしスタッフの数が少なすぎると患者のサービス要求に満足に応えられずインメイトの不満がつのるため、利益の出る範囲でできるだけスタッフを雇ってサービスを充実させる、いわば落とし所となるスタッフとインメイトの比率[8]が存在する。現在標準的な比率は小学校の先生一人に対して生徒四〇人、病院では最も手厚い看護体制で看護師一人に対して患者七人、高齢者施設でスタッフ一人に対して入居者三人となっている。最近話題となっている二〇人学級あるいは一クラス教師二人体制の要求や看護師・医師の過労の問題、高齢者施設や精神病院の入居者に対するベッド抑制（拘束）などは、すべてスタッフ比率の低さに起因するものである（図3―3）。この比率の低さは利用者の払う料金やスタッフに対する報酬という制度の反映であることは直ちに了解できるだろう。最近は自治体の補助や診療報酬の改定でスタッフ

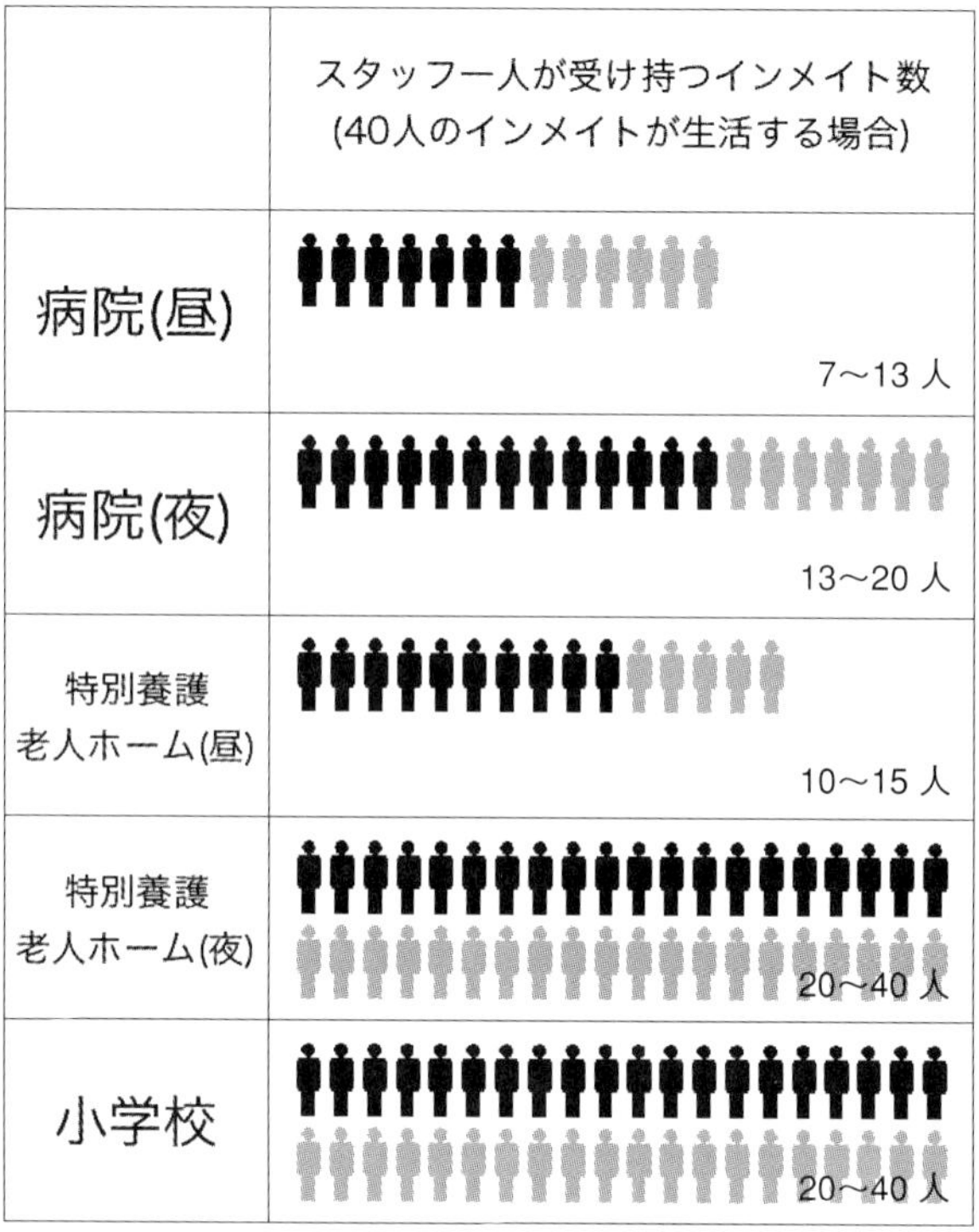
スタッフ一人が受け持つインメイト数
(40人のインメイトが生活する場合)
病院(昼)
7〜13人
病院(夜)
13〜20人
特別養護
老人ホーム(昼)
10〜15人
特別養護
老人ホーム(夜)
20〜40人
小学校
20〜40人

図 3-3　施設におけるスタッフ比率の低さ

を増やすような動きも見られるが、今までは最低限のスタッフで圧倒的多数のインメイトを管理してきた。それを可能にしたのが次に述べる施設特有の空間構成である。

四―二　施設という空間

施設は独特の物理的な空間を備えている。空間によってインメイトの一斉処遇を可能にしたり、空間の存在が施設サービスの条件となるなど、空間の持つ力は大きい。先の「パノプティコン」や「裏返しの建物」といった言説化されているもの以外にも、以下のような特徴的空間が存在する。

1　大部屋

施設の中でインメイトが長時間過ごす居室として、学校なら教室、病院なら病室、高齢者施設なら居室が与えられる。それぞれの部屋は学習、療養、静養（体調が良くない高齢者の場合は療養）といった行為を行うための部屋とされるが、どの施設においても多くは大部屋であり、家庭でそれらを行う部屋と大きく異なっている。部屋の中では同じ目的を持ったインメイトがスタッフの手を借りながら（すなわちサービスを受けながら）目的を達成し、最終的には卒業や退院（死亡退院も含まれる）という形でそこから出てゆき、施設は次のインメイトを待ち受ける。その一方、行為とは別に施設での「生活」も重視される。これは施設のサービスが家庭生活や一般の社会生活からかけ離れている上、過ごす時間が極端に長いという、施設生活の特殊性を物語っている。例えば学校における「生活」とは集団生活に他ならず、その訓練をする場が学校と言っても差し支えない。つまり、家庭では学べない種類の生活を学校に委ねているのであり（家庭で学べるはずのしつけといったことまでやってもらえると勘違いしている人も見受けられるが）、それを達成するために大部屋が必要だと考えられてきた。

2　個室

逆に病院や高齢者施設では療養や静養に安静が要求される上、家族と過ごす時間といった生活面も重視されるにつれて個室の割合が近年増加しつつあるが、まだ十分とは言えない。これは先に述べたように少数のスタッフが多数のインメイトを管理しなければならないため、個室をひとつひとつ回ってインメイトの様子を見に行くのに手間と時間がかかるためである。また個室化は建物の面積を増大させるため、建設費がかさむという経済的な問題も大きい。スタッフの数が足りないため、大部屋で患者同士を「管理」させ、体調が悪化した際に同室の誰かが気づくようにするという理由で、積極的に大部屋を推奨する時代もあったが、石田らの研究によってこれは完全に否定された（文10）。制度の問題点をサービスを受ける側に補わせ、空間をなおざりにしてきたのである。今でも精神病院では体調の悪化が粗暴な行為につながるとして、「管理」より露骨な「監視」を大部屋でさせるイメージが強い。筧の調査によって、患者を多床室に入れる理由として「相互の監視」を理由に挙げている精神病院がいまだに多いことが明らかになっている（文11）。

3　交流する空間

最近の高齢者施設では、施設に入る前の生活を入居後いかに維持するかに焦点が集まっているため、居室は個室が前提で、自分の家具を持ち込むことが可能な施設も増えてきている。しかし、居室（高齢者施設ではすなわち寝室）が個室になっても、それ以外の居間、食堂の役割を持つ部屋は共同で使用することが求められる。家庭でのくつろぎや食事が個別化していることが建築家や社会学者らから指摘されている現在でも、施設におけるそれらの活動は常に共同で行われなければならない。これは施設での活動（サービスの一部であることが多い）がプログラムという名の時間割によって定められ、効率のよいサービス提供のために全員が同時に行動することが期待されていると同時に、社会的接触をうながすことで認知症やうつの進行を防ぐことを目的としているためである。この交流する空間は大空間とは限らず、より親密な交流を目的とした小規模なスペースも見受けられる。

施設空間の持つ性質には、物理的なものだけではなく社会的なものもある。社会的空間とは、施設内の人間が施設の外部とどのように関わることができるかを示すものである。外部に対する距離感と言ってもよいだろう。施設の持つ社会的空間の特徴は以下の通りである。

4　インメイトを囲う

施設を施設たらしめている空間構成として、都市的な視点から見ると、施設が周辺から孤立しているということが挙げられる。孤立とは、インメイトが外に出られないようなつくりになっている、あるいは部外者が接触できないことを意味する。結核病院や刑務所は隔離を目的とする施設であるため孤立はやむを得ないが、精神病院や高齢者施設といった社会的接触がむしろ求められる施設ほど隔離されている例が多い。

孤立させる手段としては物理的に柵や囲いを設ける方法がある。典型的な例は精神病院であろう。ひと昔前の精神病院はほぼ例外なく高い塀や近寄りがたい鉄格子の窓で囲まれ、いわく言いがたい雰囲気を醸し出していた。あるいは郊外に位置することで存在すら分からない精神病院も多い。ただしいずれの場合も制度によるものではなく、住民が脱走を恐れるといった感情的な理由から生じたものであることに注意したい（制度上は患者の離院を防ぐ構造にしなければならない、という文言しか存在しない）。積極的に町なかに建てた精神病院は少なく、もともと郊外にあった精神病院が時代とともに宅地に囲まれてしまい、そのような対応を迫られた例も多い。

周辺から孤立していると、買い物や食事といったインメイトの社会的活動は施設内で完結してしまう。もちろん食堂で食事をしたり、施設内の売店で買い物をすることも社会的な活動ではあるが、顔を合わすのは常に同じスタッフとインメイトである。ゴッフマンが言うように、施設が包括社会そのものになっているのだ。近年では精神病院も開放化が叫ばれ、露骨に鉄格子や柵を設けるところは減少してきたが、積極的に開放処遇（隔離不要な患者が病院外に自由に出られる）を行っている精神病院はまだ少なく、その点では社会からまだ孤立している。ここでは柵の有無とは関係なく、インメイトがその施設から外に出られる、あるいは逆に地域の人が施設の中に自由に入れるかどうかによって「施設っぽさ」の度合いが違ってくる。精神病院ではストレスの多い社会から離れることが治療の第一歩である病気も扱うため、必ずしも孤立が悪いわけではないが、孤立が一人歩きすると隔離につながり、精神病院という施設に入ること自体がインメイトに対して「隔離しなければならない人」というレッテルを貼る可能性があるため注意が必要である。

5　部外者を拒む

物理的に囲いを設けず、インメイトが自由に出入りできる施設でも、部外者が利用することはほとんどの場合許されない。施設の中に入ってよいのは基本的にスタッフとインメイト、そしてその家族友人だけである。スタッフとインメイトは施設の運営者と契約を結び、サービスを与え・与えられることを許されており、施設の利用に関して排他的な権利を持っていると言っていい。最近は学校の空き教室をコミュニティスペースとして外部の人が利用する場合があるが、彼らは学校という空いたハコを借りに来ているだけであり、授業や給食といったサービスは受けないため、「施設＝建物とサービスのパッケージ」という図式が当てはまらず、インメイトになり得ない。あくまでも学校という施設は生徒に対して校舎の中で授業などのサービスを行う場所であり、サービス中に外部の人が入ることは許されない。スタッフとインメイトは常に固定され、その固定された集団がひとつの部屋で少なくとも一年間過ごすことそのものが、教育というサービスだと信じられている。

学校とは逆に、外部の人が比較的入りやすい施設が病院の外来であり、日本の病院の外来は保険証さえあればいつでもどこでもサービス（治療や検査）を受けることができる。これは病気になったらすぐにサービスを受けられなければ困るという、病院の持つ性質によるためであり、完全予約制を採用しない限り、外来の患者数はその日の朝にならないと確定しない。一方、同じ病院でも入院患者の過ごす病棟は許可入院患者数（＝インメイトの数）が届け出（＝制度）によって固定されているため、急な利用はおろか見舞客以外は入ることさえ許されない。病棟の入口に鍵をかけるなどして病院の中からも完全に独立している場合もある。これは病院のインメイトの利用期間が短い（日本の一般病院の平均在院日数は約二十日）うえ、手術や検査など他の部門への患者の出入りが激しいため、物理的に非常に入りやすいつくりになっていることの裏返しでもある。近年の進んだ病院では外部の人が入りやすいつくりにして図書室などを一般に開放し、普段から健康に対する意識を深めてもらうことで病気の早期発見や健康維持に努めてもらい、これによって医療費を抑えようという試みがなされている。病院という建物が利用者以外の健康管理の道具として作用している（しかもその結果、病気になってお金を払ってくれるはずの将来の患者を自ら減らそうとしている）点が興味深い。経営上は不利と思われるこの動きは、早期発見に対する治療費を手厚くする診療報酬の誘導によるところが大きい。

以上のように、施設が社会的に孤立しているということは、インメイトを囲いこんで間違いなくサービスを与えるという契約を履行する上で必要だと思われがちだが、その拠り所となる制度は意外と曖昧で、孤立による弊害のほうが大きい場合も多い。

四―三　施設を流れる時間

施設におけるプログラムは、インメイトの日常をコントロールするシナリオとして作用することで彼らに利益（健康の快復や学業の達成）をもたらすと信じられている。プログラムのスパンは日、週、月、年、それ以上の単位にわたり、インメイトを常に縛りつける。施設のプログラムを一日のスパンと一週間のスパン、そして施設での生活が終わるまでのスパンから眺めてみるとおおよそ次のようになる。

1　一日のプログラム

施設でインメイトが過ごす時間は大変に長い。入院中は二四時間を、学校では朝から夕方までその施設で過ごす。いずれの生活も朝は定時に始まり、特に学校では時間割によって分単位で時間割が定められている。時間割は寺子

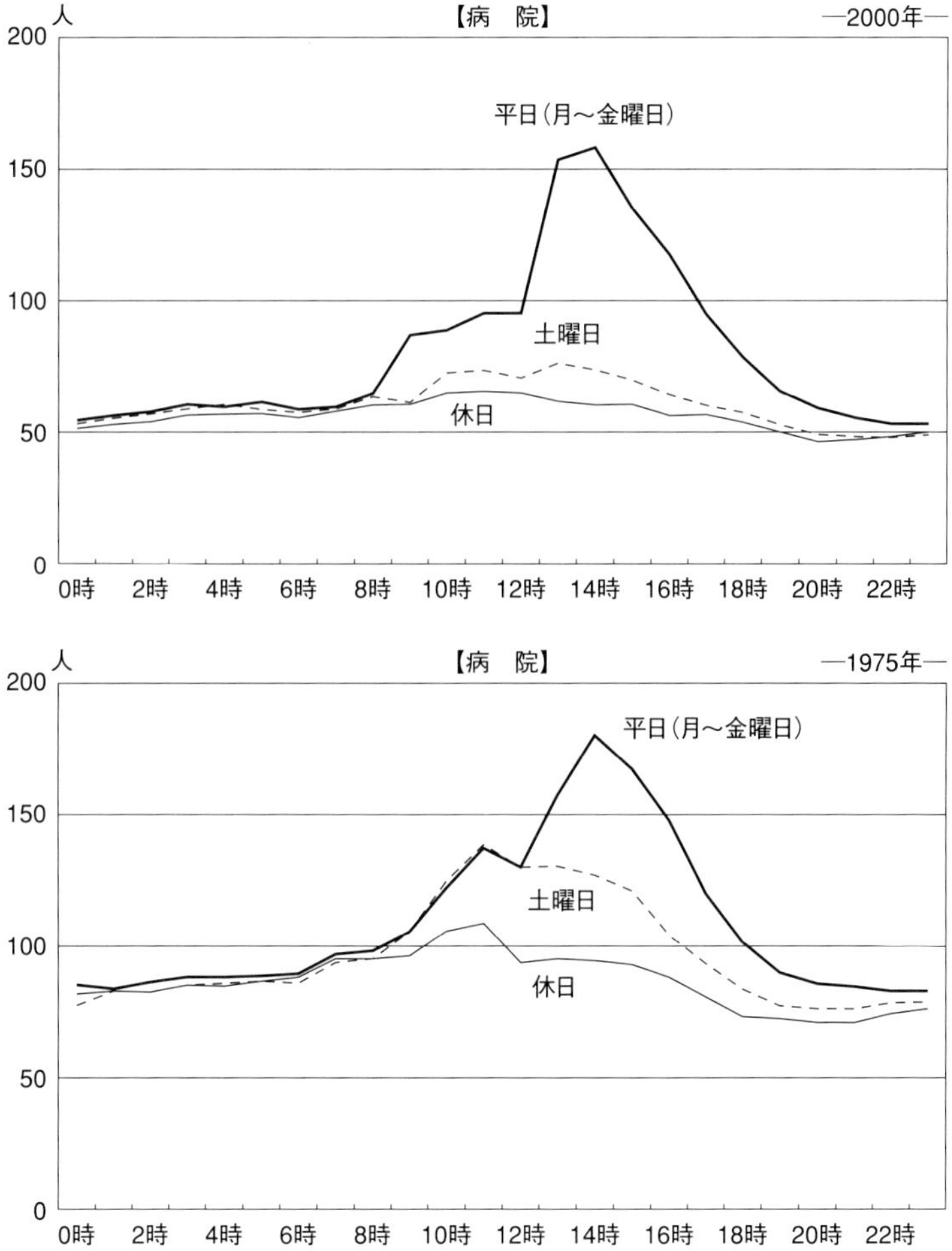

図3-4　調整される分娩

出典：「「出生に関する統計」の概況」厚生労働省大臣官房統計情報部
http：//www.mhlw.go.jp/toukei/saikin/hw/jinkou/tokusyu/shussyo-4/index.html

屋時代から存在し、明治五年の学制発布の際にも引き継がれて現在に至っている。

もっとも拘束時間は長いが、サービスを受けるために費やしている時間は大変短い場合もある。例えば入院している患者の中には、一日一回の医師の診察以外はひたすらベッドの上で時間を過ごす人がいる。あるいは検査のためだけに入院して、治療はその検査の結果をみてからという人もいる（医療費が高騰するのでそのような例は減少しているが）。寝ていなければならない人は一部でありながら、そうでない人の多くが寝転がって時間を潰している。スタッフは患者に院内（より狭いベッド上という範囲の場合もある）で安静に過ごしてもらうことが治療というサービスの第一歩であると信じている。あるいは患者の側もスタッフからサービスを与えられるまでベッドの上で待つのが仕事だと思っている。

2　一週間のプログラム

施設といえども毎日同じプログラムをこなすところは少なく、学校の時間割に代表されるように、一週間のプログラムを定義するところが多い。高齢者施設では曜日によってレクリエーションに変化を持たせ、その上で季節の節目ではイベントを行うなど、入居者の生活が単調にならないように工夫がされている。しかし人命をあずかる医療施設といえども、世間と同じように週末にはスタッフの数が少なくなるため、検査などのプログラムは減少する。分娩件数が曜日や時刻によって露骨に異なることはよく知られている（図3-4）。

3　プログラムの終了

プログラムの終了は施設の種類によって大きく迎え方が異なる。病院なら健康を快復し、治療を終了することを目標にプログラムが組まれるが、場合によっては死亡によってプログラムの終了を迎えることもある。それとは逆に高齢者施設（自宅復帰をサポートする復帰施設を除く）では終身入居、つまり死亡するまでプログラムが続くという契約になっている施設が多い。いずれの場合も期間は不定期で、長期に及んだために金銭的に都合がつかず中途退所せざるを得ない場合も生じる。また、精神病院のように健康の快復が数値で表現されにくい施設では、このプログラムの不定期性がインメイトの治療意欲に悪い影響を及ぼす可能性がある。

それとは逆に学校ではプログラムの終了は小学校なら六年、中学校なら三年という期間によって強制的に終了を迎える。出席日数の不足などでプログラムが延長される例はあくまでも例外である。こうして見ると学校制度とは集団が同じ期間を同じ施設内で過ごすことが第一義ととられてもおかしくないような不思議な印象を与える。フーコーの考えを拝借すれば、時間をもって身に付ける学業の正確な数量と達成を表すことができる、ということであろう。

「監獄を以ってすれば、時間〔＝刑期〕という変数にもとづく刑罰の正確な数量化が可能になる。……そして時間〔＝刑期〕を以ってすれば、いわば償いを表わすことが可能になる。」（文4）

五、施設をめぐる諸問題

五―一 施設っぽさ

病院や学校といった施設が我々に与える「施設っぽさ」、言い換えれば「施設度」の高さは、どこから生じるのだろうか。スタッフとインメイトの構成、建物の外観、中での生活など様々な面から我々は印象（特にネガティブな）を受けているが、そのいずれもが制度によって大きく影響を受けていることが前節から予想される。そこで、前節で取り上げた施設の中の人間、施設という空間、施設を流れる時間から施設度に影響を及ぼすパラメーターを抽出することで、同じような種類の施設なのに我々に与える施設度がなぜ違うのかといった疑問に答えることができるだろう。

まず人間のパラメーターを考えてみると、より少数のスタッフで多数のインメイトにサービスを行うほど施設度が高いと考えるのが自然であろう。これはインメイトをより効率よく管理しているという点で、社会全体と違うゆがんだ人員構成や管理体制の厳しさを連想させるためである。また、スタッフ・インメイトを問わず、同種の人間が集まるほど施設度が高い印象を与える。これは年齢や性別、あるいは病気の症状や要介護度といった人間の属性だけでなく、スタッフの制限による統一感（文12）やインメイトの同じような髪型（整容の手間をはぶくため、女性にざんぎり頭をすすめる高齢者施設は多い）といった外見も大きく影響する。

空間のパラメーターとしては、社会的空間としては周囲から孤立しているほど施設度が高い。人里離れている、高い塀に囲まれている、周囲からうかがい知れないといったものである。施設内部の建築的空間としては、居室が単調な繰り返しとなっていると施設度が高く見えがちである。そのため、特に高齢者施設では様々なヒエラルキーを持つ空間を用意し、交流の場や休息の場を使い分けることで住宅らしさを追求しているが、交流の場は主に食堂やデイルームに限定される。これはそのような場所がわずかしか準備されていないといった物理的制限のほかに、行動面に不安のある入居者はスタッフの目の届く場所でしか交流を行えないようにしているという、入居者の身体的な制限による。そのため、病院や高齢者施設では少ないスタッフ人数でインメイトを管理するため、大人数の居室や視線の通りやすい直線廊下、スタッフ室から見渡せる共用空間など、一定の「作法」が存在する。それでもカバーできない場合や、「施設らしくない」建築を目指すと、監視カメラなどの機器で建築的な弱点をカバーすることになる。機器を用いてまで、あるいはスタッフや利用料を増やしてまで建築的豊かさを追求するかどうかは設計者や運営者の思案のしどころである。人件費を削り、建物も効率優先を追求すると直線で構成された四角い建物ができあがるが、実はそれは制度によって「ゆがんだ」建物である。結局、入居者の「世界」が敷地の中、建物の中、あるいは居室の中に制限される自己完結の度合いが高いほど施設度は高くなる。

最後に時間のパラメーターをみると、プログラムが細かく定められインメイトの自由な時間が少ないほうが、施設度が高いと考えられる。また、同じプログラムでも時間や場所が厳格に定められているほうが施設度が高い。さらに、大集団で行うプログラムが多いほうが施設度が高い。インメイトの大多数がそのプログラムしか選択できないことを意味しているし、少数のスタッフで管理しやすいためである。さらに、その施設で過ごす時間がいつ終了するか分からないほど施設度は高い。学校のように下校時間が来れば、あるいは期間が終了したら来る必要がなくなる施設より、いつ帰れるか分からない施設のほうがインメイトに対する圧力は高まる。生殺与奪の権を握るのはスタッフであり、インメイトは彼らに従順とならざるを得ない。

五―二　施設の目的化

施設において「よく提供され得る」サービスが、施設でしか提供されない、あるいはスタッフにしか提供できないサービスと読み替えられることにより、施設以外でも可能なサービスが施設でしか利用されなくなってしまうという問題がある。風邪をひいたからとりあえず病院へ、分からないことは学校で先生に教えてもらいなさい、といった家庭でもよくあることから、町の風景を一変させるような例まである。身近に子供のいない人にはなじみがないかもしれないが、「児童館」という、放課後の子供の遊び場を提供する施設がある。本来は子供が自ら生み出すことが期待される「遊び」が、近年はサービスとして施設で提供されている。子供が巻き込まれる事件の多さからも児童館の利用率は高く、もはや月島の路地でさえ子供が遊ぶ姿は幻想のものとなってしまった（文13）。

より深刻な問題として、「吸痰」という行為が医療行為であるために、資格を持つ医師や看護師のいる病院でしか行えず、身体的あるいは経済的理由で病院に行けない患者が自宅でサービスを受けられないという矛盾があった。自宅で寝たきりのＡＬＳ（Amyotrophic Lateral Sclerosis：筋萎縮性側索硬化症）患者に対してはこれまで特例的措置（家族の医療行為は業務でないため、医師・看護師の指導のもとなら法的には問題なしという見解）によって家族にだけは認められてきたが、吸痰は数時間おきに必要なため、家族は一歩も外に出られない。家族会の悲痛な声を受けて、二〇〇五年にようやく介護保険ヘルパーの吸痰が認められた。二〇〇〇年の介護保険導入後五年を経てのようやくの進歩だが、吸痰行為には介護報酬がつかないため、実際に行うヘルパーはまだ少ないようだ。

さらに、施設で行われるサービスが拡大解釈されて、施設にさえ行けばすべて解決すると勘違いされることもある。本来は家庭で行うべきしつけまで学校に委ねてしまう現象は、このあたりに由来しているのであろう。これらはいずれも、機能と建物の一対一対応が極端に認識された状態であり、放置すると新しい建物を生み出すがために新しい機能を考えたかのような制度、施設、サービスの肥大化が生じる。

五―三　施設の全施設化

施設の全施設化とは、効率的にサービスを提供しようとする結果、建物全体がサービス効率を優先するつくりとなることで、建物と機能が一体化され、本来提供するべきサービスと関係ない部分までが管理の対象になることを意味する。例えば、学校は教育を提供する施設であるが、数多くの生徒に一斉に満遍なくサービスを提供するために同じ大きさ、同じ形の教室に同じ向きに机を配置し（多数を占める右利きの生徒の机上に手暗がりができないように窓は生徒に左側に位置する）、同じような人数の生徒とそれに見合った数の教師を配分して授業を行う。

また、本来のサービスとは関係のない食事や就寝時間も統一されてしまうような入居施設においては、個人の嗜好や習慣はもはや存在しない。施設の中ではいつでもどこでも、同じサービスが提供されている。施設はあらゆる断面が施設なのである。

五―四　施設の世界化

施設の世界化とは、囲い込まれた独自の閉じた世界を形成しているため、内部にミニ社会が生じることを意味する。ハンセン病療養所のように、完全に閉じられているが故に濃密なコミュニティが形成されるという逆説、あるいは精神病院の長期入院患者の牢名主化のような、同じ属性内に生じる身分の差も同様な世界化の例である。

以前から患者の固定化を防ぐために脱施設を目標としているある精神病院では、退院した患者のためのグループホームや授産施設が広大な病院敷地の中に点在しており、あたかも異なるレベルの患者施設が集まった「精神村」の様相を呈している。精神病の患者は地域の偏見が強いうえに入院が長期にわたる場合が多く、その間に待つべき家族が高齢化してもはや一緒に暮らせない状態になっていることも多いため、病院が生活の場を確保する必要があるのである。この段階ではまだ施設の世界化から脱しきれていない。二〇〇四年、宮城県は「脱施設」を掲げて精神病患者をはじめとする施設処遇をされていた人を地域でケアする方針を打ち出したが、この世界化をどう崩すかが注目される

註

（1） a place, esp. including buildings, where a particular activity happens.

（2） a building where large numbers of people, esp. the old, the mentally ill or children without parents live in order to be officially taken care of.

（3） He has a horror of ending his life in an institution.

（4） If you institutionalize someone, you send them to live in an institution, usually because they are mentally ill or because they are a child without any parents.

（5） If someone becomes institutionalized, they gradually become less able to think and act independently, because they have lived for a long time under the rules of an institution.

（6） We need to avoid long-stay patients in the hospital becoming institutionalized.

（7） 海外には学校に通わなくても自宅学習（ホームスクーリング）で義務教育が認められるところがある。

（8） 実際は二人の患者を一人の看護師が担当しているわけではなく、夜勤まで含めたすべての看護師数で計算した値なので、夜間は四〇～五〇人の病棟に三人しかいない。分かりにくいため、二〇〇六年から表記法が改められた。

第四章　施設の意味を読むための24のキーワード

　これまで人間、空間、時間の三つの側面から施設について考えてきたが、これは施設をモデル化して記述しただけにとどまる。同じような性質を持つ施設でも、インメイトやスタッフは様々な使い方、捉え方、振る舞いをするし、人間、空間、時間から観察される事象は相互依存したりオーバーラップしたりする。さらに施設について考察する研究者自身の経験や視点が加味されるため、同じ施設で同じ時刻に観察した調査でさえ記録される結果に差が生じる可能性がある。この差を生むのは人間の内部に構築された経験や記憶であり、利用者の行動を観察することで彼らの内部にどのような経験が蓄積されているのか、その蓄積が施設の利用形態にどのような影響を及ぼしているのかが垣間見える。そこで本章では、我々が長年行ってきた施設調査と研究の蓄積からキーワードを拾いだし、そこから施設の意味、利用者や我々の内部に構築された環境、そして施設の持つ地理的環境を読みとり、施設の意味を解きほぐす試みを行う。

　キーワードは今まで扱った人間、空間、時間の分類に沿って振り分ける。これらはスタッフ＋インメイト、建物、プログラムと読み替えてもよい。さらに、これらの要素を組み合わせた「人間と空間」「空間と時間」「時間と人間」は建築計画研究で特に注目して研究する点であり、建築計画独特の調査や表現手法が展開してきたものであるため、これらの事項に関するキーワードから浮かび上がってくるものは、施設を読み解くにあたって特に重要な

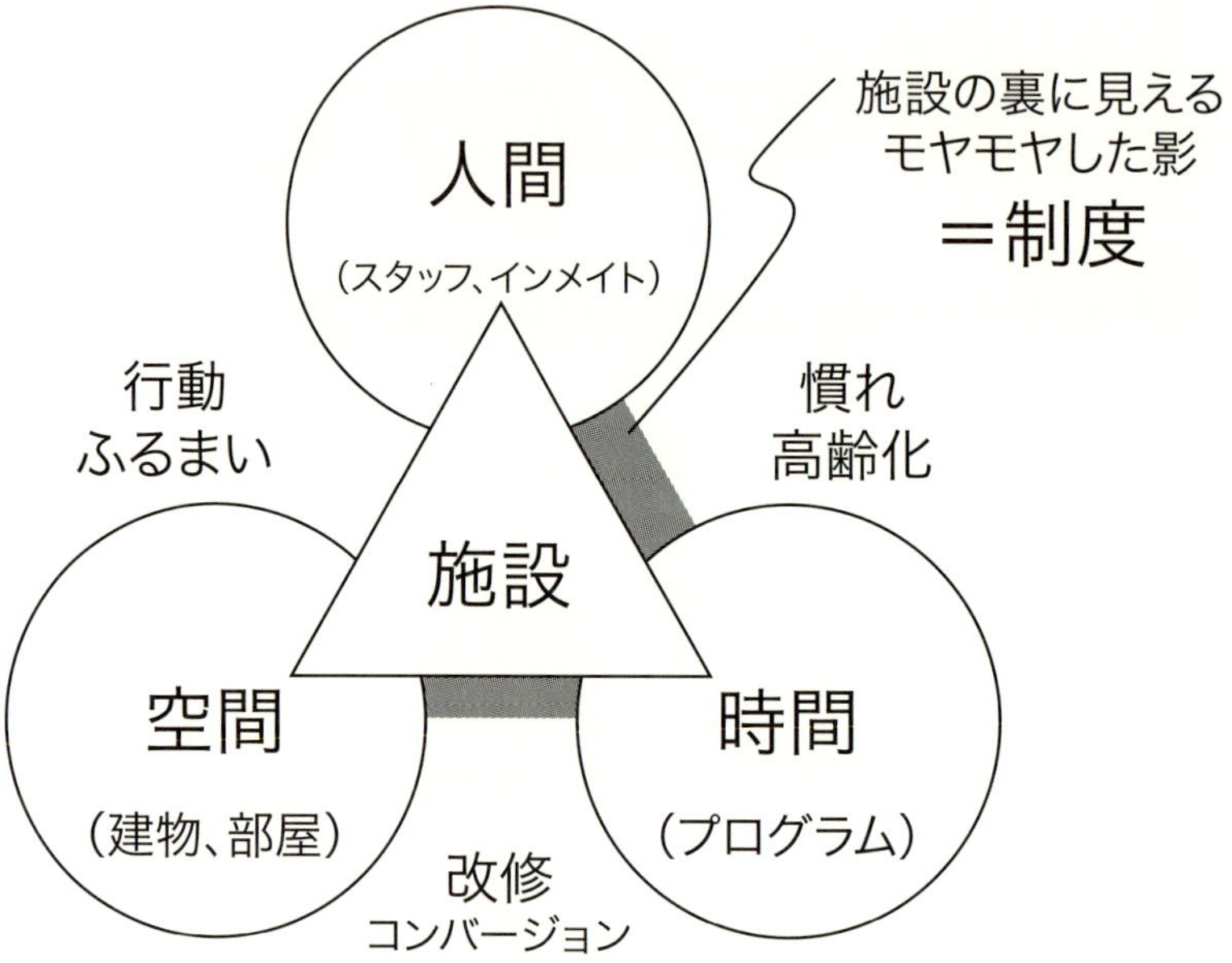

図4–1　施設にまつわるキーワード

ものである（図4−1）。

一、人間にまつわるキーワード

――スタッフとインメイト、さらに人の態度や行動に表れる意味

①　役割

「症状は個人の身体の上に現われる個別の状況であり、病気は個人によって体験されるものである。しかし、人間が精緻な社会的関係の中で社会的制度を成立させながら生きている結果、病気は個人的な体験にとどまるのではなく、社会的脈絡の中に移し替えられる。「病人役割」という概念は、病人は自然発生的に出てくるのではなく、つまり病気になれば病人になるのではなく、集団が「病人」となることを認めてその地位を与えること、そして当人が病人として行動するようになることをいう。「患者役割」とは、病人役割の中の特殊あるいは部分的なも

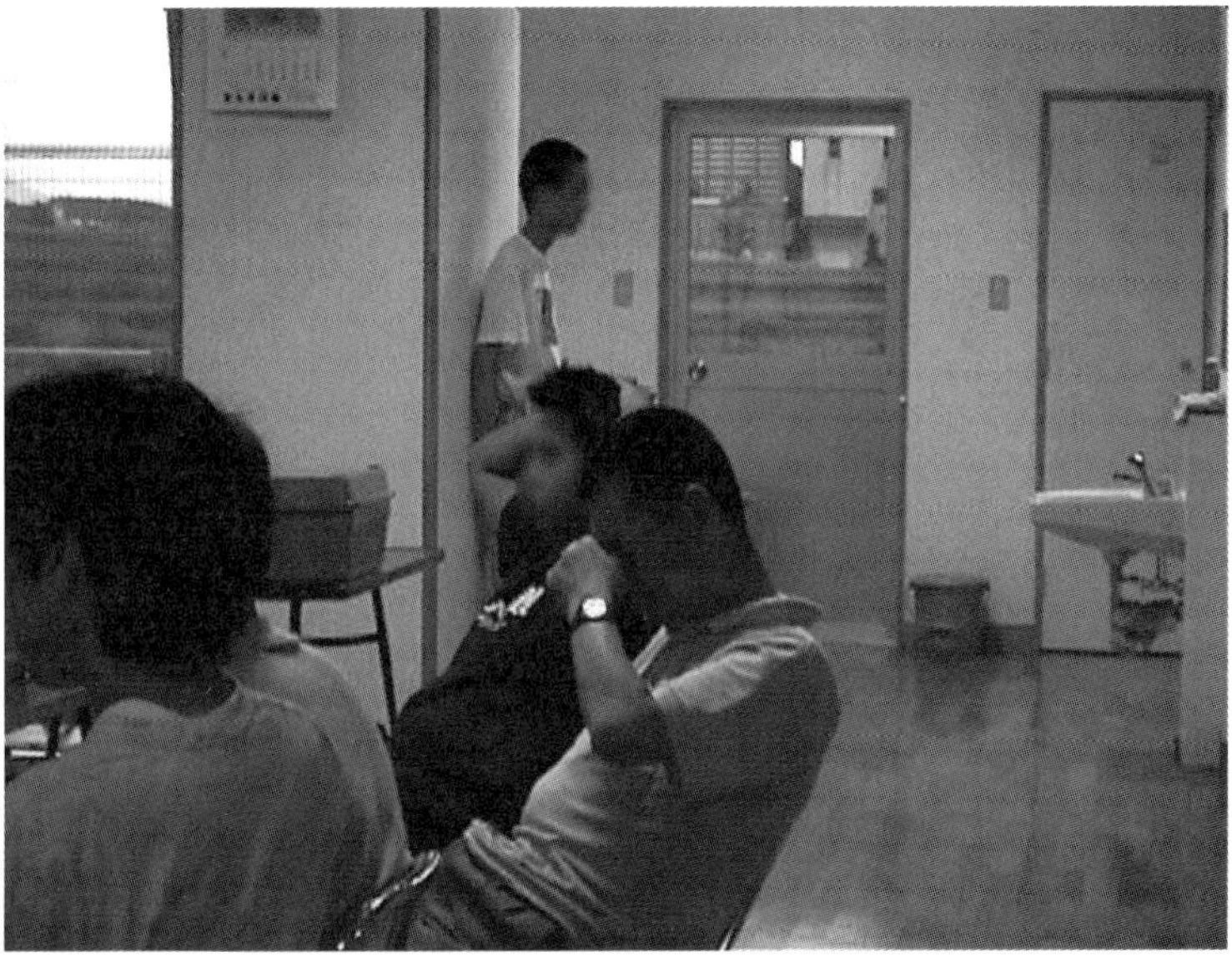

図 4-2　20 分前から立って配膳を待つ患者
精神病院のラウンジ（長野県）

のである。病気になったと本人や周囲の人々が判断するだけでなく、医師による診断を受けた方が良いと考えて公的医療制度の中で治療行動を始めると、「病人」は「患者」になる。患者になれば、医師と患者の関係、および看護婦と患者の関係が成立するし、医療保険制度の中の受領者の一人という地位が与えられる。入院患者となれば、病院施設の使用者となる。患者の地位は、病人一般の地位よりも、公的で制度的な脈絡の中でとらえられる。（文1）

病院では社会的・文化的に患者らしく振る舞うことや「患者であること」を義務づけられることが多い。例えば入院するとおとなしくベッドで過ごさねばならないと考えがちだが、全ての患者に安静が必要なわけではない。それにもかかわらず「病人らしく」過ごすために患者自らが行動を制限する場合がある。不必要な行動制限は運動不足や生活リズムの乱れを生むため決して望ましいものではないが、患者自らが自分の役割を固定している。

それとは逆に、ある精神病院では掃除や配膳時に

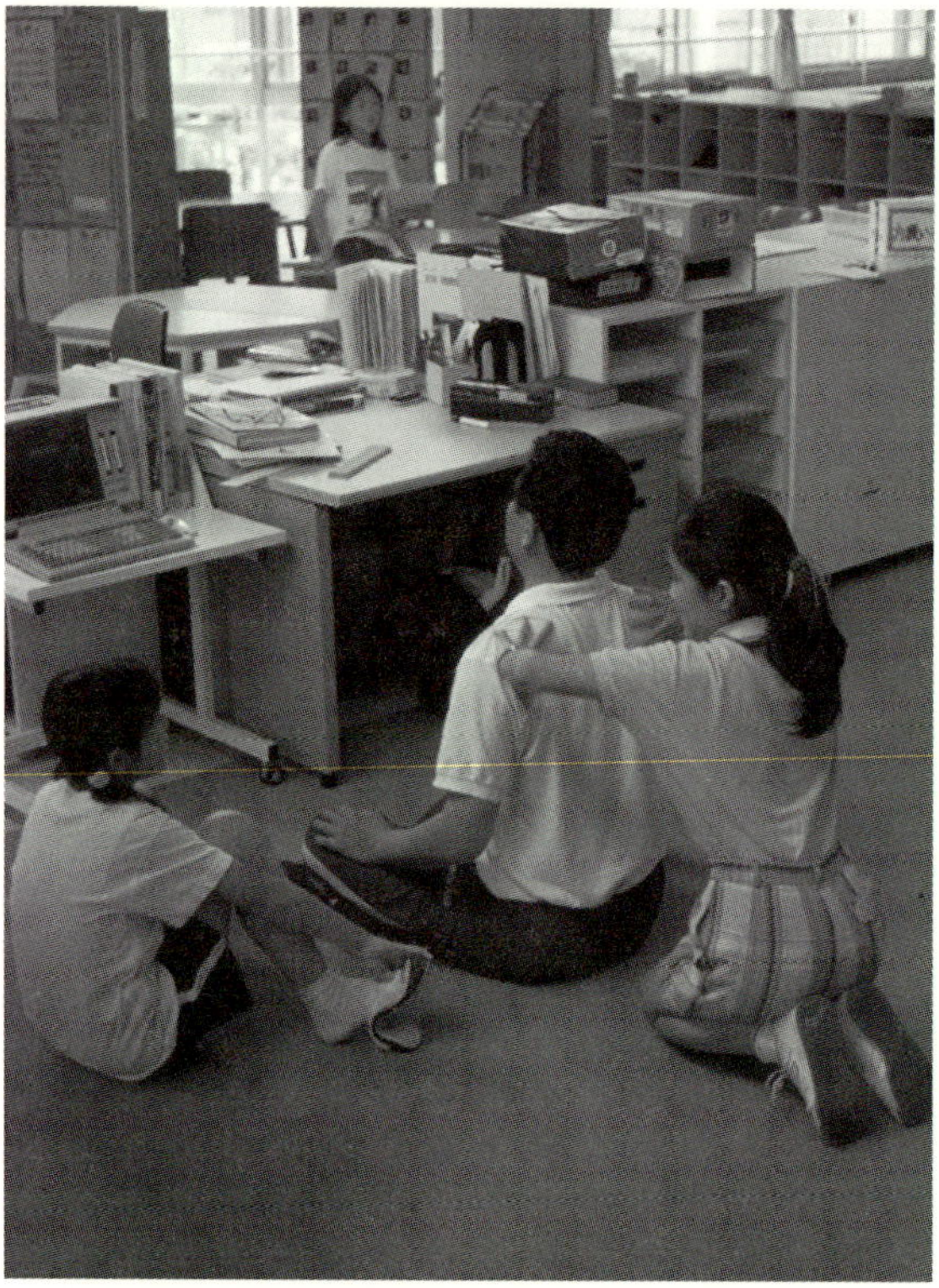

図4-3　放課後の先生と生徒
小学校の教室前オープンスペース（千葉県）

スタッフのように積極的に働く患者が観察された（図4-2）。理由を尋ねると、どうやら以前脱走を企てた罪滅ぼしとして行っている様子がうかがわれた。本来はスタッフが行うサービスを自らが行うことは、自分の負い目を他人へのサービスへ転化させることで消滅を試みることを意味しているのだろう。個人の内面が、スタッフとインメイトの役割を逆転させた例である。

一方学校では、同じスタッフとインメイトでも、授業中と放課後でその役割や関係が変わる。時間割が先生と生徒の役割の転換装置として作用し、授業中は私語もなく静かに授業が展開するが、放課後には親子のように先生にじゃれる生徒が観察された（図4-3）。また、「先生にもおうちがあるの？」という生徒の問いかけは、教師というものが学校内にだけ存在し、目の前にいる教師が学校外で教師以外の役割をしていることを想像できないという、強固な役割分担の固定と、学校の持つ境界性の強さを示唆している。つまり役割は施設のコンテクストの中に埋め込まれている。施設のコンテクストは学校の塀のように空間的境界内に限定されているだけでなく、時間割というプログラムによって時間的境界に区切られた場にも存在する。その境界の外では役割（存在）は消え去り、逆にその中ではスタッフは絶対的な存在となる。学校は子供を大人に育てる施設ではなく、隔離した上で子供という役割を与えることで、子供に「しておく」施設になっているのではないだろうか。

乳児院では「家族」というものを認識させるために、乳児に対して父親と母親役の固定スタッフがつく。施設内での共同生活以外にも一緒に遊園地に行くなど、家庭のような生活を送りながら積極的に親子関係を築いていくが、乳児院で預れるのは制度上「おおよそ一歳まで」（実際は二歳までいることが多い）であるため、それまでにできるだけ養子縁組をするように働きかける。それを越えると乳児は制度上自動的に児童となって児童養護施設へ移り、今まで築いた親子関係は全て清算される。乳児院と児童養護施設が同一法人、同一敷地で運営されていても、「親」や子供が互いを行き来することはないという。いずれの場合も子供は新たな「親」に迎えられ、新しい生活が始まる。

> 「日本人にとっては、組織の中での役割がすなわち自分なのである。日本語には一人称や二人称が数多くあるが、その大部分は役割名称である。母親が子供に「お母さんはね……」と言い、教員が児童に「先生は……」と言うのは、自分の社会的役割を自分と同一化して言っているのであり、子供もまた、役割がすなわちその人であることを絶えず教えられながら育つ。（文2）」

②　服装

服装も施設を考えるにあたって避けて通れないキーワードであろう。機能的でない、不潔だという理由から、ナースキャップをはじめとする非合理的な服装は病院の中から一掃されつつあるが、これだけ時間がかかったのはナースキャップに何らかの意味付けがなされていたためであろう。病院の服装には「白衣高血圧」（白衣を着た医師や看

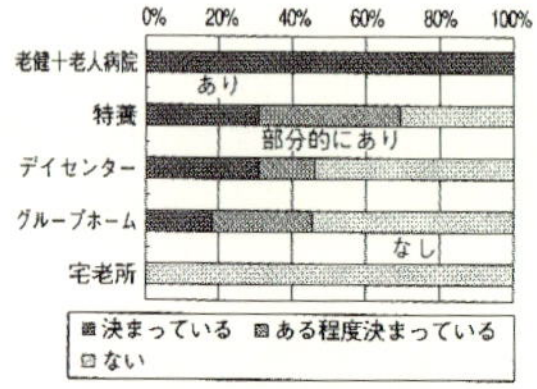

施設種別にみるユニフォームの着用率

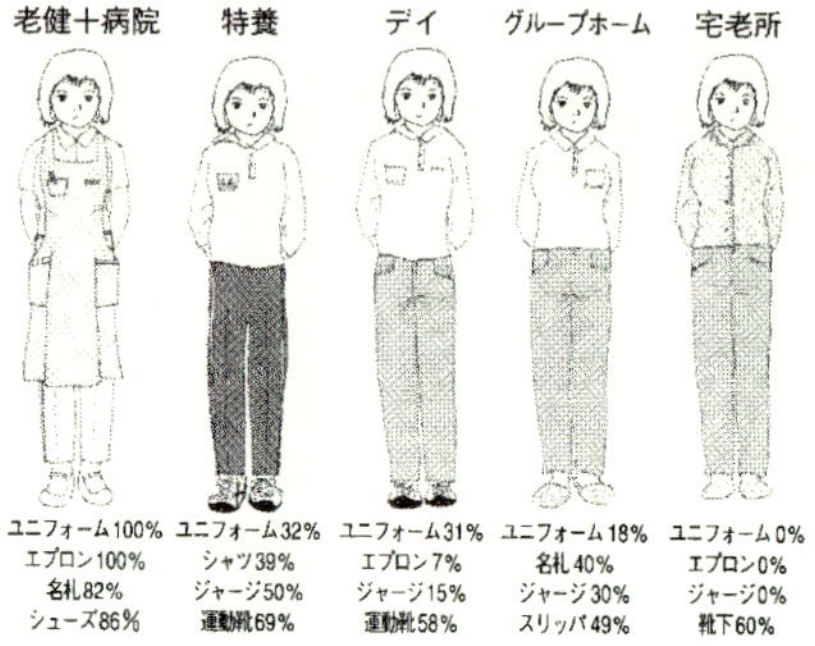

施設種別によるスタッフ像の違い

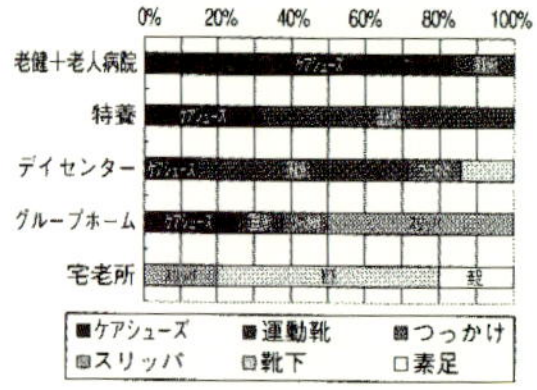

施設種別にみるスタッフの「はきもの」の違い

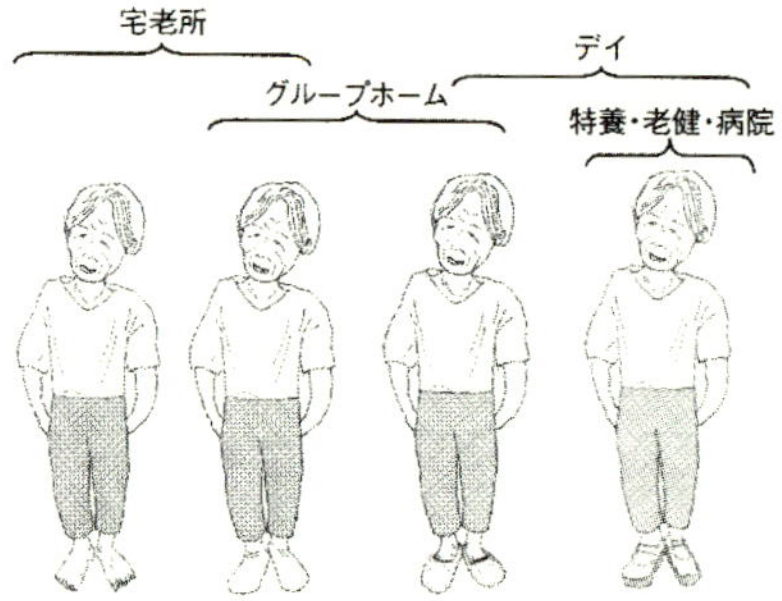

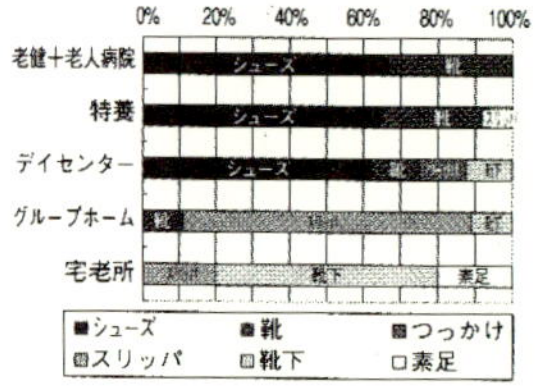

施設種別にみる高齢者の「はきもの」の違い

施設種別による高齢者像の違い：足元に注目

図 4–4　「はきもの」から考える施設環境

出典　3 章 文 12

護師の前では血圧の数値があがってしまい、white coat hypertensionとして海外でも報告されている）のように治療に影響を及ぼす事例も見られ、服装の影響は決して無視できるものではない。この結果、最近では病院で得られる「病院血圧」より家庭で測定する「家庭血圧」が重視され、サービスを提供する場である病院での診察データが信用されないという皮肉な現象が起こっている。

施設においては服装が普段の生活とかけ離れている様子が多々見られる。病院では昼でもパジャマを着用している人がほとんどであるが、売店でパジャマ姿で買い物をしているのはいささか気の毒である。外来そばの売店に行くにも知り合いにパジャマ姿を見られないかを気にして、行動範囲が小さくなることも予想される。このような悪影響を防ぐため、昼間は患者にパジャマから普段着に着替えるように指導している病院もある。また、三浦は各種高齢者施設における服装調査において、施設の種類によって履き物が明確に異なることを見出し、それは施設の物理的要因が服装に影響していることを明らかにした。車椅子の利用を想定した大規模施設では堅い廊下が必要であり、その上に靴を履いて座り込んでいる高齢者はおよそ住宅での振る舞いとかけ離れていると指摘している（3章、文12）（図4-4）。

これとは逆にある精神病院では入院後一週間は昼間もパジャマを着用することが義務づけられている。これは精神疾患患者の多くが病識（自分が病気であるという認識）を持たないため、なぜ自分が入院させられているかを理解できず、治療に従わないことから、自分が治療を要する患者であるということを認識させるための方針だという。行き過ぎれば刑務所における服従的な服装と同様に問題となるが、パジャマの持つネガティブな力を精神疾患という病気に対して利用している例である。一週間が過ぎれば多くの患者は行動が落ちつき、自由な服装で過ごすことが奨励される。

③　ミニ社会

同じ属性の人間が小さな単位空間に集められる施設という環境は、単調な世界になりがちだと感じられる。しかし、時間が経つに連れてインメイトでありながらスタッフ的、あるいは自立的な役割が発生し、インメイト内部で役割が分担されるため、皆が同じ属性であるはずなのに役割が微妙に異なるために生じる、逆説的に階層的なコミュニティが生じる場合もある。

例えば精神病院では長期にわたって入院する患者が存在するが、彼らの中に圧倒的に強い力を持つ者が生まれる場合がある。牢名主のごとく新参者をいじめたりするため、他者とのコミュニケーション能力を回復させるこの種

図 4-5　マイクロソサエティスクール
小学校（米国）

の施設ではもっとも治療の妨げになる存在である。牢名主が生まれるのは閉鎖処遇という固定された環境の中でインメイトが長期にわたってあまり変化しないことから、地位や役割が固定化するためであり、スタッフが少人数で目が届きにくいこともあって病室の中で序列ができあがることが多い。そこで多くの精神病院では患者をこまめに部屋移動させて、部屋の中の顔ぶれが長期間にわたって固定しないように配慮している。

また精神病院の患者集団は閉じた環境で同じ新聞やテレビから情報を得ているために話題が乏しく、会話やコミュニケーションが持続しない。このためか、外部から顔なじみの訪問者が来るとことのほか喜び、コミュニケーションも活発になる様子が観察される。隔離された世界に住む同じ属性の集団にとって、訪問者は外部の新鮮な空気を取り入れるための存在になっている。

日本のある学校では生徒会長が「大統領」で委員長が「大臣」の名称と役割を与えられている。学校が社会の中の一要素ではなく、学校内部に社会と同じ構造を持つ独立したミニチュア社会と化し、それ自体が完結した世界であることを維持しつづける。アメリカの「マイクロソサエティスクール」も同様で、そこでは独自の通貨が流通し、午後はすべて学校の政治・経済・商業・マスコミの活動に当てられる。内部空間のしつらえもそれを象徴するように分節化され、役割を与えられている（図4-5）。またある学校では生徒会の機能に年長者（上級学年）が管理をするような学年役割を持たせることで、インメイトを管理機構に取り込み、生徒だけでも完結した運営が可能な体制をとっている。これらのミニ社会とも呼べるシステムは、社会に出た時のための訓練の一環と捉えることもできるが、全てはスタッフである教師の監督の下で運営されている上、同じ属性の生徒の間に設けられた微少な階層による社会は生徒に不必要に大きい権力を与えてしまう可能性もあり、学校で教えなければならないことは何なのかをきちんと考えて実行する必要がある。

④　グループ

認知症高齢者という、直接聞き取り調査のできない入居者がどのような理由でグループを構成しているかを判断するために、まず会話量の多寡でクラスター分析を行ってグループ構成員を特定し、その属性から判断する手法をとった（文3）（図4-6）。この特別養護老人ホームでは同郷のもので構成されているグループ、前入居施設が同じで元から知り合いだったグループ、おしぼり洗濯のような同じ仕事や役割が与えられているグループ、入居後に仲が良くなった者で構成されるグループ、重度の痴呆症状を持つグループ、男性のみのグループ（ここでは男性は圧倒的に少数）が存在することが分かった（どうしても構成理由の特定できないグループも存在した）。しかし身体状況によりスタッフの介護がしやすい場所に移されてグループを抜ける人が多く、認知症の程度よりも運動可能かどうかがグループ構成可否の分かれ道である。またケンカなどによってもグループは壊れやすいため、ここでは出身地などを意識した定期的な部屋替えによって再グループ構成を促している。先に述べた精神病院では多床室内でのグループの固定化を防ぐために定期的に部屋替えが行われており、入居者の属性によって部屋替えの意味は異なっている。

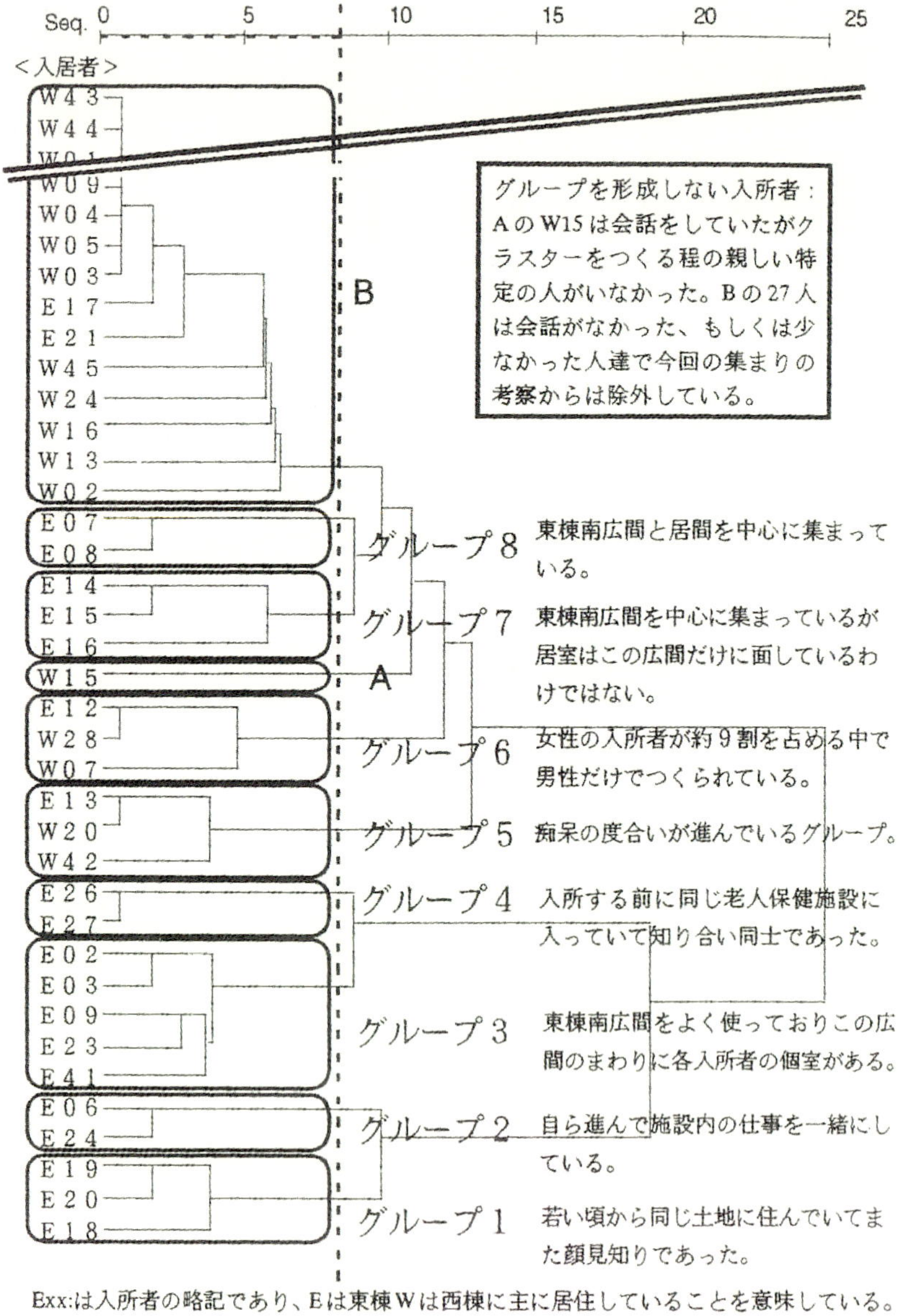
Seq.
0
5
10
15
20
25
＜入居者＞
W 4 3
W 4 4
W 0 9
W 0 4
W 0 5
W 0 3
E 1 7
E 2 1
W 4 5
W 2 4
W 1 6
W 1 3
W 0 2
E 0 7
E 0 8
E 1 4
E 1 5
E 1 6
W 1 5
E 1 2
W 2 8
W 0 7
E 1 3
W 2 0
W 4 2
E 2 6
E 2 7
E 0 2
E 0 3
E 0 9
E 2 3
E 4 1
E 0 6
E 2 4
E 1 9
E 2 0
E 1 8
B
A
グループを形成しない入所者：AのW15は会話をしていたがクラスターをつくる程の親しい特定の人がいなかった。Bの27人は会話がなかった、もしくは少なかった人達で今回の集まりの考察からは除外している。
グループ8
東棟南広間と居間を中心に集まっている。
グループ7
東棟南広間を中心に集まっているが居室はこの広間だけに面しているわけではない。
グループ6
女性の入所者が約9割を占める中で男性だけでつくられている。
グループ5
痴呆の度合いが進んでいるグループ。
グループ4
入所する前に同じ老人保健施設に入っていて知り合い同士であった。
グループ3
東棟南広間をよく使っておりこの広間のまわりに各入所者の個室がある。
グループ2
自ら進んで施設内の仕事を一緒にしている。
グループ1
若い頃から同じ土地に住んでいてまた顔見知りであった。

Exx:は入所者の略記であり、Eは東棟Wは西棟に主に居住していることを意味している。

図4-6　クラスター分析

二、空間にまつわるキーワード――空間やモノが持つ意味

⑤　身体の拡張

電車や図書館で隣に人を寄せつけたくない時に、隣の席に自分の荷物を置く人は多い。これはそこに既に誰かがいるかも知れないという認識を与えるためというよりも、モノによる自分のテリトリーの拡張だと言うことができる。このモノの持ち主が誰であるかを分からせることで、よりその効果は強くなる。ある学校では、児童が落ち着かず騒がしい日には、廊下の端に椅子を出し、その上に新聞と教師のマグカップを置いておくことで、いつ教師が戻るかも知れないという緊張感を生徒に与えるようにしている。教師のモノが、生徒の行動をおとなしくするという意味において、教師そのものと同等の価値となっている。あるいはオープンプランの隅々まで見渡せる中央テーブルであえて休み時間の打ち合わせを行い、実際には生徒を見ていなくとも教師がそのテーブルにいるだけで、監視をしているという意識を生徒に植え付けている事例も観察された（文4）。これらはフーコーの考えるパノプティコンと同様の効果を持つ。

⑥　日常と非日常

学校では生徒が窓に向かって座ることは多い。特に校外が見える窓は人気がある（図4-7）。外界との連続性を感

図 4-7　窓から外を見る
小学校（千葉県）

じることは重要であり、生徒は日常を見ることで施設の中が世界の全てではないと安心する。これは、学校の内部は非日常であり、外界こそが日常であると捉えることができる。精神病院はその逆で、あるアンケート調査で「庭でどのようなことをやりたいか」を尋ねたところ、花火やキャンプファイヤーなど火を用いる非日常的な行為を挙げる患者が多く見られた（文5）。病院と外部の境界線上に位置する庭という場所に、患者が何らかの非日常性を投影させているると思わせる結果である。ここでは終わりの見えない（退院期日が定められていない）内部の生活が日常の全てである。

ところで、施設の中の同じ場所で同じ時間を過ごしても、スタッフとインメイトではその日常性の意味合いが全く異なる。たとえば病院の手術室は医師にとっては日常の仕事の場であるかも知れないが、患者にとっては生死を他者にゆだねる非日常的な場となる。病院での迷いの原因のひとつが部屋の呼び方の難しさであることがわかっているが、これは室名がスタッフの日常の言葉で「検査室」や「採尿室」と書かれているのに、説明は患者の日常の言葉で「おしっこをとってきて下さい」と言われ、どこに行けばいいのか混乱してしまうためである（文6）（図4-8）。

逆に高齢者施設での生活はインメイトにとっては日常生活そのもので、スタッフが排泄介助など非日常的業務を行っている。しかし外部から見ると、高齢者施設のインメイトの生活は非日常の雰囲気がある。同じような年齢で認知症という、特定のカテゴリーの人ばかりが集まる上、皆が同じような行動をしているためであろう。

図 4-8　なかなか伝わらない
一般病院外来（鹿児島県）

常光徹によれば、学校の怪談はほとんどがトイレや特別教室にまつわるという（文7）。いつも生活する場所（＝日常）である教室・廊下に対して、あまり使わないトイレや特別教室が非日常の空間として、暗部を引き受けている。暗部

図 4-9　生徒の撮った写真
小学校（千葉県）

が生活の全体を覆う時、外山の次の言葉が生まれる。

「非日常的な生活が表明化・日常化してゆく（文8）」

⑦　空間の意味づけ

あるグループホームの調査において、空間の使い方で居住者をいくつかのグループに分けると、自分の居室（全て個室）を寝室としてしか使用しないグループと、応接としても使用するグループが存在することが分かった。前者は居室を全くのプライベート空間として、後者はパブリックな空間としても使用していることを意味する。両者にとって、居室の外にある共用空間のとらえ方は違うのではないだろうか（文9）。つまり、一口に家に閉じこもっている高齢者と言っても、ベッドから下りられないのか、自分の部屋の中が生活の全てなのか、家の中は自由に行動できるのか、人によって様々である。すなわち自分の家の中に段階的な広がりがあり、本人の健康状態だけでなく物理的環境や周囲を取り巻く人間の心理的環境までもが影響している。例えば家の中で車椅子が使えない理由として、段差があるといった住環境に加え、介助する人との人間関係が良くない、あるいは他の作業で手一杯で車椅子で外につれて行く時間がないといった心理的環境を意味している。極端に言えばたとえ何とか歩けても、介護者の協力を得られなければ家から出ることができない。

教師は空間を性格づけて「教育的」に利用する。廊下に立たせるという行為は、立つという肉体的懲罰の意味よりも、廊下という空間を教室という授業空間の外部に位置づけてそこに身を置かせることで、脱落という意味を生徒に与える役割を果たす。一方、生徒は学校の中の場所を自分たちの文脈の中で意味付ける。「かっこいい」「眺めがいい」「友達がいるのが見える」という空間の説明にとどまらず、「○○する場所」「前に○○した場所」「私たちの場所」といった、自分たちにしか分からない重みづけを行っている（文4）（図4-9）。

⑧　シンボル

同様に、一般の道具が施設のシンボルになる例がある。「メインストリートから大学へいたるアプローチ道路の近くに、交通標識が出ていた。そこには「はこだて未来大学」と書いてある。ところが文字だけではなくアイコンも描いてあるのだが、これが不思議な形をしていた。いわゆる凸形がブルーの地に白く描かれており、下部には四つほどの四角が、そして上部には丸が描かれている。さすがにとんがり屋根は付いてはいなかった。この標識、描いた方はだいぶ悩んだだろうと同情。ご存じのようにはこだて未来大学には時計台などなく、道南の雄大な風景の中に端正な姿で、函館の町をはるかに見下ろしている。おそらく、アイコンを描いた人にとって、大学の表象は時計台だったのだろう。形態を機能に従わせ、装飾を排除し、建築を場所性から切り離した現代建築に対して、どうやらいまだに象徴性が望まれているようだ。（文10）（図4-10）」

学校のコミュニティ性を象徴するモチーフには時計塔がよく用いられる。学校が厳密な時間割によって運営されている施設であることを物理的に強調し、生徒に植え付ける効果を持つ。さらに学校建築は明治以来、北側片廊下かつ教室広さ四間×五間、天井高十尺という構成が長く守られ続けてきたため、これまでとは違う構成を持つ学校

図 4–10　はこだて未来大学（上）とその標識（下）
撮影：日野雅司

図 4-11　病院ぽい外観
一般病院（神奈川県）

はそれだけでアイデンティティとなり、生徒はよその学校と違った認識を自校に持つ。

学校と同様に、病院も一目で病院と判別しやすい建物である。壁面をぐるりと回る仕切りのないバルコニー、基壇を構成する外来や診療部門の上に高層病棟が乗る「墓石型」のボリューム、白やベージュ系の暖色のタイル。最近建てられた大規模な病院はおよそこれら共通の要素を持ち、見ると誰もが病院と認識する。バルコニーは消防署の指導により、墓石型はスタッフや患者の動きから導かれ、ベージュ色は暖かい雰囲気で威圧感を与えない色彩と、どれもある程度の必然から導かれる結果であり、建物そのものが病院のサインと化している（図4−11）。

高齢者施設の仕切りのないバルコニーも病院と同じ理由によるが、ボリュームは圧倒的に小さくせいぜい二階建てなので、形状と色彩は病院に比べてはるかに自由なはずである。しかしやはりベージュ系のタイル張りが多く、バルコニー＋二階建て＋ベージュ系タイル＝高齢者施設、との認識が強い。盛んに住宅らしさが求められているはずなのに施設らし

図4-12　映画「精神病院」より

く見えるのは、少数のスタッフで大人数のインメイトをみるという病院的システムを持つ特別養護老人ホームが制度として登場したためである。

「住宅を起源として発展した高齢者施設はこの時点で施設的にリセットされた。（文11）」

⑨　スティグマ

精神病院を舞台とする映画には森の中の病院という演出がなされることが多い（図4-12）。日本でも昔の精神病院は人目に付かないような郊外に建設されたため、人々の中にそのような人里離れたイメージが植え付けられているのも事実である。また、強化ガラスが存在しなかった時代には精神病院の窓に鉄格子は欠かせないものだった。周辺住民と医師が要請するため仕方のないことではあったが、その檻の印象を何とか和らげようと鉄格子に様々な意匠を凝らす努力も行われたが、精神病院であることは容易に判別できた（図4-13）。しかし、かつては郊外だった場所も現在は宅地化が進み、精神病院が住宅に取り囲まれている光景も数多く見られるが、相変わらず中では何が行われてい

図 4–13　鉄 格 子
精神病院（東京都）

図 4–14　映画「スリングブレイド」より

るのかうかがい知れないような病院が多い。施設が周辺に対して大きな影響を持ちながら、中の様子が分からないと人々の間に何らかの負のイメージが生じる。例えば精神病院の患者へのヒヤリングで聞かれた「○○病院送り」のように、特定の施設への転院が何らかのメタファー（この場合は懲罰）を持つ。また、子供に対する「悪いことするとあそこの（精神）病院に入れちゃうよ」という叱り方は、日本だけでなく海外でも行われている。「病気の人」ではなく「悪い人」が入れられるという、間違った意味づけや評価がなされていることに注意する必要がある。欧米では精神病院が触法患者の治療を主に行う場所であることから、精神病院の患者＝犯罪者というイメージも根強い（図4-14）。施設や空間そのものが意味（その意味が正しくない場合もままある）を発し、その意味が再生産されていく。

そのためか、設計者は学校らしくない学校や病院らしくない病院を志す。「らしくない」は設計者にとって褒め言葉だが、施設らしくない施設が施設の問題を解決するわけではなく、場合によってはむしろ本質を隠してしまう。「らしくない」ビルディングタイプを設計しようとすると、往々にして別のビルディングタイプを作ってしまうため、安易なカタチ崩しには注意が必要である（文12）。

⑩　住宅を演じる施設

施設とは住宅では不可能なサービスを提供するものであるため、そのサービスが不要になればインメイトは住宅に帰ることができる。特に治療を目的とした医療系の施設は、インメイトを住宅に帰すことが最大の使命であることを忘れてはならない。しかし、病気は完治したが体の一部に不自由が残るインメイト、あるいは施設での生活（誰かが世話をしてくれる、バリアフリーである、など）に慣れきってしまったインメイトは住宅での生活にすぐに適応することができないため、施設の中に設けられた住宅を模した空間での訓練が必要となる。その空間は多くの場合ＡＤＬ（Activities of Daily Living）室と名付けられ、リビング、キッチン、ダイニング、トイレ、風呂などができるだけ住宅に近いつくりで設置してある。インメイトはそこでスタッフの手を借りながら住宅の生活に慣れてい

図 4-15　ＡＤＬ室
リハビリテーション病院（高知県）

く（図4―15）。

同じような部屋は東京都の乳児院にも設置されている。これは乳児院の子どもをこれから養子縁組する「親」（まだ子供を育てたことがない場合がほとんど）が、家庭で子供を育てる訓練が必要であろうということで一時期都の予算がついて設置された部屋である。この訓練には子どもを風呂に入れるといった機能的な訓練だけではなく、家庭的な雰囲気で親密な親子関係を構築するという情緒的な訓練が含まれている。家庭のつくり方を施設で学ぶ現実がここには存在している。

三、時間にまつわるキーワード

——時の経過が語る意味

⑪ 抑制装置としてのプログラム

入院患者に対してクリティカルパス（またはクリ

ニカルパス、治療日程表）を提示することが一般化しつつあるが、それまでは患者に治療日程が伝えられることはなかった。それどころか今日これから何が行われるかさえ知らされない場合が多く、そのため患者はいつ来るか分からない指令に備えて常にベッドで待機していなくてはならなかった。プログラムがないから自由に好きなことができるわけではなく、ないがために何もできないという逆説的な事態が起こってしまう。プログラムは存在することでインメイトを拘束するだけでなく、存在しないことでも拘束することができる。これはいつ見回りが来るか分からないために檻から出られないパノプティコンと同等な装置と言えよう。

⑫　時限装置としての施設

病院は患者を治療して住宅に帰すことを使命としているため、治療の終わった患者から退院するのが原則である。しかし、現実には高齢の患者が多いため、退院しても自立した生活はできず、ケアする家族がいない場合は入院を続けることが多かった（いわゆる社会的入院）。しかし、治療を要しない患者にいつまでも医療資源を提供するわけにもいかないため、入院期間が長引くにつれて徐々に病院の収入が減るように診療報酬が設定されている。これによって、ある一定の期間ごとに患者には退院の圧力がかかり、彼らの生活の場は半ば強制的に変更される。復帰支援施設が整備されていない現状では、行き場を失う患者が多い。

また、「原則一歳まで」と法で定められた乳児院では、それまでに家庭復帰や養子縁組などで引き取られなかった子供は、一年間かけて築き上げてきたスタッフとの（疑似）家族関係を省みることなく、自動的に児童養護施設へと生活の場が移される。児童養護施設へと移った子供は泣き続けたり落ち着かない動きをすることが多く、行動に戸惑いがよく現れるという。

いずれも制度によって施設での生活期間だけが明確に区切られているため、それまで構築してきた生活環境をいかに引き継ぐかという人間的、あるいは空間的視点が欠けているのが問題である。

四、人間と空間——空間によって変化する行動や振る舞い

⑬ 視線

精神病院のラウンジは大空間に机が並ぶフラットな空間であるが、調査中に誰もこちらを向いていないのに視線を感じることがあった。ある患者が常に壁にかけてある鏡に向かって座り、鏡越しに周囲を見渡していたためである。これによって彼は他者からの視線を受けることなく、周囲を睥睨することができ、一見ヒエラルキーのない空間の中に上位の場所を見いだすことに成功していた。精神病院では他者との視線の交錯を苦手とする人も多い。鏡を用いた視線による不安からの逃避と言えよう。

「オープンプランは一見自由だが、そこには常に監視の目が働き、一種のパノプチコンとなっているため、活動の自由を標榜していても決して自由でない。インメイトだけではなく、スタッフについても同様の力が働く。「開放的な空間に個々人を移動・分散させることと合理化を両立させようという試みが、現代的な合理化傾向なのである。……しかしそうなると、監視・管理の目が届きにくくなる。それゆえ各人によりいっそう自分で自分を監視・管理させる社会的な必要性が出現してくる。……G・ドゥルーズは生涯学習や単位制導入、あるいはフレックスタイム制や在宅勤務制度の導入などを例にあげ、教育・労働の現場が柔軟で開放的な環境になりつつあること、それ

ゆえに、分散して移動していく個々人への管理とそのコントロールこそがもっとも重要な課題として浮上してきているという。……つまり、空間と活動が分散するのと並行して自己管理への要求が強くなるのである。そして、オープンプランは人の視線が常に周囲にある（かもしれない）ことによってパノプチコンと同じ仕組みで自己規制が促進される空間だといえる。」（文13）

その一方で、常にスタッフの視線や監視下から外れないようにしている人もいる。例えば病人の中にはあえてスタッフステーション近くの病室に入ることを希望する人がいる。常にスタッフの目の届く範囲に自分の身を置くことで、容体が急変してもすぐに医療サービスを提供してもらえることを期待しているためである。プライバシーを犠牲にしてでも、サービスを向上させるやり取りと考えることができる。また、外来の待合では電光表示やマイクで診察の呼び出しを行うにもかかわらず、多くの患者の視線は窓口の一点に集中し、窓口から離れた椅子は利用されないことが多い（文6）（図4-16）。スタッフが窓口から呼び出すのを見逃さないためである。視線の確保に伴う行動の制限と、サービス向上のやり取りと考えることができよう。外来ではこの行動の制限をなくすため、どこにいてもポケベルで診察の呼び出しを受けることができるサービスが増えつつある。このシステムを導入しているある病院での調査によると、診察室から二〇〇メートル離れた食堂で待つ患者も観察され、機器の導入によって従来とは違った行動様式が現れることが確認された（文14）。

⑭　匿名空間

ある精神病院のアンケート調査から、一人になるためにわざわざ人が集まるラウンジに行くと回答した患者が多数見られた（文5）。固定メンバーの集まる病室の中より、顔なじみではあるがそこまで近い関係ではない人たちが集まるラウンジのほうが一人で落ち着けるということだろう。家の近所よりも都市の雑踏の中のほうが匿名性が高

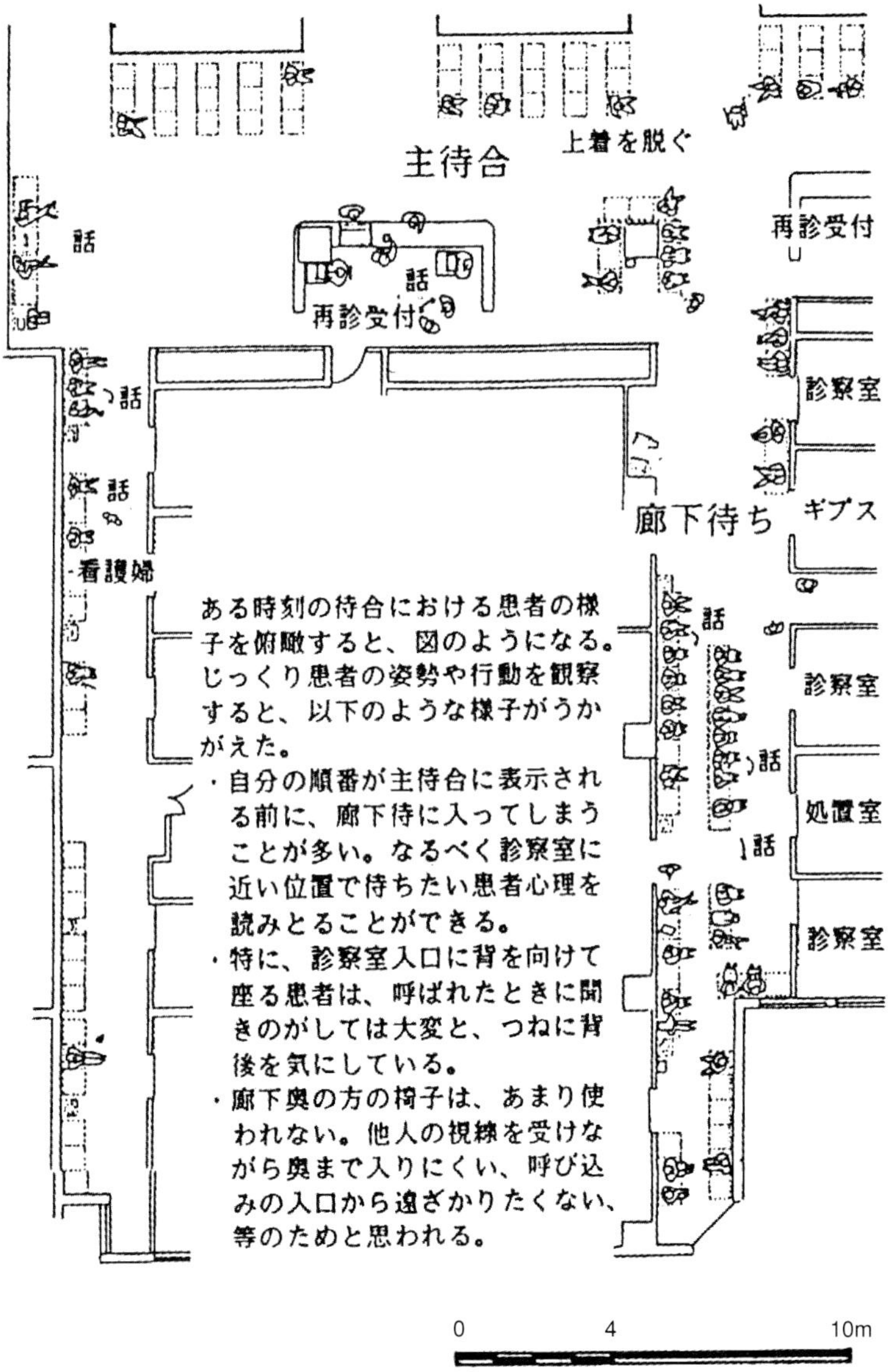
上着を脱ぐ
主待合
再診受付
話
話
再診受付
診察室
話
話
廊下待ち
ギプス
看護婦
話
ある時刻の待合における患者の様
子を俯瞰すると、図のようになる。
じっくり患者の姿勢や行動を観察
すると、以下のような様子がうか
がえた。
・自分の順番が主待合に表示され
る前に、廊下待に入ってしまう
ことが多い。なるべく診察室に
近い位置で待ちたい患者心理を
読みとることができる。
・特に、診察室入口に背を向けて
座る患者は、呼ばれたときに聞
きのがしては大変と、つねに背
後を気にしている。
・廊下奥の方の椅子は、あまり使
われない。他人の視線を受けな
がら奥まで入りにくい、呼び込
みの入口から遠ざかりたくない、
等のためと思われる。
診察室
話
処置室
話
診察室
0
4
10m

図 4-16　窓口を見て待つ患者

まる都市空間と酷似している。一般病院でも一人になりたい時に外来の待合い椅子で一人たたずむ入院患者の姿がしばしば観察される。病院でまだ一般的な多床室は、就寝、くつろぎ、食事、場合によっては排泄までをも一枚のカーテン越しに他人と共有するため、極めて高いプライバシーと人間関係が複雑に併存する矛盾した空間である。その矛盾が公共空間の匿名的利用としてあらわになっている。

学校での生徒の内緒話は隠れた場所ではなく、コモンスペースや広い空間の真ん中のようにまわりに人がいながらも周囲が見渡せ、だれも近くに来ていないことが常に確認できる場所で行われることが多い。プライバシーやアクセスが自分でコントロールできる条件を備えている場所が要求されている（文4）。

⑮　空間のメッセージ

小学校で様々な活動ができるようにと設けられたオープンスペースが誰にも使われない no man's land となってしまう事例が多い。オープンスクールでも、はじめは生徒はなかなか「のびのび」ふるまえず、「自由にしていい」と先生が根気よく教えなければならない。一般的な行動規範から、多くの生徒にとって体験したことのない別の規範への転換であるため、自分から環境に働きかけるようになるのには時間がかかる（早くから生徒にイニシアティブが与えられる社会文化でオープンスペースの活動が活発であれば説明しやすい）。このように、空間が利用者に与える行動規範は、文化が違う利用者には通じないことも多い。例えば鳥居はその向こうが特別な場所であることを示す象徴的な結界であるが、その文化的コードを知らなければ空間の意味的な分節は成立しない。飲食店の入口で一段上がる床仕上げを見て、靴を脱ぐべきか迷うことも多いのも、我々がはき替えの文化を理解しているためである。

多目的スペースは機能的には教室から活動が展開できるフレキシブルな空間として計画されたが、同時に「開かれた教育」を象徴している。学校で「思い思いに」子供が学習する場面は、実は機能的な必然性がない場合が多い。むしろ「好きな場所で勉強していい」という言葉とはうらはらに「自分で勉強しなさい」と伝えている面が強

図 4–17　小学校のデン
小学校（千葉県）

い。

一方、子供にとって自分の身体スケールに合った小さな場所は居心地がよい。レベル差やガラスといった「こちらと向こう」を分節する仕掛けによって、「私（達）とあなた」「自己と他者」が意識され、子供はそれを使い分けている。空間の分節は「こちら側の私、向こう側のあなた」のように、社会的関係を物理的に構造化する役割を持つ。子供はその仕掛けを使いこなしても、見たことがない手法でつくられると大人にはそのメッセージを理解できない。日本の学校計画では子供の身体スケールと行動特性への配慮として、アルコーブやデン（小さな隠れ家的スペース）を設けることが多いが、アメリカ人研究者は「あれは何のためにあるんだ？」と聞いてくる（図 4–17）。

生徒の社会的性格（立場や交流の広がり）によって、居場所選択の傾向も違う。生徒は自分の社会的性格に合った場所を選び、逆にその生徒がいることで、その場所が意味付けられる。転校生や孤立している生徒はコモンスペースの周縁にいることが多いが、キーパーソンは中央にいる。居場所が社会的意味付けとして機能している。生徒が強く意識する帰属集団やテリトリーは教室やその周辺の場所と結びついているようだ。クラスや学年を超えた仲良しグループでも、教室まわりでは混ざって遊ばないのに、校内の別の場所や屋外では一緒に遊ぶことがある（しかし、その帰属はそもそも学校が決めたことである）。同様に、水回りの床仕上げが変えてある所に先生の机があると、生徒は「あっち側はやっぱり違う気がする。先生の場所」と、机から延長された床仕上げの境界線までが先生の領域だと読みとる。

精神病院ではくつろぐための空間として畳のスペースが準備されることが多い。病室そのものが畳敷きの場合には患者は実に様々なくつろぎ方を見せるが、食堂の脇などオープンな所に設けられた畳コーナーは意外と使われない。思えば、靴を脱いでくつろぐというのはかなり近しい間柄の前か、全員が靴を脱いでいる場所でなければいささか気恥ずかしい行為であり、せっかくの畳コーナーが使われないのはくつろぎたくてもくつろげない文脈を持つ場所に設けられているためである。ここでは畳の持つメッセージは受け止められることなく、くつろぎの空間の象徴としてしか機能していない。

⑯　アトラクター

精神病院のラウンジはコミュニケーションを図るようにと設置されるが、卓球台やラジオのようなアトラクター（人を集めるもの）の周辺では患者の交流も始まりやすいが、机と椅子が並んでいるだけの空間ではなかなか他者と関わりにくい。このような場所では患者が集まるきっかけとしてスタッフがトランプ遊びなどを持ちかけることが重要な役割を持つ。患者の中には他者との関わりを持ちたいのだがきっかけがなかなかつかめず、このようなスタッフからの働きかけを必要としている人もいる。

このような働きかけは高齢者施設でも見られる。認知症レベルが高いと共用空間を拠点として活動が展開され、低いと居室を拠点とするという調査結果があるが、これは認知症レベルが高い入居者はスタッフによる手厚い介助を必要とするが、手が足りないので、高齢者を予め共用空間に集めて生活させざるを得ないのである。スタッフの多い高齢者施設では、逆にスタッフが認知症レベルの高い入居者に引きつけられるように展開する（文15）。

　認知能力だけでなく、身体能力についても同様の傾向が見られる。空間移動能力が低いと居室から出られないために居室滞在割合が高いと思われがちだが、実際は逆に低くなる。認知症レベルが高いほどスタッフの介助を必要とするのと同じ理屈で、共用空間にいるスタッフのもとで過ごす時間が長いためである（文16）。

⑰　オールインワン

古い精神病院には畳敷きの病室が多かった。点滴や採血などの治療行為が病室ではほとんど行われないため、ベッドが不要である上、長期にわたる生活の空間ということで、家庭的な雰囲気が好まれた面もあった。スタッフの立場から見れば、部屋に入るのにいちいち靴を脱いだり、かがんだりしなければならないので負担が大きい。また畳だと患者を詰め込みすぎる恐れがあるということで、最近は設置が制限されるが、布団を上げれば広い居間になるという空間の機能の住宅的な切り替えは魅力的なものであり、実際に畳の病室でくつろぐ様子も多く観察された。適切な使い方をすれば、畳の病室は寝室にも居間にもなり得た。

　しかし、一般的に病院や高齢者施設ではベッドであり、日本では多くが多床室である。患者や高齢者が二四時間を過ごす病室（居室）という空間は寝室であり、居間であり、食堂であり、場合によってはベッド上で排泄も行われる極めて特殊な空間であるにも関わらず、多床室ではカーテン一枚でプライバシーを守らねばならない。高齢者施設での研究によれば、多床室での入居者の視線や向きは同室者を気遣って不自然な偏りを見せるという（3章　文9）（図4-18）。また、近年は患者の早期離床を促す点から各病室内にトイレが設置される病院が増えているが、患者の家族や見舞客はもちろん、患者自身も他の患者の目を気にして使うのが憚られるということで、外のトイレを使用する例が見られる（文17）。このような問題点を解決するために近年は複雑な平面形を持つ個室的多床室（図4-19）も開発されているが、多床室とは、制度とは無縁の住宅的機能を、制度によってのみ成り立つ一室に無理やり

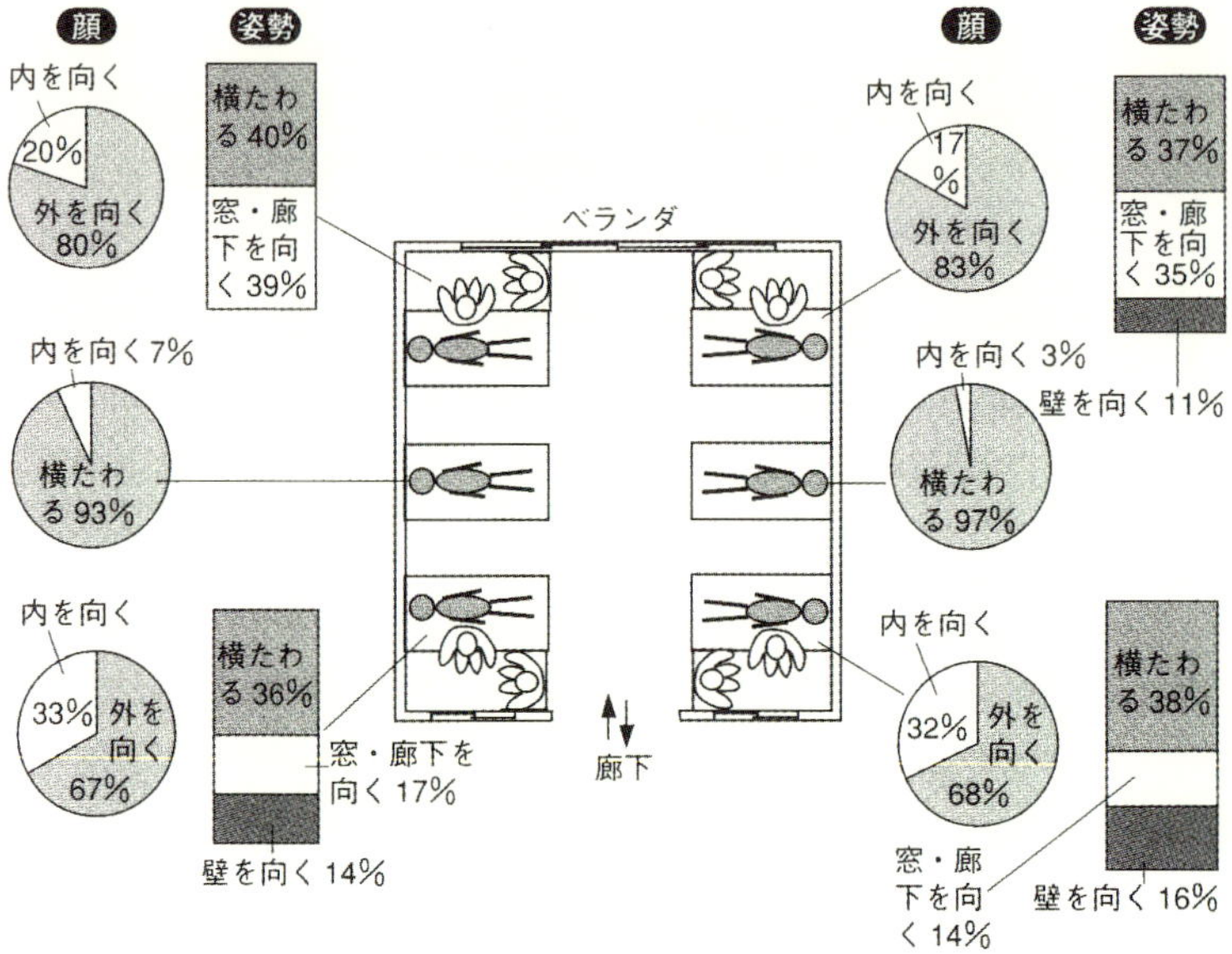

図 4-18　多床室における顔の向きと姿勢

押し込んだために生じた、文字通りゆがんだ生活空間と言うことができよう（文18）。

⑱　使われない空間

どのような空間でも居場所はある程度固定され、座られる椅子と座られない椅子の差が生じる。談話コーナーなどの小空間に目を向けると、空間の大きさに対応した入所者数で占有化されるが、特定の利用をされないように計画したのに特定の使い方しかされないなど、その利用のされ方は計画どおりに働かず、設計者の意図は覆されるのが常である。ただし、小空間は三～四室程度の居室が囲む大きさまで広がると集まりの可能性が生ずるなど、利用に適した規模というものは存在する（文3）。

高齢者施設においては、高齢者は居室から食堂・トイレへ向かう方向へ展開する様子が数多く観察される（文19、20）。逆に、居室と食堂を結ぶ線から外れた位置にある空間は、あまり利用されることがない。高齢者施設では空間を目指して利用するのではなく、普段使う動線上に位置する空間を利用する。よく設計された

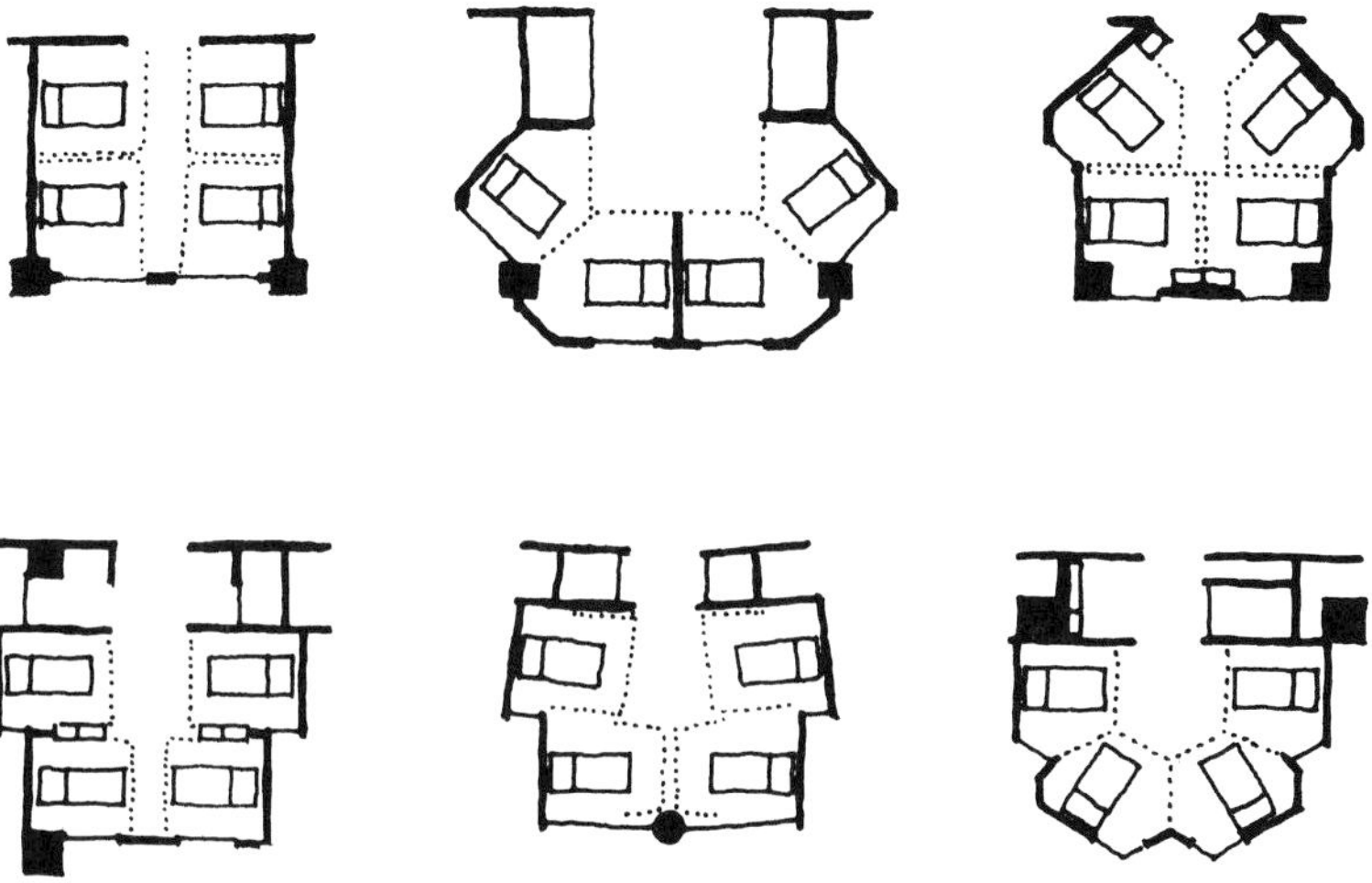

図4-19　個室的多床室の例
左上は一般的な多床室

共用空間でも、一人での利用が八割弱と圧倒的に多い。また、共用空間には他人に巻き込まれやすい空間と一人でいることができる空間がある（文21）。

結局、高齢者によく利用される空間は、特別なこだわりよりも居室からの近さが優先されているようだ。広間と食堂の使い方を比べると、大空間を切り取ってグループが使うという点では同じだが、広間はそこを取り巻く居室の人が利用していた（文3）。自分の部屋の近くをテリトリーとしているとも考えられるが、高齢者の移動にかかる時間を測定したところ、健常者の一・七〜三倍の時間がかかることが分かった。高齢者は我々よりも施設を広く感じているのかも知れない（文20）。

近くの便所が故障修理中のため
廊下の向こう端の便所へ行くことになった
看護婦さんは手押し車を用意したという
冗談じゃない
それ位わけなく歩いていけるさ
しかし久しぶりに病室を出てみたら

せいぜい二、三〇メートルのその廊下が
何と果てしなく長く遠く見えることであろう
この距離を歩ききることは
とても今の僕には不可能であることを
僕は瞬時にして本能的にさとり
黙って手押し車に倒れ込むように
腰を下ろした

体力に規制される不思議な距離感（文22）

⑲　属性と集まりの場所

集まりは属性の近い人で構成されることが多いが、属性によって集まる場所に特徴が表れる。認知症が進んだ入居者グループの集まりはグループ構成員の居室前広間で展開されることが多い。認知症によって居室から遠くで集まる積極性を失っているのかも知れないが、多くの場合はスタッフによって集まりがコントロールされているためである。

ある高齢者施設で詳細にグループの構成と集まりの場所を追った結果、出身地などの心理的つながりが強いグループは居間や前室、入所後に構成されたグループは広間や食堂、仕事や男性のグループは仕事場や他から離れた場所に形成されることが分かった（文3）。特に、男性グループ（少数者グループ）は他グループより集まりの場所が孤立しており、非社交的で非常に狭い世界を形成している。男性高齢者の多くは読書や囲碁など、少人数での活動が多く、どの施設でも他者との交わりが乏しい。入所後に構成されたグループは出会いのきっかけが広間や食堂という大人数が集まる空間であったことが、その後の集まりの場所にも影響を及ぼしているのであろう。

⑳　空間の規模と交流

多くの施設では交流のための場として食堂やデイルームを設けている。多くの場合それは大空間なので、共有空間で滞在しているうち七〇～九〇％は他者と空間を共有しているが、必ずしもそこで活動や交流が生まれるわけではない。日本のように大空間での集団活動をプログラムとして行えば大きなグループが生まれるが、そのような活動のないフィンランドの高齢者施設で調査を行うと、三人以下の集まりが八〇％近くを占めた。これは我々の普段の集まり方となんら変化はないであろうし、むしろ空間や規模の小さいホームのほうが会話の密度が高いことが明らかになっている。一日に会話を交わす相手は五人まで、居合わせの関係を持った相手は三～八人というのが施設規模や国に関わらず観察される数字であった。従ってこの数字によって適切な規模を算定できる可能性がある（文23）。

より細かい関わりについて見てみると、共用空間で過ごす入居者の定位（体の向き）は家具、対象（相手）、空間によって規定されるため、小さい空間は家具と空間であらかじめ定位が決められてしまう。また、他者を見ている型（相手を視野のどこにとらえるかという位置関係）は空間によって差があり、狭い空間のほうが相手をしっかり視野に入れる。なぜか畳の部屋はその度合いがより強いことも分かっている（文20）。従って、他者と関わる空間を積極的に設けるならば、小さめの空間とした上で、家具配置に気を配り入居者の定位を制限しないようにする必要がある。

五、空間と時間——時が経つにつれて空間はどう変化するか

㉑　コンバージョン

機能しなくなった建物をコンバージョンして延命させる気運が高まっているが、いわゆる「施設」を他用途にコンバージョンする例はほとんど見られない。特に病院のような特殊な機器やサービスを提供するものは、古い建物をせいぜい管理部門に転用するのが精一杯で、倉敷中央病院の旧棟がリハビリ機能訓練室に転用されたのは数少ない例である。リハビリは大空間さえ準備できればよいので可能であった。学校も資料館やギャラリーに転用された例ばかりで、機能的要求の少ないオフィスへの転用さえ、画一的な四〇人教室の間仕切りによって小規模の組織にしか対応できないことから敬遠される。数少ない成功例はホテルから病院と高齢者居住の複合施設に転用された横浜ふれあいホスピタルであろう。ホテルが住宅的な居室と大人数に対応する大空間の双方を持っていたことが成功の鍵であった。

一方、住み慣れた住宅の持つ力（住宅力）を利用し、ミニデイに転用する例は数多い（文24）。求められる機能が食事や入浴といった日常生活の延長であり、なおかつ少人数処遇が建物のスケールと合っているためであろう。施設へのコンバージョンを成功させる鍵は、多様な規模を持つ空間と、コンバージョン前後の柔軟な人数規模編成に拠るところが大きい。

㉒　プログラムと空間利用

施設ではプログラムが多いと共用空間に出る頻度も当然増える。また、認知症が重度だとプログラム終了後もその場にとどまり続ける。しかし、このような多くのプログラムを準備している施設においては、プログラム以外での共用空間の利用割合が最も少なかった。これは共用空間における滞在の意味が自発的なものとは本質的に異なることを示している。いわば強制させられる共用空間、コントロールできる共用空間である。逆に食事以外のプログラムがない施設では、入居者の生活パターンは居室を中心として展開する多様性に富んだものとなっている。認知症の程度にもよるが、プログラムがなくても本来多様性に富む生活を営む可能性があることを示唆している（文19）。数多くの施設において与えられたスクリプトに則って行為を演じているインメイトの様子が思い浮かばれる。

六、時間と人間――時間とともに慣れる、あるいは適応できなくなる人間

㉓　サービス

精神病院ではやる気や生活能力のない患者に、日常の生活行為を指導することが治療の一環として存在する。特に急性期（重度）の患者に対しては、食事や風呂でスタッフが身の回りのことを全て行わなければならない時期があるのも事実である。しかし、それを続けてしまうと患者がそれを当然受けられるサービスだと勘違いしてしまい、結局は患者の快復を遅らせてしまうことになるが、仕事が早く片づくからと、惰性でサービスを提供し続けてしま

う病院も多い。

同様に学校でも、学習以外にも学校での生活全てが教育の一環だと考えがちである。「給食指導」「清掃指導」「生活指導」のように、学習以外の項目（つまり家庭でしつける項目）についても教育の名の下に指導がなされることが多いが、このことが学校をしつけの場だと勘違いさせる遠因となっている。学校運営を円滑にさせるためのスタッフの方便がインメイトの親に利用されていると言える。

これらは極端に少ないスタッフの人員構成によって元々無理が生じているプログラムを時間内に終了させようと、制度や契約を超えた部分にまでスタッフの干渉が及んだためにサービスにゆがみが生じたものだと考えられる。しかしスタッフによってこのゆがみに慣れてしまったインメイトは、再びスタッフに過剰な要求をつきつける悪循環に陥る。

㉔　慣れ

精神病院の調査に何度か訪れた後、以前より思いのほか親しく接してくる患者がいることに気がついた。話を聞くと、以前は筆者を「院長の手先」だと思いこんでいたようで、調査で院長に何を報告されるか分からないので距離をおいていたということだった。病院内では院長が圧倒的強者であることが垣間見える事例であった。しかし初めは他者として入り込んだ調査員も、時間の経過とともに施設の一員として認知されるようになる。他の調査からは、入居者が高齢者施設になじんでくると職員がいるほうが、入居者同士の会話が少なくなる例が観察された（文25）。同じ相手が仲間と他者を揺れ動いていく。なじみとともに、職員の関わりの質と量を変化させる必要があることを示唆している。

人間だけでなく、空間に対する慣れも見受けられる。高齢者施設ではなじむにつれて共用空間の自発的利用が増加し、多様な場所を利用するようになる（文15）。高齢者の空間の利用には、小学校のオープンスペース同様に教育

→自主的発見→利用、という共通の段階があるのではないだろうか。

第五章　施設の展開

「昔、美しい樹の下で、ひとりの人が教師であることも知らずに、これもまた自分たちが生徒であることを知らない人びとと話を始めた」。これが学校の真のはじまりだと建築家ルイス・カーンはことあるごとに共に働く人々に語った。彼の話はさらに続く。「教育上のプログラムはいままで変わりつづけたし、今後も変わりつづけるに違いない。しかしそういった歴史的変化は建築にとってさして重要ではない。プログラムからは建築は生まれない。学校を真の学校にするものは、そのプログラムのいかんにかかわらず、自分が教師であることも、生徒であることも知らない人たちが初めて体験したそのスピリットであって、それは今後どんな時代になっても、何がどんな方法で教育する場合でも変わることはない。これがわれわれが信ずることのできる唯一のものなのだ」（『ルイス・カーン―原点の探求』志水英樹訳）

カーンの問いは建築のあり方の根元へと考えをゆり戻す。しかしより大切なことは、「教師であることも、生徒であることも知らない人たち」が自然に集うことができた「美しい樹の下」という小さな場があったことではないのか。そしてカーンの言葉からかえって浮かび上がってくるのは、教師と生徒とが一体となって語り、話し、問いをかけ合うことができるプログラムの重要性ではないだろうか。（文1）

カーンが言うようにプログラム（サービスの一部）から建築が生まれないとすれば、施設はより自由な形態に導かれるはずであるが、実際の日本の施設はプログラムから生み出される（あるいはプログラムを生み出す）規制や経済的誘導によって形態が規定され、一目で機能が分かる建築を生み続け、この建築の蓄積が日本の都市の風景を画一的なものにしてきた。ここでは、施設によって提供されてきたサービスが施設を飛び出し、施設が形態を制限するくびきから解き放たれる可能性を指摘しながら、施設・都市・住宅の変化について考察する。

一、施設の解体

一―一　モバイル

これまで施設が「サービスと建物のパッケージ」であることを、我々を当然のように取り巻く施設を例に説明してきたが、世の中には施設がないところも数多く存在する。そのような場所で人々がどのようにサービスを受けてきたのかを考えることは、今後の施設のあり方を考えることにつながる。ここでは移動する病院や学校を例に挙げ、今後の新しい施設のかたちについて考察する。

施設がないところと言って真っ先に思い浮かぶのが僻地である。「僻地医療」という言葉がネガティブな意味を持つことからも分かるように、僻地では満足な医療が受けられない。サービス対象人口が少ない地域に高い建設費をかけて施設をつくることは割に合わないし、そもそも医師が存在しない。それゆえ僻地の病人は、求めるサービスを受けるために施設があるところまで足を運ばなければならない。しかし、病人が遠方の施設まで自ら向かうことができるわけもなく、現実には乗用車や救急車による搬送が行われている。

　これに対し、診療に必要な最小限の装備を患者のもとまで持参し、サービスを提供する往診という考え方がある。古くは診療器具を詰め込んだ鞄を自転車に乗せ、患者のもとまで出向いたが、持参できる器具に制限があるため、サービスの提供にも自ずと限度が生ずる。移動手段が自動車になり積載量が増えても、診療内容に大きな変化は起こらなかった。Ｘ線やＣＴなど、体内を見ることができる機器は車に積める大きさではなかったためである。

　しかしここに来て劇的な変化が生じ始めている。検査機器、特に超音波や放射線機器の小型化は飛躍的に進んでおり、自動車に積める大きさになった。既に学校の健康診断などにＸ線車は多く利用されており、最近はＣＴやＭＲＩを搭載した車も登場している。この機械の小型化とともに、情報技術の発展によって、得られた画像を遠隔地に送信し、そこで待ち受ける医師がモニター上で画像診断を行う遠隔画像診断専門の施設も誕生し、一刻を争う救急車からの映像送信も研究が進んでいる。これにより、資格の問題（医師や放射線技師以外の人間が行える医療行為の範囲など）さえ解決すれば、医師あるいは技師一人で放射線検査までを含めた幅広い診察をどこでも行い、自分の専門外の病気は遠隔地にいる専門医に診断をしてもらうこともできるようになり、少ない医師の派遣で僻地医療をカバーできるようになるだろう。診察車だけ貸与して、医師がいなくとも誰でも簡単な操作で診察が可能になる日が来るかもしれない。

　それでも手術だけは病院でなければ提供できないだろう。我々はそう考えがちだが、世の中には動く手術室がいくつか存在する。そのひとつがインドにある病院列車である（図5-1）。この列車がおもむくのは、小児麻痺によって足が変形した障害者や白内障の患者に外科手術を施すためである。地域には国立の診療所も存在するが、手術を

ユーティリティ（1 両目）

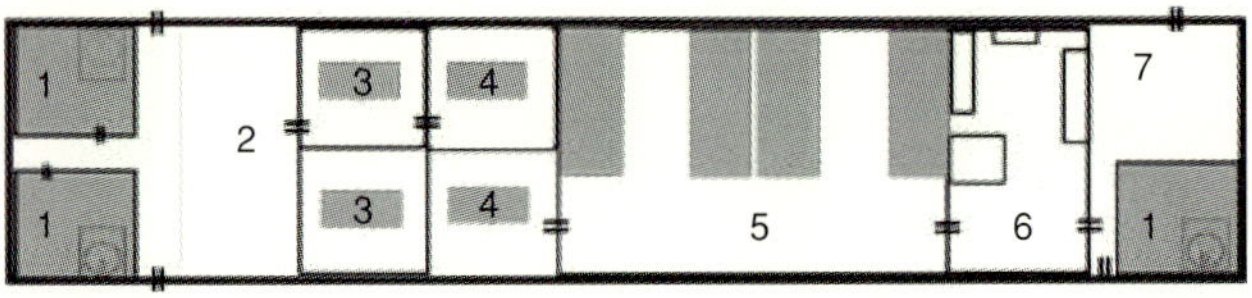

1．トイレ
2．予備スペース
3．発電機
4．エンジン
5．居住エリア
6．キッチン

会議・休憩室（2 両目）

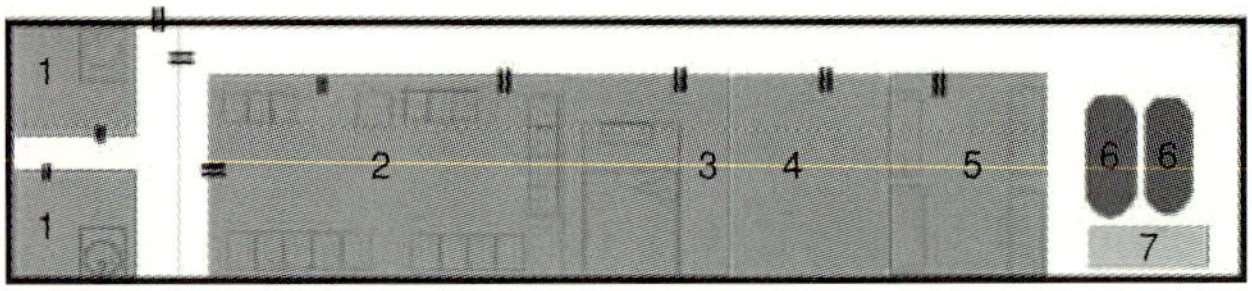

1．トイレ
2．会議室

手術・回復室（3 両目）

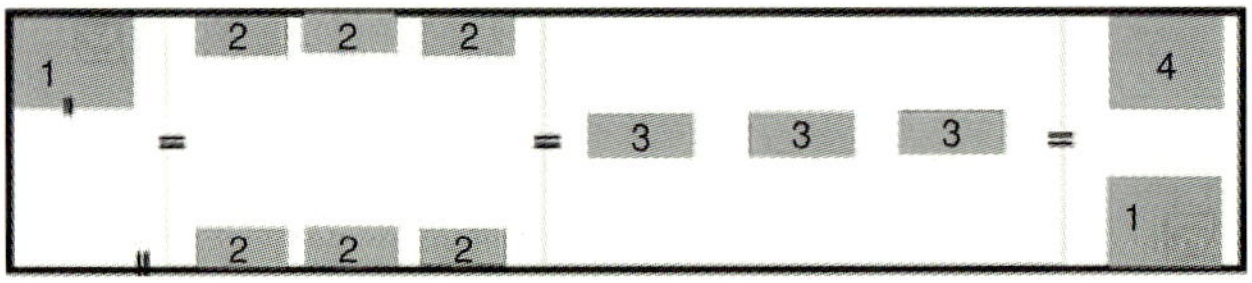

1．トイレ
2．回復室
3．手術室
4．更衣室

トレーニング車両（4 両目）

1．トイレ
2．倉庫
3．聴力検査・眼科診察室
4．X 線室
5．講堂（50 人の医療従業者をトレーニングできる）

図 5-1　インドの病院列車

出典：http://www.impactindia.org/llefacilities.htm

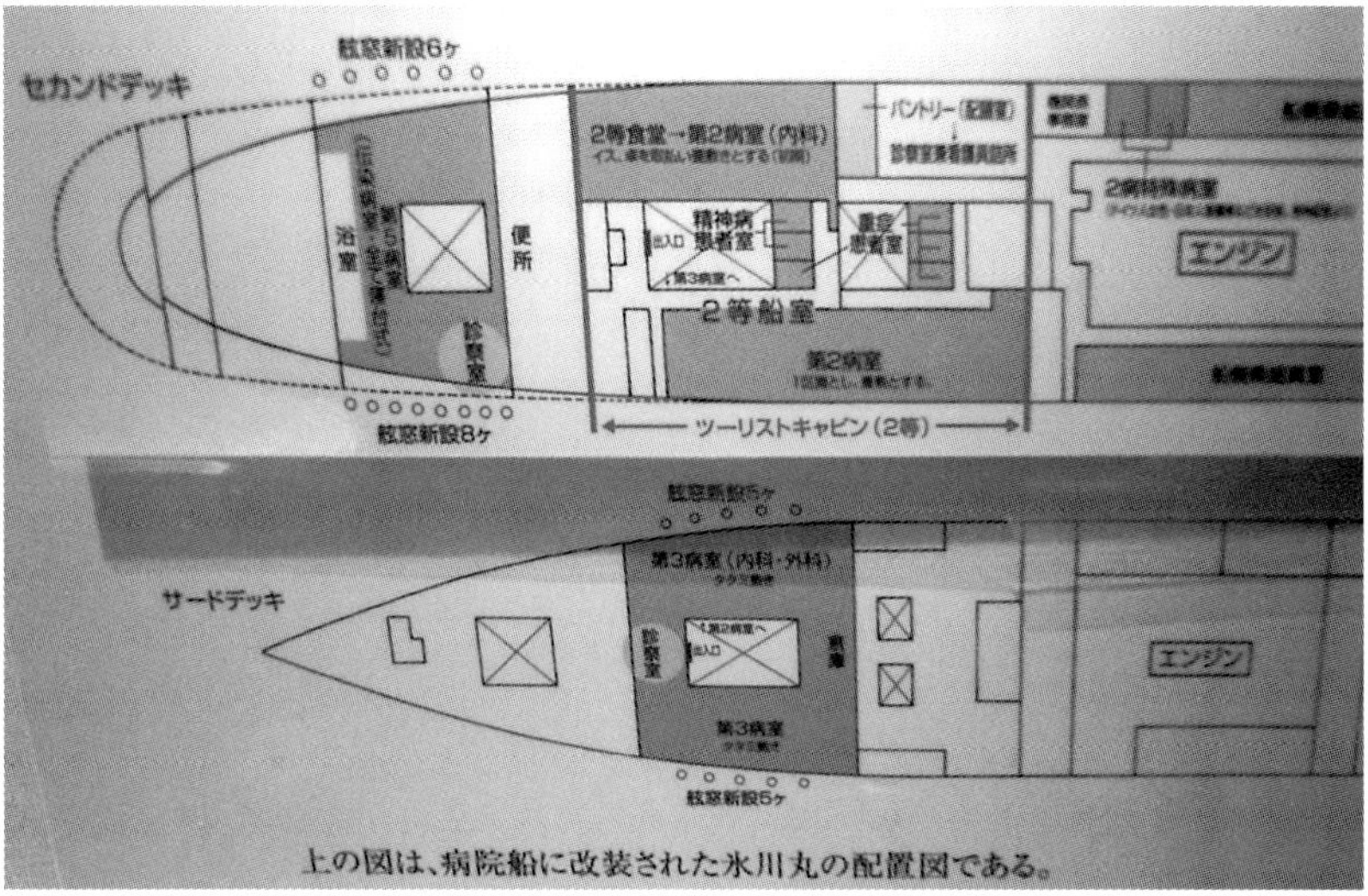

図 5-2　日本の病院船
氷川丸の船内展示

行える設備を有しておらず、技量を持った医師もいない。病院列車を運営しているのはＮＧＯであり、治療を無料で提供している。

同様に戦時中は病院船が展開される。第二次世界大戦時には日本でも数隻の病院船が中国に向けて出航している。日本の病院船はもともと病院船として設計されたものではなく、すでにある客船を改造して病院船に転用された（図5-2）。改造といっても客室の机と椅子を取り払い、畳を敷いただけの粗末な作りであったが、精神病患者用（戦地での患者の一割を占めたという）の保護室（隔離室）まであった。現在も戦争や災害時には米国海軍の病院船 Mercy と Comfort（共にベッド一〇〇〇床、手術室一二室、集中治療室八〇床）が世界中に派遣されている。

同様に飛行機による医療サービスの提供も存在する。飛行機は運行時間が短いため、現地に赴いての緊急手術やＩＣＵといった高度なサービスを提供することが主眼となる。日本の航空自衛隊も輸送機に設置して機内での手術を可能にする「機動衛生ユニット」を近々導入する予定である。

一—二　プレハブ

海外に目を向けてみると、世界のどこかで常に戦争が行われている。戦時下は野戦病院が設営され、傷病兵の治療に当たる。建設ではなく設営と書いたのは、その多くがテント構造のためである。テント構造とはいえ内部にはX線室まで備えている上、手術室やICUの空調は独立しており、機能は普通の病院と変わらないのが現代の野戦病院である。このテント構造の病院は災害地でも利用され、効果を上げている。

一方、戦争以外にも緊急に病院をつくらねばならない場合がある。伝染病による患者の大量発生である。かつてはペストやコレラが頻繁に発生し、その度に患者は隔離され、幽閉された。感染者は人口密度が高いほど増えるため、感染を避けるために郊外へ逃げる人もいただろう。現代でも郊外に住むということは、都心の不健康な物理的・心理的環境から抜け出すということを意味するので、自らを隔離するという発想とも言える。伝染力の強い病気だと思われ続けてきたハンセン病の療養所は小島などに建設され、外界から隔絶された中で時間が止まった生活を強いられた（図5-3）。

最近ではサーズ（SARS：重症急性呼吸器症候群）の発生により、北京に一〇〇〇床の病院をわずか一週間で建設したことが記憶に新しい。建設中の写真を見る限りではプレハブの四角いユニットを並べただけのように見えるが、完成後の外観はそれを感じさせないつくりになっている（図5-4）。忘れてはならないのは、一〇〇〇床の病院にはそれに見合っただけのスタッフが必要だということである。この病院の場合は軍と警察関連の病院から医師・看護師合わせて一二〇〇人が動員された。

図 5-3　橋で結ばれた長島愛生園（上）と邑久光明園（下）
30 m しか離れていない本土とは 1988 年にようやく結ばれた．
出典：『国立病院・国立療養所航空写真集』厚生省保健医療局国立病院部監修，1996 年

図 5-4　1 週間で建設された病院

http://big5.xinhuanet.com/gate/big5/news.xinhuanet.com/video/2003-07/09/content_962189.htm

しかし未知の病気に対して治療というサービスの術を持たない場合にはどうするのか。

「ある都市でペスト発生が宣言された場合に採るべき措置は、一七世紀末の一規則によれば次のとおりであった。まず最初、空間の厳重な碁盤割りの実施。……さらにその都市を明確に異なる地区に細分して、そこでは一人の代官の権力が確立される。それぞれの街路は一人の世話人の支配下におかれて、その街路が監視され、もしも世話人がそこから立去れば死刑に処せられる。指定された日には、各人は家に引きこもれと命令され、外出が禁じられて、違反すれば死刑。……各家庭では必需品の買い入れを済ませておかねばならない。とはいっても、ぶとう酒とパンについては街路と家の中をつなぐ木製の小さい管を配備しておいて、よしんば小売商人と住民の間の流通が中断されても、その仕掛で各人に割当量が放出されうるようにし、肉や魚や野菜については、滑車と籠で送り込む。……細分され、固定され、凍結された空間。各人はその場に結びつけられる。しかも動き出せば自分の命にかかわる。感染か、もしくは処刑か、なのだ。」

フーコーはハンセン病患者の隔離を「一方と他方に区分する二元論的で集団的な分割」、ペスト患者の隔離を「多種多様な分離であり、個人化をおこなう配分であり、監視および取締りの深くゆきとどいた組織化であり、権力の強化と細分化」（前掲書、二〇〇頁）（3章　文7）として区別しているが、いずれの場合も施設というハコは必要とされなかった。隔離とは、サービスを提供しない空っぽのハコなのであろう。

一―三　バーチャル

通信教育や、ネットで履修するバーチャルな大学では既に以前から建物を必要としておらず、もはや施設は解体されていると考えられる。これらがいわゆる学校と違う点は、提供サービスである教育内容が学業に限られている点である。生活指導や部活動といった、学業以外のサービスとは集団指導であり、集団を対象としない施設は建物を必要としないことに気づくべきであろう。個人的なサービスは極めて効率が悪く、施設の起源である効率性の向上に寄与しないためである。従ってここで言う施設の解体要因はバーチャルというよりむしろ「ピュア」という言葉で表現するほうがふさわしいのかも知れない。例えば学習塾やお稽古ごとは、学習や練習以外のサービスを提供しないという点で通信教育と同等であり、これらの多くはマンションの一室や集会室というユニバーサルな空間で教えられている。

　また、医療情報ネットワークの展開により、画像診断部門や検査部門が病院内になくとも機能する時代となっている。例えば診療所のホームドクターにレントゲンを撮るように言われると、次の日診療所の外にある放射線センターで撮影し、そのデータは瞬時にはるか離れた画像診断センターに送られ、そこの専門医が病名をホームドクターに告げるといったことがすでに現実化しつつある。あるいはコンビニや通販で検診キットを購入し、自分で採取した血液などの検体を検査センターに郵送して結果を送り返してもらえば、検査のために一日、結果を聞きに一日、計二日も会社を休んで病院に行く必要がなくなる。通販や郵便という日常用いる様々なツールを利用した新しいサービスであるが、これらも検査技師が検査データの提供だけというピュアなサービスに専念することで可能になった施設の解体である。施設では専門に特化したサービスを提供することが使命のように感じられるが、実際は多様なサービスを提供しないかぎり存続できないものなのかも知れない。

二、施設の複合

制度によってつくられる施設は、その使用目的を変更することが容易ではないため、異なるサービスを一つの建物で提供することは少ないが、近年の人口動態の変化は施設の複合化を実現させつつある。その顕著な例は少子化によって生じた学校の空き教室（正式には余裕教室という）を他用途に転用する例で、東京二三区の小学校一九五校において四三事例が確認された（文2）。新たな用途は学童室一二、高齢者施設一一、生涯学習施設八、倉庫・収蔵庫七、保育園分園三と、高齢者と児童に関するものが多い。さらに図書館も複合化の対象であり、生涯学習施設（定義はまちまちだが、様々な学習機能を持つ施設）と同じ建物にまとめられる傾向にある。

前者は元来サービスを受ける側である子供と高齢者を同じ施設にまとめることで、どちらかが相手に対してサービスの提供者になることを期待している。具体的には、子供が高齢者のケアを手伝ったり、高齢者が子供に昔の遊びを教えるといった内容である。しかし、理想に対して施設のハード面が大きく立ちはだかる。小学校の余裕教室を転用したデイケア施設での調査では、学校側の行事に高齢者を招待するなど積極的な誘いがあったにも関わらず、改修されたデイケア施設部分しかバリアフリーが達成されていないため、高齢者がそこから一歩も出ることができないというお粗末な事例さえあった。図書館と生涯学習施設も、「学習する」という漠然とした行為しか設定できないため、面積だけ足し算された密度の低いサービスしか提供できない施設となってしまう。

そもそも、現在は限られた土地を有効活用するという観点でしか複合化が行われていないため、狭苦しく貧相な空間しか生み出されていない。土地の高度利用を図った病院、住宅、有料老人ホームのコンプレックスの例では、玄関やエレベーターの共有はおろか、同じフロアにある互いの施設への行き来さえ行政の縦割り指導によって許されていない。これでは機能の相互利用はままならず、狭い敷地に数多くのペンシルビルを建てただけにすぎない。

土地の有効利用、学習の多様化、ケアとキュア（治療）の境界の融解など、施設の複合化を推進する社会的要求は既に整っている。施設のカタチが変わるには、従来の枠組み（制度）を一歩下がった視点から見つめ直す態度が必要であろう。

三、住宅の施設化

同潤会から高度成長期のニュータウンまでの集合住宅は、震災、戦災、人口増など急を要する住宅供給として計画された。その後の都住創、スケルトン・インフィル、コーポラティブ、つくば方式など多様な住空間を内包する計画は、与えられる空間に住むのではなく、自分達が住みたい空間をつくるという動きを反映したものであると同時に、均一に与えられた空間ではどうしても生活期間のサイクルが短くなるために生み出された計画手法と言えよう。この頃までに同潤会では住みこなしというカスタマイズが行われ、それまでに賃貸から分譲となったことも相俟って、機能や面積の不足を補いながら少しでも長い期間住む努力がなされた。しかし多摩ニュータウンをはじめとする高度成長期の住宅プラン（＝家族型）は、四〇年後のいま齟齬を来している。山本理顕がヒルベルザイマーの集合住宅案を例に指摘する、社会主義資本としての集合住宅の建築によって家族単位が定まったという、住宅＝施設論（文3）の結末である。

山本が言うように集合住宅が近代の工業化社会の流れの中から登場し、労働力確保のために上から与えられてきたものだと考えると、住民は政府あるいは雇用者というスタッフによって建設されたひとつの建物の中で、似たような生活サイクルで生活することから、施設的な一面を持つと言える。特に、同じ平面型の住宅が一本の直線廊下でつながれて並ぶ様子は、規模によっては病院よりも施設的に見える場合がある。さらに、集合住宅に住みながら

図5-5　住宅か，施設か
ケア付きマンション（東京都）

何らかのサービスが受けられればより施設に近づくだろう。高齢者向けのケアつきマンションなど、近年急激に増加しているサービスつき集合住宅は、もはや住宅と施設の境界線を越えていると言ってよい。近年のケア付きマンションは一般集合住宅の表層をまとい、外観からそれと認識することは困難である（図5-5）。

戸建て住宅に関しても同様である。日本の戸建て住宅は建て売りがほとんどで、買ったままカスタマイズしない人が多かったが（賃貸だとなおさら）、介護保険や住宅改修補助によってようやく高齢者向けにカスタマイズして住みこなせるようにする動きが出てきた。二四時間外部から訪問介護スタッフが家の中に入り込み、高齢者にケアサービスを提供して帰っていくさまは、病院における深夜の看護師巡回に他ならず、もはや町に点在する施設と言える。

四、施設の住宅化

「ミニデイ」と呼ばれる、一般住戸を改装した小規模な高齢者通所施設が注目されている。もともとその住宅に備わっている「住宅力」とも呼ぶべきある種のポテンシャルを用いて、高齢者ケアの一助にするというものである。具体的には、日本の住宅に特徴的な柱や建具の多さをバリアと見なさず、逆にそれらを移動や立ち上がりの道具に用いたり、家族的なスケール感での効果的な小規模処遇ととらえたりする考え方である。

このような成熟した施設や住宅を有する都市の風景は、逆説的に施設が発展途上であった時代の風景と似てくる。つまり、施設で提供されるサービスが分散化するにつれ、施設を形作っていた建築的な大げさな要素が消失し、住宅的なスケールや造作に近付いていく。従って、サービスの内容は向上している（マンパワーは増大する）が、そのために必要な空間は住宅とほぼ等しくなり、発展途上であった時代と区別がつかない可能性がある。実際に欧州の町並みには住宅地だと思わせるところに施設が埋め込まれている例がよく見られるが、日本でも同様な風景の変貌が起こりつつある。

五、都市の変貌

都市が施設と住宅の集積と考えるのは自然なことであろう。医療や教育など、より質が高く、より多くのサービスを受けるために都市に出かけることは一般的である。そこには数多くの施設があり、利用者は自分の求めるサービスを数多くの選択肢の中から得ることができる。従って都市の中の施設は競争によってさらにサービスを拡充させ、施設という建築を肥大させてきている。しかし、あまりに機能を詰め込んだ施設はもはや稠密な都市の内部に位置できないほど巨大化し、郊外へと移転したものも多い。大学や病院が典型的な例である。都市が抱えきれない大きさに膨らんでしまった施設はもはやサービスの供給を停止せざるをえないのである。

また、江東区や江戸川区といった東京の臨海部では多くの工業用地が民間デベロッパーに売却され、そのほとんどが集合住宅へと生まれ変わった。住宅が短期間で急激に増加したため、転入してきた子供が卒業するまでのわずか数年のためだけに小学校はプレハブを増築せざるをえなくなった。住宅の集合だけでは都市とはなりえず、都市には適切な住宅と施設の比率、さらには適切な人口ピラミッドが必要であるということを意味している。

さらに施設はもはや子供のための「遊び」さえサービスとして提供している。学童保育施設や児童館といった子供が放課後を過ごす施設は、「鍵っ子」という言葉が広がった高度成長期に生まれたが、近年の社会不安の高まりとともにその数は増え、現在では学童保育施設だけで一万近く（ちなみに小学校は二万数千校）存在する。これら子供のために用意された場所で放課後を過ごすためか、以前は当たり前であった「路地で遊ぶ子供」という風景はもはや幻想のものとなった。屋外空間でさえ、あらかじめ準備された遊び場でしか子供の姿を見ることはできず、施設を中心に遊び場が役割分担され、子供の遊びという都市機能を吸収してしまったかのようである（3章　文13、文4）。施設の持つ一対一の機能が硬直化し、都市が持てる機能までをも奪ってしまう。施設の建設に対しては何か発想の転換が必要ではないだろうか。

　ここでヒントとなるのが中国の調査事例である。北京の老年公寓（福祉目的の「養老院」や「敬老院」以外の高齢者居住施設）のインメイトは多くが自立可能な高齢者であり、日本の高齢者施設の入居者像とは異なる。まだ元気なうちから施設に入居して生活に必要なケアを受けているのだが、ケアが日本の高齢者施設のように一面的ではないところが特徴的である。例えば一日のプログラムは三度の食事のみで、外食や子供の持参した食事をとることが許されている。食事の場所も要介護の人は居室だが、そうでない人は食堂やロビーでとってよく、自由な点が多い。入浴については給湯や管理上の問題から毎日利用することはできないものの、シャワーが設置されており、シャワー介助もスタッフ不足のため家族が行うことが多い。医療サービスが提供されている施設は少なく、多くは契約している病院までサービスを受けにいく。外出や面会に制限はない。従って、施設のサービスとしては日本と比べてずいぶん欠けているものが多いが、その分都市に立地しているという利点を生かして外部に依存することでサービスを成り立たせている（文5）。

　この、都市に存在する外部資源の利用という点に、今後の日本の施設のあり方が関わってくるのではないだろうか。曹の論文によれば、老年公寓を取り巻く都市の公共空間の利用は朝の太極拳に始まり、屋台での食事、どこからか出てくるテーブルの上での囲碁など、昔の日本にも見られた風景を見せており、高齢者が積極的に戸外に足をのばしている。これは日本では既にノスタルジーになってしまったコミュニティの存在や、逆に日本では見られない「郷」など共産党の管理体制としてある隣組的な組織がいまだに維持されていること、あるいは共働きでもともと食堂機能の外注化が進んでいるために可能なことなのかもしれないが、施設を取り巻く環境に注目すれば、おのずと施設の役割が見えてこよう。

六、都市への融合

住宅は施設との対蹠点に位置すると思われがちで、建築計画でも二本の主要な研究の柱と捉えられてきた。しかしこれは両者をハコとして扱い、そのハコの中身について調べていたに過ぎない。建築基準法施行令第一条一にはこう記されている。「敷地　一の建築物又は用途上不可分の関係にある二以上の建築物のある一団の土地をいう」。すなわち、基本的にひとつの敷地にはひとつの機能を持つ建物しか建てられない。また、病院や住宅といったビルディングタイプ別の研究も、ひとつの建物がひとつの機能を持つという前提に立って進められてきたものが多い。そう考えると、都市は様々な機能で色分けされた建物のモザイクで構成されていることになる。しかし実際には、これまで述べてきたように住宅転用型の高齢者施設のように住宅の機能を活かした施設が増加し、逆に検体の郵送による病気の検査など、これまで施設でしか行えなかった機能が住宅にも浸透している。そう考えると、都市を構成するモザイクの境界は既に溶解し、混ざり合い、ある建物機能が消滅してもその周囲に機能の色を残すことができる。今後の都市の持続は、どうやって色の数を増やすかではなく、どうやって色を混ぜるかが重要な論点となろう。今までにない混ぜ方が見つかった時、今までにない都市の風景が現れるはずである。その時、研究はハコを超えた都市を見据えたものが主体となり、そして再び設計へと向かうだろう。本書は読んだ収穫が設計の実作そのものではなく、その設計に対する姿勢に反映されることを期待するものである。

七、施設とは何だったのか

平成一五年の国の調査によると、施設に在所している人は二六〇〇万人、従事している人は四〇〇万人を越え、国民の四人に一人は施設と深く関わっている（表5−1）。

施設が国家や近代によって生み出されてきた結果と言えるが、以上のように建築計画的な視点から眺めると、施設はただ与えられるものではなく、プラクティカルなカスタマイズや組み替えを拾い上げてゆくことで、解釈を大きく変えることができる。硬直化した施設の設計の打破は、この解釈の変換によって可能となる。最後に、現実に存在する高齢者のための「施設」の紹介をして、皆さんにも施設の捉え直しをしてもらいたい。

その「施設」は、鉄骨二階建ての独身寮を高齢者「施設」に転用したものである。風呂、トイレ、台所は各部屋に備え付けてあり、玄関も車イスが通れる広さだったので部屋の改造はしていない。一階にあった食堂を訪問介護事業所に使用している。家賃は六万円。そこで行われるサービスは、事業所スタッフによる朝晩の各戸訪問である。一応各部屋にナースコールは設置されている。グループリビングと違って食事サービスはないが、以前の食堂の立派な厨房は残っているので、希望者にはそのつど値段を交渉して食事をつくることもできる。交渉するのも食

表5-1　施設と関わる人

■社会福祉施設（厚生労働省）

施設の種類	施設数	在所者数（人）	従事者数（人）
社会福祉施設総計	86,352	2,938,316	1,088,041
保護施設	294	19,900	6,113
老人福祉施設	36,475	476,866	452,310
身体障害者更生援護施設	2,164	54,739	37,323
婦人保護施設	50	705	415
児童福祉施設	33,383	2,121,144	469,757
知的障害者援護施設	4,014	175,407	79,097
母子福祉施設	85	…	366
精神障害者社会復帰施設	1,363	17,749	6,916
その他の社会福祉施設等	8,524	71,806	35,745

■保育施設（厚生労働省）

施設の種類	施設数	在所者数（人）	従事者数（人）
認可保育所総計	22,391	2,048,324	397,496
公営保育所	12,236	1,022,253	
私営保育所	10,155	1,026,071	

■医療施設（厚生労働省）

施設の種類	施設数	定員（人）	従事者数（人）
病院総計	9,040	1,629,478	1,641,419
精神病院（精神病床）	1,081	355,001	149,209
精神病院（感染症病床）		1,720	
結核療養所（結核病床）	2	12,688	
一般病院（療養病床）	7,957	352,355	1,492,098
一般病院（一般病床）		907,714	

■教育施設（文部科学省）

施設の種類	施設数	在所者数（人）	従事者数（人）
学校総計	56,692	19,758,801	1,320,436
幼稚園	14,174	1,760,494	108,822
小学校	23,633	7,226,910	413,890
中学校	11,134	3,748,319	252,050
高等学校	5,450	3,809,827	258,537
中等教育学校	16	4,736	382
盲学校	71	3,882	3,401
聾学校	106	6,705	4,915
養護学校	818	85,886	52,776
高等専門学校	63	58,000	4,474
短期大学	525	250,062	13,534
大学	702	2,803,980	156,155
専修学校	3,439	786,091	39,764
各種学校	1,955	189,583	11,736
全ての施設の総計	174,475	26,374,919	4,447,392

事をつくるのも事業所のスタッフである。朝晩の訪問に対する報酬は「管理料」として家賃とは別に一万五千円を徴収しているが、これはほとんど夜勤スタッフの手当てに消える。ただし、夜勤スタッフは事業所スタッフではなく、入居者の一人である。各戸訪問はシャドウワークかというと、スタッフにそんな意識はない。それではボランティアかというと、管理費を取っているので違うと言う。最初は一人暮らしできる高齢者を対象にしていたが、役所は相手にしてくれず、何ひとつ援助はなかった。障害者をはじめ、社会的弱者を受け入れるようになり、周辺からよい評判が聞こえてくると役所も頼りにしてくるようになり、ついには向かいのマンションのワンフロアも借り、住戸数はほぼ倍増した。この施設は実在し、増殖している。これは施設なのか。建築に何ができるのか。

あとがき

本書では、先ず第一部理論編として、建築計画の発展の経緯について概観し、建築計画学の持続と再生に必要な地理的環境という見方の背景を示した。次に、地理的環境の意味を読むことの意義と方法に関する理論展開を行った。第二部実践編では「施設」の意味を読み解くために、施設というものの発生からの経緯と現代における問題点を考察し、さらにキーワードと実例を示して実践的に読み解く試みを行った。

本書の結論を簡潔にまとめてみよう。

今までの建築計画学においては、（集合）住宅では居住者が「住みやすい住環境」のあり方、施設では利用者の「使いやすい施設環境」のあり方を求めて、さまざまな手法によってその空間と人間の関係を明らかにしようとしてきた。

その過程では、居住者や利用者が不特定多数であるため、家族型とか年齢別といった何らかのカテゴリー（集団・グループ）別に人間を分類し、その居住・利用の様態の特徴について分析・考察を行ってきた。従って、社会や時代が変化するに伴って、高齢者とか身障者といった「新しい」、より正確に表現すれば「考慮すべきことがわかった」居住者・利用者が現れると、それについてのさらなる調査分析を次々と行ってきたのである。

一方、空間の側面では、居住者や利用者の住み方や使い方の特徴に合わせて、生活の諸活動や利用の形態の違いに合わせた空間（主に平面）の型を提供することを、何ら躊躇することなく是認して研究を行っていたと見ることができる。

かつて社会における建築が量的に乏しく、例えば住居を必要とする人びとに対して供給できる住居数が下まわっていた時代が存在した。時代が移り、昨今では数の上では供給が需要を上回る時代になった。また、学校・病院・図書館・オフィスビルといったさまざまな施設、言い換えれば社会の中で専門・専用で独立・分離した建物が供給され、かつては住居の中で行われていた生活の諸活動がそれらの中で行われるような時代になった。建築の量的な面が克服され、質的な面がようやく表舞台に現れ得るようになったのである。このような状況に呼応して、建築計画学も脱皮が必要であることは明白である。

この脱皮を実現するには、第一部第一章で示したように、これまで建築計画学の研究者が、ある水準の質を保ちつつも量的な充足を実現するという目の前に存在する明らかな目標の達成を優先して努力しなければならない状況において、気にはなるがひとまず棚上げにせざるを得なかった事柄を、丹念に棚卸ししてあらためて考えてみることが有効ではないかと確信したのである。

棚上げにしてきたこととは何かを、一言でいえば、第一部第一章に述べたように（集合）住宅では居住者が「住みやすい住環境」だけでなく「住み心地のよい住環境」のあり方の探求、施設では利用者の「使いやすい施設環境」だけでなく、「使い心地のよい施設環境」のあり方を求めていくことであると考える。

具体的には、先ず生活の諸活動の観察・調査・分析から、それらの活動に一対一で対応する空間（平面）の実現を探求するのではなく、諸活動を行う人間と空間をセットにして考える視点を持つことである。いいかえれば計画によって、諸活動と空間との間に存在するすべての矛盾を取り去ること、あるいはすべてを計画が関与して作り込むことを目指すのではなく、すべてを計画することは不可能であるし、する必要も無いことを先ず認めて受け入れる視点である。

「住み心地のよい住環境」や「使い心地のよい施設環境」とは、必ずしも機能的に完璧な「住みやすい住環境」とか「使いやすい施設環境」ではないことに気付くべき時である。このことは、おそらく誰もが日常生活で感じ、体験していることではなかろうか？

アフォーダンス理論で明らかなように、住空間にしても施設空間にしても、それらは人間のある種の創造的な意味付けによって、その状況に応じてさまざまな住み方、使い方を許容する柔軟性を持つものである。人間も同様で、どのような空間であっても自分の目的に応じてある程度まで使い込むことによって、使いこなすことができる柔軟性を持っている。

この空間と人間との両者が持つ柔軟性を認識して「計画する」ことを目指す必要がある。これが「建築地理学」の目標である。現時点では残念ながら未だ、どのようにすれば、この「計画する」ことを実現できるかといった方法をすべて詳細に語ることはできない。しかし、このような目標を明確に意識して、新しい計画学、「建築地理学」の開発と発展に努めることは可能である。

本書の新しさは、この事実を発見し正しく自覚したことにある。

執筆者紹介

長澤　泰（ながさわ　やすし）　第1章担当

1968年　東京大学工学部建築学科卒業
　　　　芦原義信建築設計研究所所員
1974年　厚生省病院管理研究所研究員
1978年　北ロンドン工科大学大学院修了，
　　　　英国学術認定委員会 Dip. H. F. P. 取得
1980年　厚生省病院管理研究所主任研究官
1994年　東京大学工学部教授
1996年　東京大学大学院工学系研究科教授
2007年　工学院大学工学部教授．工学博士

伊藤俊介（いとう　しゅんすけ）　第2章担当

1993年　東京大学工学部建築学科卒業
1999年　東京大学大学院工学系研究科建築学専攻博士課程修了
1999–2001年　デンマーク国立建築研究所客員研究員
2001年　東京電機大学情報環境学部講師．博士（工学）

岡本和彦（おかもと　かずひこ）　第3～5章担当

1994年　東京大学工学部建築学科卒業
2000年　東京大学大学院工学系研究科建築学専攻博士課程修了
　　　　岡田新一設計事務所所員
2003年　東京大学大学院工学系研究科建築学専攻助手（2007年 4月より助教）．
　　　　博士（工学）

連戦連敗	安藤忠雄	菊/2400 円
建築を語る	安藤忠雄	菊/2800 円
住居はいかに可能か	南泰裕	四六/2900 円
「住宅」という考え方	松村秀一	A5変/3200 円
住環境	浅見泰司編	A5/3800 円
都市と建築	ラスムッセン　横山正訳	B5変/4500 円
建築意匠講義	香山壽夫	B5/5800 円
建築家のドローイング	香山壽夫	菊/4500 円
居住福祉の論理	早川和男・岡本祥浩	A5/4200 円
講座　現代居住（全5巻）	早川和男編集代表	
1 歴史と思想	大本圭野・戒能通厚編	A5/3800 円
2 家族と居住	岸本幸臣・鈴木晃編	A5/3800 円
3 居住空間の再生	鈴木浩・中島明子編	A5/3800 円
4 居住と法・政治・経済	早川和男・横田清編	A5/3800 円
5 世界の居住運動	内田勝一・平山洋介編	A5/3800 円
アフォーダンスの構想	佐々木正人・三嶋博之編訳	A5/3800 円
生態心理学の構想	佐々木正人・三嶋博之編訳	A5/3200 円

ここに表示された価格は本体価格です．ご購入の際には消費税が加算されますのでご了承ください．

建築地理学──新しい建築計画の試み

2007年5月25日　初　版

［検印廃止］

著　者　長澤　泰・伊藤俊介・岡本和彦
発行所　財団法人　東京大学出版会
代表者　岡本和夫
　　　　113-8654　東京都文京区本郷7-3-1 東大構内
　　　　電話 03-3811-8814　Fax 03-3812-6958
　　　　振替 00160-6-59964
印刷所　新日本印刷株式会社
製本所　牧製本印刷株式会社

Ⓒ 2007　Yasushi Nagasawa, Shunsuke Itoh and
　　　　　Kazuhiko Okamoto
ISBN978-4-13-061130-5　　Printed in Japan

Ⓡ〈日本複写権センター委託出版物〉
本書の全部または一部を無断で複写複製（コピー）することは，著作権法上での例外を除き，禁じられています．本書からの複写を希望される場合は，日本複写権センター（03-3401-2382）にご連絡ください．

事 項 索 引

あ 行

アイデンティティ　101, 113, 115, 142, 171
空き教室　252
アフォーダンス　110, 123, 160, 164
アフォードする　110, 111
アルコーブ　94, 162
アルファー(α)法　22
一望監視施設　182
移動黒板　112
意味　5, 6, 51, 52, 60, 88, 98, 99, 105, 107, 109, 111-113, 123, 125, 154, 155, 158, 160-162, 164
いろり　94, 153
インスティテューション　141, 177, 179, 142
インターラクション理論　60
裏返しの建物　136, 149
SD法　24
エスノアーキテクチャー　38
nLDK　169
演繹　44
オープンスクール　90, 120, 139-141, 156, 157, 163
オープンスペース　59, 60, 110, 139-141, 156, 230, 240
オープンプラン　139, 140, 227, 228

か 行

海外研究　37
街区　176
介護報酬　187, 200
介護保険　151, 200, 258
会話の木　161, 167
科学革命　44
科学的方法　42, 43, 44

学習　104, 146
学制発布　194
学童保育施設　143, 257
隔離就寝　9
かくれたカリキュラム　106, 107, 108, 144
仮説推論　44
家族型　20, 21, 77, 78
型　5, 9, 10, 16, 27, 48, 51
学級　92, 109
学校　7, 10, 14, 15, 31, 59, 64, 68, 73, 74, 80
学校計画　16
学校建築計画　10
学校地理学　59, 62
カリキュラム　180
環境移行　152, 158
環境決定論　36
環境工学　4, 72, 73
環境行動研究　5
環境心理学　5, 35
観察　11, 47, 70, 71, 83
観察調査　12, 16
患者役割　135, 155, 169
患者役割行動　135, 136, 154
管理された情報　155
管理されない情報　155, 156
記号機能　118, 119
帰納　44
機能主義　8, 36, 83, 89, 91, 97, 122, 165
規模計画　22, 26, 31, 32, 75
義務教育　146
教室空間　109, 112, 157
『近代日本建築学発達史』　7, 30
空間規模　22, 23
空間寸法　24
空間論　24

218
グループリビング　186
計画科学　12，13，46
計画技術学　12，13，46
刑務所　106，123，137，191
計量革命　54
結核病院　191
研究方法論　14
『建築学大系』　11，30，33，34
『建築学便覧』　32
建築環境心理学　24
建築基準法　257
建築計画　13，30-32，38，43，50，51，71，
72，73，75，81
『建築計画』　7
『建築計画概論（上）—地域施設計画原論』
21
建築計画学　3，4，7，8，13，18，40，42，
43，46，49，70，74，75
『建築計画学』　4，14，19，75
『建築計画学への試み』　14
建築計画教育　49
建築計画研究　4，6，9，14，26，29，39，
41，47，49，51，79
建築計画序説　12
建築計画的研究　15
『建築計画ノート上・下』　75
『建築計画の研究』　14
建築計画論　8
建築決定論　35
建築構法計画　28
『建築雑誌』　8，29
『建築設計計画研究拾遺』　4，75
『建築設計資料集成』　16，21，24，29，31，
34
建築人間工学　23，24，32
個　51
51C　19，77
公共図書館　18
考察　11，71
構築環境　34，52，60，62，66，70，104，
105，125
行動科学　20
『高等建築学』　8
行動場面　135，136
高齢者施設地理学　63
高齢者向け優良賃貸住宅　185
コード　118，124，125，127，146
コーポラティブ　254
個室　95，96，107，149
個室的多床室　231
個人主義　95
コミュニケーション　57，58，61，66，93，
94，101，103，108-110，125，161
コンテクスト　95, 99, 103, 104, 113, 162, 208
コンバージョン　236

さ　行

時間割　194，219
自己コントロール　140
システムイメージ　171
システム像　101
施設基準　186
『施設計画データ集』　16
自然科学　40
質　51
実践的研究　39
室名　116，124，126
児童館　199，257
児童施設　15
児童養護施設　209，226
社会科学　42
シャドウワーク　168，262
住居化　149
集合住宅　15，19，87，96，169，254，255，
257，258
集合住宅計画　74
住様式　26，74，89
集落研究　38
授産施設　201
生涯学習施設　252，253
状況的枠組み　170
省察　71
食寝分離　9
食寝分離論　74
庶民住宅　10
『新刊建築計画』　10
『新建築学大系』　33

人口予測モデル　21
心理行動研究　93, 98
診療報酬　186, 188, 195, 226
出納方式　18
数理解析　22
数理理論　5
スキーマ　129, 130, 131, 171
スクリプト　54, 131, 132, 133, 134, 171
スケルトン・インフィル　254
ステレオタイプ　114, 127, 133, 152
スペース・シンタックス　55, 136
ズレ　54, 56, 132, 159-162
生活領域計画　25
生産供給計画　26
精神病院　57, 61, 64, 68, 186, 190-192, 197, 199, 202, 207, 211, 212, 216, 222, 224, 227, 228, 232, 233, 239, 240
精神病院地理学　57
設計論　27
潜在的要求　12, 57
全制的施設　134, 145, 179, 180
相互浸透論　35, 36, 37, 99, 101

た　行

多床室　233, 234
脱施設化　147-152
多変量解析　24, 41, 48, 83
多目的スペース　120
単位空間　32, 80
地域施設　15
地域施設計画　14, 20, 21, 32, 33
知的好奇心　39, 46
調査研究方法　40
調査分析方法　47
地理学　53, 54, 98, 99
追跡調査　57, 64
使われ方　89
使われ方研究　11, 19, 43, 47, 83, 98
つくば方式　252
定位　55, 59, 60
デイケア　150, 253
手続き　129, 131
寺子屋　194
デン　94
道具　104, 107, 139, 148
統計学　22
洞察　71
同潤会　252
トータル・インスティテューション　145
特別養護老人ホーム　184, 213, 222
匿名性　56, 155
都市空間地理学　66
都市住宅　19
都住創　252
図書館　10, 15, 18, 21, 31, 33, 74, 77, 252, 253
図書館計画　18

な　行

内的モデル　127, 159
内面化　108, 140, 141
なじみ　65, 240
なじむ　63, 64
日本建築学会　47, 49, 73, 82
日本住宅公団　25
乳児院　209, 211, 225, 226, 228
ニュータウン　25, 79, 142, 176, 254
人間環境学会 MERA　24, 35
人間—環境系研究　24, 36
認知科学　5
農村　15
農村住宅　19

は　行

ハウジング　27
履き替え　16, 77
パノプティコン　140, 182, 183, 189, 215, 226-228
パラダイム　42, 51, 52, 83
パラダイムシフト　6
ハンセン病療養所　201, 248
非言語コミュニケーション　125
非言語的メッセージ　104, 170
病院　7, 10, 11, 14, 15, 21, 31, 53, 73, 74, 79, 80
病院管理学　18
病院計画　17
病院建築計画　53

病院船　247
病院地理学　6，54
病院列車　248
標準設計　5，87，116，120，121
病人役割　169
ビルディングタイプ　34, 51, 116-121, 126, 137，141，143，145，148，159，224
ファシリティ　176，177
不特定多数　3, 6, 51, 69, 88, 89, 97, 164
プライバシー　55，84
プログラム　89，90，135，158，159，191，194，196，198，209，225，226，239，243，244
文脈　69, 88, 97, 98, 101, 103, 115, 149, 230
ベーター（β）法　22
保育園　10，143
訪問介護　260

ま　行

マイクロソサエティスクール　212
迷い　54，55
ミニディ　238，256
面積規模算定方式　23
メンタルモデル　127，131，133
モデュール　28，31
モデルプラン　5

や　行

役割　142，206-209，211-213，259
役割行動　52，113，115，134
野戦病院　248
余裕教室　251，253

ら　行

量　51
利用圏　23
利用者カテゴリー　91-93，97，165
利用者像　88，97，164
療養病床　185
歴史学　53
老人保健施設　185
老年公寓　258

わ　行

枠組む　60，62，92，101，105，106，141，167

EDRA　35
JAABE　49
POE　5

人名索引

あ　行

青木正夫　12, 15, 40, 41, 46, 168
青木義次　39, 82, 83, 84
在塚礼子　77
池辺陽　27, 80
イッテルソン, W.H.　35, 36
伊藤誠　15, 18, 75
稲垣栄三　38, 81
イリイチ, I.　107, 172, 180, 181
ウイークス, J.　53
植松貞夫　77
内田祥哉　28, 80, 81
内山融　42, 44
浦良一　12, 15, 46, 75, 77, 78
近江榮　77
太田利彦　15
大田邦夫　38
岡田光正　23, 77
荻原正三　15, 77
オズモンド, H.　35
小柳津醇一　74

か　行

カーン, L.　243, 244
郭茂林　4
寛和夫　15, 78
門内輝行　42, 44, 71
ガンプ, P.V.　135
クーン, T.　42
栗原嘉一郎　15, 46
香山壽夫　79
小滝一正　76
小谷喬之助　77
ゴッフマン, E.　134, 145, 180
小林秀樹　74, 77, 81
今和次郎　37, 77

さ　行

佐藤平　77
下田菊太郎　8
下山真司　76, 79
杉山茂一　74, 77
鈴木成文　9, 15, 16, 19, 24, 38, 73, 75, 81
鈴木毅　125
曽田忠宏　76, 79
ソマー, R.　35

た　行

高田光雄　9, 26
高橋鷹志　23, 24, 36, 80, 81, 168, 169
多木浩二　118, 170
竹下輝和　49, 84
立原道造　70, 84
巽和夫　27, 81
谷口汎邦　77, 78
谷村秀彦　22, 76, 78
トゥアン, Y.　95, 175
ドゥルーズ, G.　227
土肥博至　76
友田博通　77

な　行

ナイチンゲール, F.　179, 183, 184
中祐一郎　76
長倉康彦　15, 90
長澤悟　77
西山卯三　3, 4, 8, 9, 10, 26, 27, 37, 71, 74, 75, 84
ノーマン, D.A.　127
ノーレットランダーシュ, T.　161
野口瑠美子　74

人名索引

野村東太　15

　　　　　は　行

バーカー，R.G.　135
畑聡一　74
服部岑生　74，77，82
初見学　74，77
林章　77
原廣司　27，38
ハンソン，J.　136
ヒリアー，B.　136
ヒルベルザイマー，L.　252
広部達也　79
ファイヤアーベント，P.K.　42
フーコー，M.　182，215，217，251，253
藤井明　38
藤島亥次郎　37
船越徹　10，15，79
舟橋國男　35，37，169
布野修司　77
ベイトソン，G.　168
ベクテル，R.　35
ペリー，C.A.　21

ヘルツベルハー，H.　164，166，172

　　　　　ま　行

松葉一清　119，170
松村秀一　39
松本啓俊　78
松山巌　122，170
真鍋信太郎　76
持田照夫　77
守屋秀夫　15

　　　　　や　行

柳澤忠　15，78
山本理顕　252
吉田あこ　15
吉武泰水　3，4，11，12，14，16，18，21，22，26，27，35，70，71，72，75，80，84

　　　　　わ　行

渡辺譲　8
ワップナー，S.　35

引用・参考文献

第 1 章

1. 五十嵐太郎，ビルディングタイプの解剖学，王国社，2002
2. 伊東俊太郎，文明における科学，勁草書房，1976
3. 伊藤毅，計画系建築教育のパラダイム転換，2003 年日本建築学会大会（東海）21 世紀計画系建築教育特別委員会研究協議会資料，日本建築学会，2003，pp. 18–20
4. 上野淳，未来の学校建築，岩波書店，1999
5. 内田祥哉編著，建築構法，第三版，市ヶ谷出版，1999
6. 内田祥哉著，〔最終講義〕建築の生産とシステム，住まい学体系 051，1993
7. 内田祥哉編，建築生産のオープンシステム，彰国社，1977
8. Weeks J., 長澤泰訳，病院の地理学（Geography of Hospitals），病院　46 巻 11 号，医学書院，1987
9. 内山融，ポリティカル・「サイエンス」？　UP 365 号，2003，東京大学出版会，pp. 1–7
10. 太田利彦，設計方法論，丸善，1981
11. 岡田光正，空間デザインの原点，理工学社，1993
12. 岡田光正，柏原士郎ほか，パソコンによる建築計画，朝倉書店，1988
13. 大坪昭，青木正夫，佐藤温，浦良一，建築計画学序説，日本建築学会　研究報告第 4 号，1949
14. 荻原先生停年退任記念事業実行委員会編，荻原正三　1999 年記念集，1999
15. 荻原正三監修，岩田俊二，川嶋雅章，彩適空間への道—住民参加による集落計画づくり—，農村統計協会，1998
16. 柏原士郎編著，建築デザインと環境計画，朝倉書店，2005
17. Canter D., The Psychology of Place, The Architectural Press Ltd, London，1977
18. 京都大学西山研究室（巽和夫，上田篤，三村浩史）編，現代の生活空間論　上　住宅，勁草書房，1974
19. 京都大学西山研究室（巽和夫，上田篤，三村浩史）編，現代の生活空間論　下　建築・都市，勁草書房，1974
20. 栗原嘉一郎先生退官記念出版会編，栗原嘉一郎と建築，1996
21. 建築学大系，独立住宅，彰国社，1963
22. 建築学大系，建築計画・設計論，建築学大系 7，彰国社，1954
23. 建築学大系，彰国社，1954 年 7 月～1964 年 3 月，全 40 巻

24. 建築学がわかる　アエラムック　朝日新聞社，1997
25. 建築計画教科書研究会編，建築計画教科書，彰国社，1989
26. 小林秀樹ほか，すまいろん，2002 夏，63 号，住宅総合研究財団，2002
27. 小林秀樹，集住のなわばり学，彰国社，1992
28. 佐藤孝一，五十嵐太郎，初学者の建築講座　建築計画，市ヶ谷出版，2004
29. 貞包博幸，規格化か個性か，大分県立芸術短期大学研究紀要，第 20 巻，1982
30. 佐野利器監修，高等建築学，全 26 巻，常磐書房，1932～1942
31. 下山真司，論叢　建築について，筑波建築設計，2000
32. ジェイ・ファーブスタイン，ミン・カントロウイッツ著，高橋鷹志訳，場所との対話，TOTO 出版，1991
33. ジョン・ラング著，高橋鷹志監訳，今井ゆりか訳，建築理論の創造，鹿島出版会，1992
34. 下田菊太郎，建築計画論，建築雑誌，第 35 号，1889
35. 新建築学大系，彰国社，1981 年 4 月～1999 年 10 月，全 50 巻のうち 46 巻分，第 2 巻　東洋建築史，第 4 巻　西洋建築史，第 26 巻　環境計画，第 45 巻　建築構法システムは未刊行
36. 新建築学大系　建築規模論，新建築学大系 13，彰国社，1988
37. 新建築学大系　地域施設計画，新建築学大系 21，彰国社，1984
38. 新建築学大系　建築計画，新建築学大系 23，彰国社，1982
39. 鈴木成文，51 C 白書，住まい学大系 101，住まいの図書館出版社，2006
40. 鈴木成文，上野千鶴子，山本理研ほか，「51 C」家族を容れるハコの戦後と現在，平凡社，2004
41. 鈴木成文ほか，住まいを語る－体験記述による日本住居現代史，建築思潮研究所，2002
42. 鈴木成文ほか，住まいを読む－現代日本住居論，建築思潮研究所，1999
43. 鈴木成文ほか，現代日本住居論，放送大学教育振興会，1994
44. 鈴木成文，住まいの計画　住まいの文化，彰国社，1988
45. 鈴木成文，守屋秀夫，太田利彦，前田尚美，谷村秀彦，高橋鷹志，建築計画，実教出版，1975
46. 鈴木成文，生活領域，建築計画学 5，集合住宅 1 住区，丸善，1974
47. 鈴木成文，集合住宅計画の研究，東京大学学位論文，1961
48. 高橋鷹志，長澤泰，西出和彦編，環境と空間，朝倉書店，1997
49. 高橋鷹志，空間の知覚尺度に関する研究，東京大学学位論文，1986
50. 竹下輝和，建築計画学の研究は進歩したか？　建築雑誌，日本建築学会，vol. 118，No. 1508，2003，pp. 28-29
51. 巽和夫，建築生産の基礎的研究，京都大学学位論文，1961
52. 建物のコンバージョンによる都市空間有効利用技術研究会，コンバージョンによる都市再生，日刊建設通信新聞社，2002
53. 谷村秀彦ほか，都市計画数理，朝倉書店，1986
54. 東京大学建築計画研究室編，建築計画学の足跡―東京大学建築計画研究室 1942-

1988，1988

55. 土岐紀子，沢良子編，建築人物群像追悼記/資料編，住まい学大系 065，住まいの図書館出版局，1995
56. 土肥博至編著，環境デザインの世界，井上書院，1997
57. 都市住居検討会（代表：朴勇換），鈴木成文監修，異文化の葛藤と同化，建築思潮研究所，1996
58. トマス・クーン著，中山茂訳，科学革命の構造，みすず書房，1971
59. 外山義，対話，外山義先生追悼集編集委員会，2003
60. 長倉康彦，「開かれた学校」の計画，彰国社，1993
61. 長澤泰編著，在塚礼子，西出和彦著，建築計画，市ヶ谷出版，2005
62. 長澤泰(研究代表者)，西出和彦，岡ゆかり，筧淳夫，中山茂樹，(研究協力者)，ヘルスケア構築環境に関する地球的展望に関する研究，課題番号：13450242，平成 13 年度—15 年度，文部科学省科学研究基盤研究（B)，東京大学大学院工学系研究科建築学専攻長澤研究室（研究組織)，2004
63. 長澤泰，建築計画学とは何かがわかる本，「建築計画学への試み」吉武泰水著 鹿島出版会 1987 年，建築を学ぶ若い人たちへ，建築雑誌，Vol. 18，No. 1512，2003，pp. 1-7
64. 長澤泰（研究代表者)，岡ゆかり，伊藤俊介，岡本和彦，厳爽，曹文燕（研究協力者)，利用者の行動・認知を通してみた地理的環境としての建築・都市空間に関する研究，課題番号：09305039，平成 9 年度—11 年度，文部科学省科学研究基盤研究（A)，東京大学大学院工学系研究科建築学専攻長澤研究室（研究組織)，2000
65. 長澤泰，地理的環境としての病院，日本建築学会大会学術講演梗概集，1991
66. 長澤泰，病棟の建築計画に関する基礎的研究，東京大学学位論文 1987
67. 日本建築学会 21 世紀計画系建築教育特別調査研究委員会，21 世紀の新しい計画系建築教育のあり方，日本建築学会，2005
68. 日本建築学会 21 世紀計画系建築教育特別調査研究委員会，建築設計者を育てるデザイン教育，日本建築学会，2004
69. 日本建築学会，研究方法から見た計画研究の評価ー新しい建築計画学の展開のためにー，建築計画部門パネルディスカッション資料，2004
70. 日本建築学会，特集日常環境の心理と行動，建築雑誌，vol. 118，No. 1508，2003，pp. 8-30
71. 日本建築学会編，空間計画学，井上書院，2002
72. 日本建築学会編，建築設計資料集成［総合論］，2001
73. 日本建築学会農村計画委員会，子供の農的環境体験から見た学校・地域環境づくりの新たな展望，2002
74. 日本建築学会建築計画委員会，WayFinding 研究の展開とその計画的意味を探る，2000
75. 日本建築学会，建築計画委員会，都市計画委員会，農村計画委員会，建築計画研究の領域とその研究方法の展望—他領域の研究者とのクロストーク—，日本建築

学会，1999
76. 日本建築学会・研究方法小委員会，研究方法から見た計画研究の評価—新しい建築計画のためにー，日本建築学会，1998
77. 日本建築学会編，人間—環境系のデザイン，彰国社，1997
78. 日本建築学会，計画研究の新しい視座を求めて—アジアにおける住居・集落の蓄積を素材に—，建築計画部門研究協議会資料，1996
79. 日本建築学会関東支部建築計画部会,建築設計と計画研究の問題意識を探る,1994
80. 日本建築学会関東支部，1993 年活動報告書，建築設計と計画研究の問題意識を探る，1994
81. 日本建築学会編，モデル分析の手法，1992
82. 日本建築学会編，空間学，井上書院，1990
83. 日本建築学会編，建築企画論，1990
84. 日本建築学会篇，集合住宅研究史，丸善，1989
85. 日本建築学会編，調査・分析方法，井上書院，1987
86. 日本建築学会，調査方法と分析方法，建築計画部門研究協議会資料，1984
87. 日本建築学会建築計画委員会篇，安全計画の視点，彰国社，1981，p.70
88. 日本建築学会，住居・集落研究の方法と課題：討論：異文化研究のプロブレマティーク，1989
89. 日本建築学会建築計画委員会，住居集落研究の方法と課題II，討論：異文化研究のプロブレマティーク，日本建築学会，1989
90. 日本建築学会，住居・集落研究の方法と課題：異文化の理解をめぐって，1988
91. 日本建築学会編，建築設計資料集成，丸善，1949～1972，全 11 巻
92. 日本建築学会編，建築設計資料集成，1978～1983，全 10 巻
93. 日本建築学会建築計画委員会編，主査佐藤平，施設計画データ集，1977
94. 日本建築学会編，日本建築学会；近代日本建築学発達史，丸善，1972
95. 日本建築学会，建築計画の学術体系のあり方を問う—フレームワークの再編に向けて—，建築計画部門研究協議会資料，2004
96. 日本建築学会編　2 編　建築計画，建築学便覧 I　第 2 版，1955
97. 西山卯三，住み方の記，文芸春秋社，1965，筑摩書房（増補），1978
98. 人間環境学会編，人間環境学会 20 年史，人間環境学会誌（MERA　Journal）特別号，2004
99. 野村みどり編著，長澤泰ほか著，バリアフリーの生活環境論，医歯薬出版，第三版，2004
100. ハウジング・スタディー・グループ，「型」の崩壊と生成—体験記述にもとづく日本住居現代史と住居論—，住宅総合研究財団，1990
101. ハウジング・スタディ・グループ，韓国現代住居学，建築知識，1990
102. 服部岑生ほか，建築デザイン計画—新しい建築計画のために，朝倉書店，2002
103. 原広司，集住の教え 100，彰国社，1998
104. 平山嵩，前川國男ほか，新刊 建築計画，オーム社，1957
105. Hiller S. et al., Social Logic of Space，Cambridge University Press，1991

106. P・K・ファイヤアーベント著，村上陽一郎他訳，方法への挑戦—科学的創造と知のアナーキズム，新曜社，1981
107. 藤井明，集落探訪，建築思潮研究所，2000
108. 藤本盛久編，構造物の技術史，市ヶ谷出版，2001
109. 舟橋徹編，建築計画読本，大阪大学出版会，2004
110. 槙究，環境心理学，環境デザインへのパースペクティブ，実践女子学園，2004
111. 松村秀一，団地再生，彰国社，2001
112. 宮内嘉久，建築計画学の創成＝吉武泰水，建築家会館叢書，1999
113. 三宅醇，住宅需要構造に関する研究，1973
114. 守屋秀夫，状況への視角，1996，正文社
115. 山本多喜司，S. ワップナー編著，人生移行の発達心理学，北大路書房，1991
116. 山本多喜司，問題の所在と『人間・環境学会』の成立，環境心理をめぐる諸問題，建築雑誌，vol. 98，No. 1213，日本建築学会，p. 41，1983
117. 柳澤忠ほか，建築計画—計画・設計課題の解き方—，共立出版，1980
118. 吉川弘之，富山哲男，設計学—ものづくりの理論，放送大学教材，2000
119. 吉武泰水，建築設計計画研究拾遺Ⅰ，東京デジタルパブリッシングサービス，2005
120. 吉武泰水，建築設計計画研究拾遺Ⅱ，東京デジタルパブリッシングサービス，2005
121. 吉武泰水，建築設計計画研究拾遺Ⅰ—簡易版—，吉武泰水先生を偲ぶ会・世話人，千葉プリント企画，2004
122. 吉武泰水，建築設計計画研究拾遺Ⅱ—簡易版—，吉武泰水先生を偲ぶ会・世話人，千葉プリント企画，2004
123. 吉武泰水先生を偲ぶ会，吉武泰水先生を偲ぶ，鹿島出版会，2004
124. 吉武泰水，横山正，夢の場所・夢の建築，工作舎，1997
125. 吉武泰水，建築計画学への試み，鹿島出版会，1987
126. 吉武泰水編，建築計画学，全12巻，1970～1980，丸善
127. 吉武泰水，建築計画概論（上）—地域施設計画原論—，コロナ社，建築構造講座1，1967
128. 吉武泰水，建築計画の研究，鹿島研究所出版会，1964，東京大学学位論文
129. 吉武泰水，平面計画論，建築計画・設計論，建築学大系7，1954，彰国社，pp. 365–404
130. 吉武研究室，建築計画ノート　上・下，建築文庫，彰国社，1960
131. 渡邊昭彦，建築空間の探索行動実験による分かり易さの研究，1999
132. 渡辺譲，医院建築法，建築雑誌，第一号，造家学会，1887
133. R. F. ブリッジマン，谷村秀彦訳，The Rual Hospital，病院の地域化，鹿島出版会，1967
134. K. Linch, The Image of the City, 丹下健三，富田玲子訳，都市のイメージ，岩波書店，1968
135. L. Roderickj，鈴木成文監訳，ヨーロッパの住居計画理論，丸善，1992
136. 連続シンポジウム記録集編集委員会編，浦良一先生と建築計画，1953～1997研究・計画の展開，明治大学退職古希記念連続シンポジウム記録，2002

第2章

1. 青木正夫，建築計画学の理念と方法，建築計画学8：学校Ⅰ，丸善，1976，pp. 3–11
2. 青木正夫，小学校の建築計画史概観，建築計画学8：学校Ⅰ，丸善，1976，pp. 107–190
3. C. アレグザンダー著，平田翰那訳，パタンランゲージ，鹿島出版会，1984
4. 伊藤俊介・長澤泰・山下哲郎，小学校における場所の認識と場所の見えに関する研究ー写真投影法による分析，日本建築学会大会学術講演梗概集 E–1，1996，pp. 77–78
5. 伊藤俊介・長澤泰・山下哲郎，児童の環境認識とその経時的変化に関する研究—写真投影法による2小学校の比較を通して，日本建築学会大会学術講演梗概集 E–1，1997，pp. 303–304
6. 伊藤俊介，小学校の施設的文脈における児童の環境行動・認知の事例研究，東京大学学位請求論文，1999
7. 伊藤俊介，デンマークの学校建築—個別学習，グループ学習の場を創造，日経アーキテクチュア 2001年6月11日号，2001，pp. 26–33
8. 伊藤俊介，オープンスペースと学習展開に関する社会学的・文化論的考察，日本建築学会大会学術講演梗概集 E–1，2002，pp. 71–72
9. I. イリイチ著，玉野井芳郎，栗原彬訳，シャドウ・ワーク，岩波書店，1982
10. I. イリイチ著，東　洋，小澤周三訳，脱学校の社会，東京創元社，1977
11. I. イリイチ，D. ケリー著，高島和哉訳，生きる意味，藤原書店，2005
12. 上野千鶴子，家族を容れるハコ　家族を超えるハコ，平凡社，2002
13. 上野淳，未来の学校建築—教育改革をささえる空間づくり，岩波書店，1999
14. D. エルカインド，戸根由紀恵訳，急がされる子どもたち，紀伊国屋書店，2002
15. 大原一興，井上由紀子ほか，住まいに向かう高齢者施設—日本の高齢者施設の計画史に関する研究報告書，日本医療福祉建築協会，2004
16. P. V. Gump, The School as a Social Situation. Annual Review of Psychology, Vol. 31，1980，pp. 553–582
17. J. J. ギブソン，古崎敬訳，生態学的視覚論—ヒトの知覚世界を探る，サイエンス社，1986
18. I. M. Kirkeby, Skolen finder sted. Statens Byggeforskningsinstitut, Arkitektskolen Aarhus, Kungliga Tekniska Högskolan，2006
19. 高商均，伊藤俊介，長澤泰，山下哲郎，患者の意識や行動の経日的変化に見る入院環境のあり方について—Hospital Geography に関する研究2，日本建築学会計画系論文集，No. 483，1996年5月，pp. 121–130
20. G. Gottschalk, Housing and Supportive Services for Frail Elders in Denmark. In：Housing Frail Elders：International Policies, Perspectives, and Prospects. Ed. Jon Pynoos & Phoebe S. Liebig, The Johns Hopkins University Press, 1995
21. E. ゴッフマン，石黒毅訳，アサイラム—施設被収容者の日常世界，誠信書房，1984

22. 近藤章久，日本文化の配慮的性格と神経質，精神医学，第6巻，2号，pp. 97–106，1964
23. 佐々木正人，アフォーダンス—新しい認知の理論，岩波書店，1994
24. 佐藤俊樹，ノイマンの夢・近代の欲望ー情報化社会を解体する，講談社選書メチエ，1996
25. 佐藤学，学びの快楽，世織書房，1999
26. GA Japan 15，1995
27. ヴォルフガング・シヴェルブシュ，加藤二郎訳，鉄道旅行の歴史，法政大学出版局，1982
28. 重松清，教育とはなんだ，筑摩書房，2004
29. 鈴木成文，上野千鶴子，山本理顕，布野修司，五十嵐太郎，山本喜美恵，「51 C」家族を容れるハコの戦後と現在，平凡社，2004
30. 鈴木成文，守屋秀夫，太田利彦，前田尚美，谷村秀彦，高橋鷹志，建築計画，実教出版，1975
31. 鈴木毅，『場所』としての電子ネットワーク—その公共空間としての可能性，Archiforum in Osaka，1995，pp. 36–42
32. 鈴木毅，体験される環境の質の豊かさを扱う方法論，舟橋，文57所収，2004
33. 高野陽太郎編，認知心理学 2　記憶，東京大学出版会，1995
34. 高橋鷹志，模倣と創造，建築雑誌，vol. 95，No. 1171，1980，pp. 54–57
35. 高橋鷹志，環境移行からみた人間・環境系研究の枠組み，日本建築学会大会学術講演梗概集 E-1，1991，pp. 603–604
36. 多木浩二，生きられた家—経験と象徴，青土社，1993
37. 橘弘志，人と環境の関係をとらえ直す五つの視点，建築雑誌，vol. 120，No. 1533，2005，pp. 16–17
38. 恒吉僚子，人間形成の日米比較—かくれたカリキュラム，中公新書，1992
39. 10+1，No. 2，INAX出版，1994，pp. 103–121
40. イーフー・トゥアン，阿部一訳，個人空間の誕生—食卓・家屋・劇場・世界，せりか書房，1993
41. K. Dovey, Framing Places：Mediating Power in Built Form. Routledge，1999
42. A.トフラー，鈴木健次訳，第三の波，日本放送出版協会，1980
43. 長倉康彦，開かれた学校の計画，彰国社，1993
44. 長澤泰，鈴木毅，山下哲郎，患者の行動と認知を通してみた病院外来の考察—Hospital Geographyに関する研究1，日本建築学会計画系論文集，No. 452，993，pp. 75–84
45. 波平恵美子，医療人類学入門，朝日新聞社，1994
46. シーン・ネイル著，河野義章，和田実訳，教室における非言語的コミュニケーション，学芸図書，1994
47. D. A. ノーマン著，野島久雄訳，誰のためのデザイン？—認知科学者のデザイン序論，新曜社，1990
48. トーレ・ノーレットランダーシュ著，柴田裕之訳，ユーザーイリュージョン—意

識という幻想，紀伊国屋書店，2002
49. 野田正彰，漂白される子供たち，情報センター出版局，1988
50. R. G. バーカー，P. V. ガンプ著，安藤延男監訳，大きな学校，小さな学校―学校規模の生態学的心理学，新曜社，1982
51. A. Harrison, P. Wheeler, C. Whitehead, The Distributed Workplace：Sustainable Work Environments, Spon Press，2004
52. B. バーンスタイン著，萩原元昭訳，教育伝達の社会学―開かれた学校とは，明治図書，1985
53. 日色真帆，経路探索研究からみた都市空間のデザイン，人間―環境系のデザイン（日本建築学会編）所収，1997
54. B. Hillier & J. Hanson. The Social Logic of Space, Cambridge University Press，1984
55. ジャック・プズー＝マサビュオー著，加藤隆訳，家屋（いえ）と日本文化，平凡社，1996
56. 舟橋國男，環境行動研究におけるトランザクショナリズムに関する一考察，日本建築学会大会学術講演梗概集 E-1，pp. 785-786，1989
57. 舟橋國男編著，建築計画読本，大阪大学出版会，2004
58. ジル・A・フレイザー著，森岡孝二訳，窒息するオフィス―仕事に強迫されるアメリカ人，岩波書店，2003
59. グレゴリー・ベイトソン著，佐藤良明訳，精神の生態学，新思索社，2000
60. C. Bech-Danielsen, Ecological Reflections in Architecture. The Danish Architectural Press，2005
61. ヘルマン・ヘルツベルハー著，森島清太訳，建築と都市のパブリックスペース，鹿島出版会，1995
62. 松葉一清，モール，コンビニ，ソーホー―デジタル化がもたらす都市のポピュリズム，NTT 出版，2002
63. 松村秀一，住宅という考え方―20 世紀的住宅の系譜，東京大学出版会，1999
64. 松山巖，都市という廃虚，新潮社，1988
65. 三浦展，マイホームレスチャイルド―下流社会の若者たち，文春文庫，2006
66. 三浦研，『はきもの』から考える高齢者の生活環境，建築雑誌，vol. 120，No. 1533，2005，pp. 18-19
67. 箕浦康子，文化のなかの子ども，東京大学出版会，1990
68. 柳治男，〈学級〉の歴史学―自明視された空間を疑う，講談社選書メチエ，2005
69. 山崎正和，日本文化と個人主義，中央公論社，1990
70. 山本哲士，学校の幻想　教育の幻想，ちくま学芸文庫，1996
71. 厳　爽，石井敏，外山義，橘弘志，長澤泰，グループホームにおける空間利用の時系列的変化に関する考察―「なじみ」からみた痴呆性高齢者のケア環境に関する研究（その 1），日本建築学会計画系論文集，No. 523，1999，pp. 155-162
72. 厳　爽，石井敏，外山義，橘弘志，長澤泰，介護体制と入居者の生活構成の関わりに関する考察―「なじみ」からみた痴呆性高齢者のケア環境に関する研究（そ

の2)，日本建築学会計画系論文集，No. 528，2000，pp. 111-118
73. 吉見俊哉，若林幹夫，水越伸，メディアとしての電話，弘文堂，1992
74. A. Rapoport, The Meaning of the Built Environment：A Nonverbal Communication Approach. The University of Arizona Press，1982（高橋鷹志監訳，花里俊廣訳，構築環境の意味を読む，彰国社，2006）
75. ジーン・レイヴ著，無藤隆，中野茂，山下清美，中村美代子訳，日常生活の認知行動―ひとは日常生活でどう計算し，実践するか，新曜社，1995
76. エドワード・レルフ著，高野岳彦・石山美也子・阿部隆訳，場所の現象学―没場所性を越えて，筑摩書房，1991

第3章

1. イーフー・トゥアン，個人空間の誕生―食卓・家屋・劇場・世界，せりか書房，1993
2. ルイス・マンフォード，都市の文化，鹿島出版会，1974
3. フローレンス・ナイチンゲール，看護覚え書き，ナイチンゲール著作集第一巻，現代社，1975
4. E. ゴッフマン，アサイラム―施設被収容者の日常世界，誠信書房，1984
5. イヴァン・イリイチ，脱学校の社会，東京創元社，1977
6. イヴァン・イリイチ，脱病院化社会―医療の限界，晶文社，1979
7. ミシェル・フーコー，監獄の誕生―監視と処罰，新潮社，1977
8. 有吉佐和子，恍惚の人，新潮社，1972
9. 大原一興，井上由紀子ほか，住まいに向かう高齢者施設，日本医療福祉建築協会，2004
10. 石田妙，外山義，三浦研，空間の使われ方と会話特性からみた特別養護老人ホーム六床室の生活実態，日本建築学会大会学術講演集 E-1，2001
11. 筧淳夫，急性期医療を指向する精神病院の建築に関する研究，平成12年度厚生科学研究費補助金（障害保健福祉総合研究事業）分担研究報告書，2000
12. 三浦研，「はきもの」から考える施設環境，病院建築，No. 143，日本医療福祉建築協会，2004
13. 宮地紋子，子どもが認知する都市に関する研究―大規模再開発地域の子どもにとっての都市―，東京大学大学院工学系研究科建築学専攻修士論文，2005

第4章

1. 波平恵美子，医療人類学入門，朝日新聞社，1994
2. 高島俊男，お言葉ですが…〈9〉，文藝春秋，2005
3. 柿澤英之，石井敏，長澤泰，山下哲郎，入所者のグループ形成とその特性に関す

る考察—個室型特別養護老人ホームの「集まり」に関する事例研究—，日本建築学会計画系論文集第 493 号，1997

4. 伊藤俊介，小学校の施設的文脈における児童の環境行動・認知の事例研究，東京大学学位請求論文，1999
5. 岡本和彦，精神療護環境についての建築計画的研究　—ある精神病院の移転を通じて—，東京大学学位請求論文，2000
6. 長澤泰，鈴木毅，山下哲郎，患者の行動と認知を通してみた病院外来の考察　Hospital Geography に関する研究 1，日本建築学会計画計論文報告集第 452 号，1993
7. 常光徹，学校の怪談—口承文芸の展開と諸相，ミネルヴァ書房，1993
8. 外山義，高齢者施設のノーマライゼーション，建築雑誌，vol. 110，No. 1370，1995
9. 王青，筧淳夫，長澤泰，在宅療養高齢者の生活領域に関する考察　—高齢者の閉じこもり現象について—，日本建築学会計画系論文集第 546 号，2001
10. 中谷正人，象徴性の復権／現代建築の忘れ物，建築雑誌，vol. 118　No. 1508，2003 より
11. 大原一興，高齢者のための居住の質・再考，「非自立高齢者の居住水準に関する研究」報告書，高齢者住宅財団，2005
12. 花田佳明，ビルディングタイプ小論，アーキ・フォーラム in OSAKA 第 2 号，柳々堂，1994
13. 森真一，自己コントロールの檻—感情マネジメント社会の現実，講談社，2000
14. 冨安亮輔，外来患者の受診前までの行動様態に関する研究　—ポケットベルによる呼び出しシステムにおけるケーススタディ，東京大学工学部建築学科卒業論文，2004
15. 厳爽，石井敏，外山義，橘弘志，長澤泰，グループホームにおける空間利用の時系列的変化に関する考察　「なじみ」からみた痴呆性高齢者のケア環境に関する研究（その 1），日本建築学会計画系論文集第 523 号，1999
16. 石井敏，長澤泰，痴呆性高齢者のグループホームにおける空間利用の特性　フィンランドの痴呆・非痴呆グループホームにおける比較分析を通して，日本建築学会計画系論文集第 537 号，2000
17. 今西聡，病棟におけるトイレの配置に関する研究—病院建替え前後の入院患者の排泄状況の変化に注目して—，東京大学大学院工学系研究科建築学専攻修士論文，2004
18. 柳澤壮一郎，病室のベッドまわりに関する研究—個室的多床室を中心として—，東京大学大学院工学系研究科建築学専攻修士論文，2007
19. 石井敏，外山義，長澤泰，グループホームにおける生活構成と空間利用の特性　痴呆性老人の環境構築に関する研究，日本建築学会計画系論文集第 502 号，1997
20. 西野達也，石井敏，長澤泰，入所者の定位様態から見た共用空間のあり方に関する研究　個室型特別養護老人ホームにおける解析的考察，日本建築学会計画系論文集第 550 号，2001
21. 石井敏，厳爽，外山義，橘弘志，長澤泰，先進事例にみる共用空間の構成と生活の関わり　痴呆性高齢者のためのグループホームに関する研究　その 1，日本建

築学会計画系論文集第 524 号，1999
22. 細川宏，病者・花—細川宏遺稿詩集，現代社，1977
23. 石井敏，長澤泰，生活行動に影響を与える環境構成要素　痴呆性高齢者のためのグループホームに関する研究(その 2)，日本建築学会計画系論文集第 553 号，2002
24. 西野達也，長澤泰，小規模高齢者通所施設の利用実態と空間の使われ方の特性について，日本建築学会計画系論文集第 581 号，2004
25. 厳爽，石井敏，外山義，橘弘志，長澤泰，介護体制と入居者の生活構成の関わりに関する考察 「なじみ」からみた痴呆性高齢者のケア環境に関する研究 (その 2)」日本建築学会計画系論文集第 528 号，2000

第 5 章

1. 松山巌，「建築学」の教科書，彰国社，2003
2. 山田亮子，公立小学校の地域利用実態に関する研究～東京 23 区の事例を通して～，東京大学大学院工学系研究科建築学専攻修士論文，2005
3. 上野千鶴子，家族を容れるハコ　家族を超えるハコ，平凡社，2002
4. 西本悠，都市における遊び場としての児童館，東京大学大学院工学系研究科建築学専攻修士論文，2006
5. 曹文燕，都市における高齢者のための生活行動空間に関する研究ー中国北方大都市におけるケーススタディー，東京大学学位請求論文，2000